DIREITO DO TRABALHO

250 questões objetivas de concursos públicos comentadas da área trabalhista

Preencha a **ficha de cadastro** no final deste livro
e receba gratuitamente informações
sobre os lançamentos e as promoções da Elsevier.

Consulte também nosso catálogo completo,
últimos lançamentos e serviços exclusivos no *site*
www.elsevier.com.br

SÉRIE QUESTÕES

DIREITO DO TRABALHO

250 questões objetivas de concursos
públicos comentadas da área trabalhista

2ª edição

Fábio Goulart Villela

ELSEVIER

CAMPUS
CONCURSOS

© 2010, Elsevier Editora Ltda.

Todos os direitos reservados e protegidos pela Lei nº 9.610, de 19/2/1998.
Nenhuma parte deste livro, sem autorização prévia por escrito da editora, poderá ser reproduzida ou transmitida sejam quais forem os meios empregados: eletrônicos, mecânicos, fotográficos, gravação ou quaisquer outros.

Copidesque: Fernanda Coutinho Santiago
Revisão: Hugo de Lima Correa
Editoração Eletrônica: SBNigri Artes e Textos Ltda.

Coordenador da Série: Sylvio Motta

Elsevier Editora Ltda.
Conhecimento sem Fronteiras
Rua Sete de Setembro, 111 – 16º andar
20050-006 – Centro – Rio de Janeiro – RJ – Brasil

Rua Quintana, 753 – 8º andar
04569-011 – Brooklin – São Paulo – SP – Brasil

Serviço de Atendimento ao Cliente
0800-0265340
sac@elsevier.com.br

ISBN 978-85-352-3941-6

Nota: Muito zelo e técnica foram empregados na edição desta obra. No entanto, podem ocorrer erros de digitação, impressão ou dúvida conceitual. Em qualquer das hipóteses, solicitamos a comunicação ao nosso Serviço de Atendimento ao Cliente, para que possamos esclarecer ou encaminhar a questão.
   Nem a editora nem o autor assumem qualquer responsabilidade por eventuais danos ou perdas a pessoas ou bens, originados do uso desta publicação.

CIP-Brasil. Catalogação-na-fonte.
Sindicato Nacional dos Editores de Livros, RJ

V78m
2. ed.
   Villela, Fábio Goulart
   Direito do trabalho: 250 questões objetivas de concursos públicos comentadas da área trabalhista / Fábio Goulart Villela. – 2. ed. – Rio de Janeiro: Elsevier, 2010.
   272 p. – (Questões)

   Inclui bibliografia
   ISBN 978-85-352-3949-2

   1. Direito do trabalho – Brasil – Problemas, questões, exercícios. 2. Serviço público – Brasil – Concursos. I. Título. II. Título: 250 questões objetivas de concursos públicos comentadas da área trabalhista. II. Série.

10-2681.   CDU: 342.2(81)

Dedicatória

Dedico esta obra aos meus pais Carlos Omar e Tania, à minha esposa Daniella e ao meu filho Gabriel, referências em minha vida.

Agradecimentos

Agradeço a Deus a oportunidade de produzir mais esta obra, a todos os integrantes da minha família, o incessante apoio e compreensão, e aos estimados alunos, a possibilidade do recíproco aprendizado.

O Autor

FÁBIO GOULART VILLELA é Procurador do Ministério Público do Trabalho, lotado na Procuradoria Regional do Trabalho da 1ª Região (RJ), em exercício no Núcleo de Combate às Irregularidades Trabalhistas na Administração Pública da Coordenação de Atuação em Primeiro Grau.

Bacharel em Direito pela Universidade Federal Fluminense (1998), foi estagiário do Ministério Público do Trabalho, da Procuradoria Regional do Trabalho da 1ª Região (RJ), e Técnico Judiciário do Tribunal Regional do Trabalho da 1ª Região (RJ), onde exerceu as funções comissionadas de Executante de Gabinete de Desembargador, Assistente Secretário na Presidência, Assistente Secretário de Gabinete de Desembargador e Assessor de Desembargador.

Aprovado no X Concurso para Provimento no Cargo de Procurador do Trabalho, esteve lotado na Procuradoria Regional do Trabalho da 14ª Região (RO/AC), tendo integrado o Núcleo Regional de Promoção da Igualdade de Oportunidades e Combate à Discriminação no Trabalho; o Núcleo Regional de Erradicação do Trabalho Escravo, onde participou de operações do Grupo Móvel de Fiscalização, em parceria com o Ministério do Trabalho e Emprego e a Polícia Federal; e o Núcleo Regional de Combate às Irregularidades Trabalhistas na Administração Pública.

Na Procuradoria Regional do Trabalho da 20ª Região (SE), integrou o Núcleo Regional de Combate às Irregularidades Trabalhistas na Administração Pública; o Núcleo Regional de Trabalho Portuário e Aquaviário; o Núcleo Regional de Meio Ambiente de Trabalho e o Núcleo Regional de Erradicação do Trabalho Escravo.

Na área do ensino superior, foi professor auxiliar de Direito do Trabalho III da Universidade Cândido Mendes (UCAM).

Integra o corpo docente do Curso Toga Estudos Jurídicos, na preparação de candidatos para os concursos da Magistratura do Trabalho e do Ministério Público do Trabalho.

Também é professor de Direito do Trabalho do Curso de Pós-Graduação ministrado no Curso Toga Estudos Jurídicos em convênio com a Universidade Gama Filho (UGF) e a Universidade Católica de Petrópolis (UCP).

Nota do Autor à 2ª Edição

É com grande satisfação que temos a oportunidade de revisar esta obra, cujo objetivo principal é a preparação de candidatos aos diversos e concorridos concursos públicos na seara trabalhista.

Aproveitamos para ampliar o número de questões comentadas, além da necessária revisão e atualização daquelas que constaram na primeira edição deste livro.

Entre os temas a serem abordados, inserimos a evolução histórica do Direito do Trabalho, a fim de propiciar aos estimados leitores o estudo acerca das origens desse ramo jurídico especializado, de forma que possam melhor compreender os seus verdadeiros fundamentos e os princípios e institutos peculiares que lhes outorgam autonomia. O conhecimento acerca dos principais fatos inerentes à história do Direito do Trabalho possibilita ao operador jurídico conferir interpretação normativa adequada e aplicação de suas normas de modo condizente com os fins que regem esta disciplina.

Mais uma vez, nos valemos de uma narrativa simples e direta como mecanismo hábil para melhor compreensão da matéria, dinamizando o estudo do leitor concursando.

Também nos preocupamos em apontar aos candidatos aquelas questões que são recorrentes nos diversos concursos da área trabalhista, o que vem a explicar a inclusão de indagações repetidas ao longo da obra.

Esperamos, por fim, que possamos lograr êxito no auxílio a todos os ilustres leitores, que dedicam seu precioso tempo à árdua preparação para esses certames.

O caminho é espinhoso, mas a conquista é gratificante.

Bom estudo e uma ótima leitura!

O Autor

Nota do Autor à 1ª Edição

Esta obra tem por principal escopo a preparação dos candidatos para diversos concursos públicos na área trabalhista, por meio de comentários feitos a 220 questões objetivas extraídas de provas de concursos para provimento dos cargos de Analista e Técnico Judiciários de Tribunais Regionais do Trabalho, da Magistratura do Trabalho, do Ministério Público do Trabalho e de Auditor Fiscal do Trabalho.

As questões versam sobre os seguintes temas: princípios e fontes do Direito do Trabalho; empregado; empregador; contrato de trabalho e temas correlatos; nulidades no Direito do Trabalho; alteração, interrupção, suspensão e extinção do contrato de trabalho; duração do trabalho; férias; salário e remuneração; Fundo de Garantia do Tempo de Serviço; estabilidade e garantia provisória de emprego; aviso prévio; tutela do trabalho do menor e da mulher; comissões de conciliação prévia; prescrição no Direito do Trabalho e Direito Coletivo do Trabalho.

Após cada questão, disponibilizamos o gabarito com breves exposições sobre os principais aspectos a serem extraídos dos respectivos enunciados, reportando-nos a textos legais e entendimentos consubstanciados em súmulas e orientações jurisprudenciais.

A finalidade deste estudo não se resume a testar o conhecimento dos candidatos, mas a funcionar como verdadeiro guia na preparação para concursos tão almejados.

A linguagem simples e direta, com narrativas curtas, sem perder o núcleo básico de nossa obra vem a ser a ferramenta utilizada para tornar a leitura a mais aprazível possível, estimulando o leitor a novas incursões na literatura jurídica especializada.

Ainda que imbuídos da certeza de que jamais poderíamos esgotar todos os importantes aspectos a serem considerados na preparação para um concurso público, cumprimos essa gratificante tarefa com o sentimento de cooperação e incentivo, para que muitos dos profissionais de Direito possam dar mais um importante passo em suas carreiras jurídicas.

O Autor

Sumário

Capítulo 1	Evolução Histórica do Direito do Trabalho	1
Capítulo 2	Princípios e Fontes do Direito do Trabalho	23
Capítulo 3	Empregado	51
Capítulo 4	Empregador	56
Capítulo 5	Contrato de Trabalho e Temas Correlatos	67
Capítulo 6	Nulidades no Direito do Trabalho	106
Capítulo 7	Alteração do Contrato de Trabalho	112
Capítulo 8	Interrupção e Suspensão do Contrato de Trabalho	122
Capítulo 9	Extinção do Contrato de Trabalho	130
Capítulo 10	Duração do Trabalho	144
Capítulo 11	Férias	169
Capítulo 12	Salário e Remuneração	176
Capítulo 13	Fundo de Garantia do Tempo de Serviço	201
Capítulo 14	Estabilidade e Garantia Provisória de Emprego	205
Capítulo 15	Aviso Prévio	214
Capítulo 16	Tutela do Trabalho do Menor	217
Capítulo 17	Tutela do Trabalho da Mulher	226
Capítulo 18	Comissões de Conciliação Prévia	232
Capítulo 19	Prescrição no Direito do Trabalho	234
Capítulo 20	Direito Coletivo do Trabalho	240
Referências Bibliográficas		250

Capítulo 1

Evolução Histórica do Direito do Trabalho

• • •

1. **(XI Concurso do Ministério Público do Trabalho) No que tange à história do Direito do Trabalho é INCORRETO afirmar:**
    a) Na Constituição de 1891, conferiu-se poderes expressos ao Congresso Nacional para legislar sobre o trabalho.
    b) Apenas com a entrada em vigor da CLT, foi que se regulou o funcionamento dos sindicatos no Brasil.
    c) Já no Tratado de Versalhes, foi fixado o princípio de que o trabalho não deve ser considerado como simples mercadoria ou artigo de comércio, mas como colaboração livre e eficaz na produção das riquezas; o direito ao pagamento aos trabalhadores de um salário que lhe assegure um nível de vida sem muitas preocupações e de acordo com o tempo e a condição do seu País; a adoção da jornada de 8 horas ou da semana de 48 horas; e a instituição de um descanso semanal de 24 horas, no mínimo, e que deverá ser, sempre que possível, no domingo.
    d) A Carta del Lavoro é uma declaração de princípios, não se podendo, portanto, sob este aspecto, identificar a CLT como uma cópia integral de tal documento.
    e) Não respondida.

Comentários:
a) **Correta.**

Se cotejarmos a evolução histórica do Direito do Trabalho, em quase todo o mundo, com aquela verificada na sociedade brasileira, chegaremos à conclusão de que, no Brasil, ao contrário do que ocorrera na Europa, por exemplo, as causas e origens da legislação trabalhista não decorreram da mobilização e reivindicação da classe trabalhadora, dentro da chamada "questão social", mas de uma ação estatal para a coletividade.

Melhor explicitando o acima exposto, sabe-se que as revoluções liberais que marcaram a Europa, nos séculos XVIII e XIX, foram basicamente dirigidas pela classe burguesa, que manobrou as camadas populares em benefício de seus interesses de classe. Mas também é certo que o período posterior à Revolução Industrial foi marcado por intensa mobilização operária, postulando melhores condições de vida e de trabalho, que aliada a contextos de ordem histórica, como a doutrina social da Igreja Católica, a Primeira Guerra Mundial e a Revolução Russa, contribuiu, em muito, para a elaboração de legislações tutelares do trabalho.

É nesse contexto que cabe a afirmação de que a fonte material do Direito do Trabalho em quase todo o mundo observou um movimento ascendente, ou seja, de baixo para cima, tendo, na reivindicação da classe obreira, o fato social que propiciou a elaboração das primeiras leis trabalhistas.

Entretanto, enquanto quase toda a Europa, durante o século XIX, vivenciava, com a Revolução Industrial, a euforia da transformação do sistema produtivo, o Brasil, ainda no mesmo século, em 13 de maio de 1888, abolia o sistema escravocrata, que, na verdade, obedeceu muito mais a interesses econômicos ingleses, com vistas à expansão do mercado consumidor de seus produtos industrializados, do que a ideias de ordem filosófica e/ou moral.

Por essa razão é que a sociedade brasileira, no que tange à elaboração da legislação trabalhista, seguiu movimento distinto daquele verificado na Europa, caracterizado pela iniciativa estatal, e não por manifestações das camadas populares. É o que se denominou de movimento descendente, ou seja, aquele que se desenvolveu de cima para baixo.

A Constituição da República dos Estados Unidos do Brasil foi promulgada em 24 de fevereiro de 1891, sendo contemporânea à Encíclica *Rerum Novarum*, editada pelo Papa Leão XIII. Daí, o seu conteúdo liberal e individualista, não tendo sido estabelecido qualquer princípio de proteção ao trabalho, assegurando apenas a garantia do livre exercício de qualquer profissão moral, intelectual ou industrial (nº 24 do art. 72) e, mais tarde, a competência do Congresso Nacional para legislar sobre o trabalho (nº 29 do art. 34).

Em seu art. 1º, adotava como forma de governo a República Federativa proclamada a 15 de novembro de 1889, sob o regime representativo, constituída pela união perpétua e indissolúvel das suas antigas províncias, em Estados Unidos do Brasil.

O art. 55 da Constituição Republicana estabelecia que o Poder Judiciário da União teria por órgãos um Supremo Tribunal Federal, com sede na capital da República, e tantos juízes e Tribunais Federais distribuídos pelo País quantos o Congresso criasse.

A Constituição, em seu art. 72, assegurava a brasileiros e a estrangeiros residentes no País a inviolabilidade dos direitos concernentes à liberdade, à segurança individual e à propriedade.

b) Incorreta.

A legislação social brasileira iniciou-se após a Revolução de 1930, com a constituição do Governo Provisório chefiado por Getúlio Vargas, que criou o Ministério do Trabalho, Indústria e Comércio, cujo titular foi Lindolpho Collor.

Nesse período foram publicados diplomas legais, contendo várias medidas de proteção ao trabalhador, tendo, por exemplo, como objetos: a sindicalização (Decreto nº 19.770/1931); o horário de trabalho no comércio (Decreto nº 21.186/1932); o horário de trabalho na indústria (Decreto nº 21.364/1932) e as condições de trabalho da mulher no comércio e na indústria (Decreto nº 21.417-A/1932).

Durante o período compreendido entre a promulgação da Constituição de 1934 até o Golpe de Estado de 1937, podemos destacar diplomas legais referentes a acidentes de trabalho (Decreto nº 24.637/1934); à reforma da lei sindical (Decreto nº 24.594/1934), à rescisão do contrato de trabalho (Lei nº 62/1935) e às comissões de salário mínimo (Lei nº 185/1936).

Com relação aos diplomas normativos editados em período posterior a 1937, destacam-se os reguladores da duração e condições de trabalho dos jornalistas (Decreto-lei nº 910/1938) e da associação profissional e sindical (Decreto-lei nº 1.402/1939).

Dessa forma, ao contrário do que resta consignado na assertiva em exame, o funcionamento dos sindicatos não foi regulamentado apenas a partir da entrada em vigor da Consolidação das Leis do Trabalho (Decreto-lei nº 5.452/1943), merecendo destaque alguns diplomas anteriores que já disciplinavam a questão da sindicalização, como: Decreto nº 19.770/1931, Decreto nº 24.594/1934 e Decreto-lei nº 910/1938.

c) Correta.

O Tratado de Versalhes decorreu da instalação da Conferência da Paz, no Palácio de Versalhes, em 25 de janeiro de 1919, logo após a Primeira Guerra Mundial (1914-1918). A Parte XIII do respectivo tratado, concluído em 06/05/1919, criou a Organização Internacional do Trabalho, como parte da Sociedade das Nações (arts. 6º e 387 a 426), e consagrou o Direito do Trabalho como o novo ramo autônomo da ciência jurídica.

O art. 427 do Tratado de Versalhes dispunha sobre os princípios e normas a orientarem a construção desse novo Direito, nos seguintes termos:

> 1º – O princípio diretivo antes enunciado de que o trabalho não há de ser considerado como mercadoria ou artigo de comércio.
>
> 2º – O direito de associação visando a alcançar qualquer objetivo não contrário às leis, tanto para os patrões como para os assalariados.
>
> 3º – O pagamento aos trabalhadores de um salário que lhes assegure um nível de vida conveniente, em relação com sua época e seu País.
>
> 4º – A adoção da jornada de oito horas ou a duração semanal de quarenta e oito horas.
>
> 5º – A adoção de um descanso semanal de vinte e quatro horas, sempre que possível aos domingos.
>
> 6º – A supressão do trabalho das crianças e a obrigação de impor aos trabalhos dos menores de ambos os sexos as limitações necessárias para permitir-lhes continuar sua instrução e assegurar seu desenvolvimento físico.
>
> 7º – O princípio do salário igual, sem distinção de sexo, para um trabalho de igual valor.
>
> 8º – As leis promulgadas em cada País, relativas às condições de trabalho deverão assegurar um tratamento econômico equitativo a todos os trabalhadores que residem legalmente no País.
>
> 9º – Cada Estado deverá organizar um serviço de inspeção, que inclua mulheres, a fim de assegurar a aplicação das leis e regulamentos para a proteção dos trabalhadores.

Durante as reuniões para a elaboração do Tratado de Versalhes foi criada a Liga das Nações, tendo como objetivo principal a garantia da paz mundial.

Com sede em Genebra, Suíça, a organização excluiu a Rússia e a Alemanha de sua formação. Todavia, ao longo dos anos, a referida Liga se mostrou pouco eficiente nas tentativas de manutenção da paz.

O Tratado de Versalhes é considerado um dos principais marcos da história evolutiva do Direito do Trabalho, haja vista ter proclamado o surgimento dessa nova ciência jurídica, dotada de regras, princípios e institutos próprios, iniciando, dessa forma, o processo de expansão e universalização do Direito Laboral.

d) Controvertida.

A Consolidação das Leis do Trabalho foi instituída pelo Decreto-lei nº 5.452/1943, constituindo uma compilação de leis esparsas, com alterações e inovações legislativas, com vistas à complementação de um sistema.

A existência de uma grande diversidade de normas jurídicas trabalhistas, inerentes a diversas épocas da evolução do Direito do Trabalho, terminava por confundir os intérpretes, dificultando a aplicação e a efetividade do ordenamento juslaboral.

Assim, necessitava-se da sistematização de todas essas normas em um único texto legal, tendo sido designada, no Governo Vargas, pelo Ministro do Trabalho, Indústria e Comércio Alexandre Marcondes Filho, uma comissão para elaboração do anteprojeto de Consolidação das Leis do Trabalho e de Previdência Social, através da Portaria nº 791/1942.

Em seguida, logo na primeira reunião da referida comissão, deliberou-se pelo desdobramento da comissão, a fim de que fossem elaborados anteprojetos distintos sobre o Direito do Trabalho e a Previdência Social.

Os trabalhos da comissão trabalhista eram coordenados pelo institucionalista Luiz Augusto de Rego Monteiro, tendo, ainda, como membros os ilustres e renomados juristas Arnaldo Süssekind, Dorval Lacerda, José de Segadas Vianna e Oscar Saraiva.

Desde a sua elaboração, a Consolidação das Leis do Trabalho tem recebido crítica no sentido de ter sido inspirada na Carta del Lavoro (Itália – 1927), que instituiu um sistema corporativista-fascista, que veio a inspirar outros sistemas políticos, como os de Portugal, Espanha e Brasil. O corporativismo visava a organizar a economia em torno do Estado, com vistas à promoção do interesse nacional. O Estado interferia nas relações entre as pessoas como um poder moderador e organizador de toda a sociedade e da produção nacional. O interesse nacional se colocava acima dos interesses dos particulares (Mussolini: "Tudo no Estado, nada contra o Estado, nada fora do Estado.")

Verifica-se que, na verdade, dos 11 capítulos da CLT, apenas o Capítulo V, relativo à organização sindical, teve correlação com o sistema autoritário-corporativista então vigente na Itália, salientando-se, porém, que, neste aspecto, nada mais houve do que a transposição dos Decretos-leis de 1939 a 1942, que reorganizaram o sistema sindical sob a égide da Constituição da República de 1937.

Todavia, diante da existência de posicionamento doutrinário em contrário, no sentido de que a Consolidação das Leis do Trabalho teria tido forte inspiração da Carta del Lavoro, a questão tornou-se controvertida, implicando a anulação desta.

Gabarito: ANULADA

2.   **(XIV Concurso do Ministério Público do Trabalho) A *Encíclica Divini redemptoris*, que trouxe orientações sobre trabalho, foi escrita pelo papa:**
   a) Paulo VI;
   b) João XXIII;
   c) Leão XIII;
   d) Pio XI;
   e) Não respondida.

Comentários:

A Revolução Industrial pode ser considerada, por certo, como um dos principais marcos da história do Direito do Trabalho. Isso porque, foi a partir do advento dessa efetiva transformação dos meios de produção, que se iniciou a chamada "questão social", em que duas classes distintas – burguesia e proletariado – marcadas por interesses totalmente antagônicos, começaram a entrar em conflito, ameaçando a paz social.

A invenção das máquinas (a vapor, tear mecânico, entre outras) e sua aplicação à indústria ocasionaram uma revolução nos métodos de trabalho, posto que não era mais necessário um grande número de trabalhadores para se obter determinado resultado produtivo.

Em consequência, a oferta de mão de obra era bem superior à demanda, acarretando baixos salários e péssimas condições de vida aos trabalhadores, além da exploração da denominada "1/2 força de trabalho" (crianças e mulheres).

Cesarino Júnior (*in Direito Social*) destaca, ainda, a ocorrência da 2ª Revolução Industrial, caracterizada pela automação e progressiva substituição do trabalho humano pelas máquinas sofisticadas, inclusive no controle da qualidade do produto.

Inspirado nos ideais liberais de igualdade e de liberdade preconizados na Revolução Francesa, o Estado abandonava o operário à sua própria sorte, que, embora fosse livre, não passava de um mero meio de produção.

Os baixos salários e as exaustivas jornadas de trabalho, aliados às péssimas condições de vida dos trabalhadores, fomentavam o conflito entre a classe capitalista e a proletária.

O Estado liberal possuía como função apenas a garantia da ordem social e política, assegurando aos particulares a ampla liberdade de ação econômica.

Nesse contexto, afirmava Lacordaire: "Entre o forte e o fraco, entre o rico e o pobre, é a liberdade que escraviza, é a lei que liberta." O que significava dizer que entre desiguais, a liberdade oprime e a lei liberta.

Em nome da liberdade, e com fundamento em uma mera igualdade jurídica, era vedada qualquer restrição à autonomia contratual. A igualdade real, por sua vez, encontrava óbice intransponível na desigualdade econômica.

A intensificação dos conflitos, ameaçando a estabilidade social, reivindicava uma postura interventiva do Estado que privilegiasse o interesse coletivo.

Diante dessa questão social, que se instaurou em decorrência das precárias condições de vida e de trabalho da classe obreira, surgiram diversos estudos preconizando o coletivismo, assim como a doutrina socialista. Entre essas obras, destaca-se, no século XIX, *O Capital*, de Karl Marx, que se debruçou na sistematização do coletivismo.

Dentro dessa nova visão, o Estado deveria intervir como instrumento de justiça social, como órgão de equilíbrio dos fatores produtivos, de forma que o interesse social se sobrepusesse ao meramente individual.

Esse período foi caracterizado por uma verdadeira intensificação da doutrina intervencionista. Em nome da solidariedade, a igualdade real ou material deveria substituir a meramente jurídica ou formal. Surgia, desse modo, a concepção do Estado Polícia ou Estado Providência.

O Manifesto Comunista, de Karl Marx e Friedrich Engels, explicitava bem como se desenvolvia essa forma de exploração capitalista, em benefício de uma burguesia privilegiada, posto que detentora dos meios de produção, cujos lucros eram auferidos ao preço do suor da classe proletária, a qual era privada das mínimas condições de vida e de trabalho.

Trata-se de importante contribuição literária no contexto de valorização do coletivismo, o qual, segundo essa doutrina, deveria suplantar os interesses meramente individuais, imantados pela política econômica liberal até então vigente.

Outra publicação a ser destacada foi a Encíclica *Rerum Novarum*, editada em 15 de maio de 1891, pelo Papa Leão XIII, preconizando a união entre as classes do capital e do trabalho, haja vista a codependência existente entre estas. Proclamava a justiça comutativa e social, pugnando, ainda, pela adoção de uma política interventiva estatal.

Na realidade, extrai-se, de forma insofismável, o flagrante temor da Igreja Católica com relação ao progressivo avanço dos ideais socialistas, notadamente aqueles relacionados à luta de classes, ao materialismo dialético e ao fim da propriedade privada.

A Encíclica *Rerum Novarum* abordava os seguintes tópicos: causas do conflito; solução socialista; propriedade particular; uso comum dos bens criados e propriedade particular deles; a família e o Estado; a Igreja e a questão social; obrigações dos operários e dos patrões; posse e uso das riquezas; a dignidade do trabalho; comunhão de bens de natureza e de graça; exemplo e magistério da Igreja; a Igreja e a caridade durante os séculos; o concurso do Estado; a origem da prosperidade nacional; o governo é para os governados e não vice-versa; obrigações e limites da intervenção de Estado; a proteção pelo Estado da propriedade particular; impedimento à criação de obstáculos às greves; proteção aos bens da alma; proteção ao trabalho dos operários, das mulheres e das crianças; o quantitativo dos salários dos operários; a economia como meio de conciliação das classes; benefícios das corporações; as associações particulares e o Estado; as associações operárias católicas; disciplina e fim das associações; convite para os operários católicos se associarem e solução definitiva: a caridade.

Verifica-se a preocupação da Igreja Católica com a manutenção de institutos caros ao sistema capitalista, enquanto modelo econômico, como a propriedade privada e a posse e uso das riquezas, prestando-se a desenvolver efetiva divisão do trabalho, quando da exposição das obrigações dos operários e dos empregadores.

Ao mesmo tempo em que defende toda a estrutura do sistema econômico então vigente, pugna pela justiça social, pela dignidade do trabalho, pelo quantitativo dos salários e pela proteção do trabalho dos operários, das mulheres e das crianças.

Nesse período, houve um grande desenvolvimento de um embrionário "espírito sindical", com a criação de diversas organizações proletárias e realização de greves.

A partir daí, foram elaboradas as primeiras leis regentes das relações de trabalho, disciplinando as jornadas de trabalho, a indenização por acidentes, as medidas de segurança no trabalho, entre outras. Firmavam-se os primeiros passos em direção ao ramo justrabalhista.

Em resposta à questão proposta, a *Divini Redemptoris* é uma carta encíclica, publicada pelo Papa Pio XI, em 19 de março de 1937 (dia da festa de São José na Igreja Católica), sobre o comunismo ateu. Insiste com toda a força na secular doutrina da Igreja acerca da natureza peculiar da propriedade privada no seu aspecto individual e social, assinalando com clareza e precisão os direitos e a dignidade do trabalho humano, as relações do mútuo apoio e o auxílio que devem existir entre o capital e o trabalho, e o salário, indispensável ao operário e a sua família, que por justiça lhe é devido.

Abaixo, elencamos as mais importantes Encíclicas papais:
a) **1891 – *Rerum novarum* (Das coisas novas) – Leão XIII:** pontifica uma fase de transição para a justiça social e comutativa, traçando regras para a intervenção estatal na relação entre trabalhador e empregador. Defendia a propriedade privada como princípio do Direito Natural. Prega a união entre o capital e o trabalho, defendendo os direitos dos trabalhadores à organização de associações para tentarem conseguir salários justos e condições de trabalho dignas.
b) **1931 – *Quadragesimo anno* (No quadragésimo ano) – Pio XI:** denuncia os efeitos da cobiça e da concentração do poder econômico sobre os trabalhadores e sobre a sociedade; clama pela justa distribuição de riqueza segundo as exigências do bem comum e da justiça social; defende o direito à propriedade e alarga a oportunidade de acesso a esta; proclama a finalidade social da propriedade e o seu papel na promoção da harmonia entre as classes sociais.
c) **1961 – *Mater et magistra* (A mãe e mestra) – João XXIII:** lamenta a crescente distância entre as nações pobres e ricas, a corrida aos armamentos e os apuros dos agricultores; defende a participação dos trabalhadores na posse, gestão e lucros das

empresas; promove o auxílio aos Países menos desenvolvidos, isento de intenções dominadoras; torna a doutrina social da Igreja parte integrante da vida cristã; convoca os cristãos a trabalharem por um mundo mais justo.

d) 1963 – *Pacem in terris* (Paz na Terra) – João XXIII: define o âmbito completo dos direitos humanos enquanto fundamentos da paz; incita o desarmamento; reconhece que todas as nações têm igual dignidade e direito ao seu próprio desenvolvimento; promove a revisão da distribuição de recursos e o controle das políticas das empresas multinacionais; promove políticas estatais que favoreçam o acolhimento dos refugiados; propõe um conceito de sociedade baseada na subsidiariedade; indica a ONU como autoridade pública mundial encarregada da promoção do bem comum mundial; integra fé e ação.

e) 1967 – *Populorum Progressio* (O progresso dos povos) – Paulo VI: afirma os direitos das nações pobres ao desenvolvimento humano pleno; denuncia as estruturas econômicas que promovem a desigualdade; reconhece que o desenvolvimento autêntico não fica limitado ao crescimento econômico; ensina que os recursos devem ser partilhados mediante subsídios, assistência técnica e relações comerciais justas; propõe a constituição de um Fundo Mundial que destine aos pobres o capital gasto em armamentos; ensina que a propriedade privada não consiste em direito absoluto; indica obrigações recíprocas às multinacionais, as quais devem ser pioneiras da justiça social; incita o bom acolhimento dos jovens e dos trabalhadores emigrantes de nações pobres.

f) 1971 – *Octogesima adveniens* (Chegando a octogésima) – Paulo VI: incita a ação política em prol da justiça econômica; pede uma análise objetiva da situação da sociedade de cada um para individualizar medidas em prol da justiça; pede uma resposta aos cristãos individualmente e às igrejas locais em geral, para situações de injustiça; solicita ação política orientada para a mudança.

g) 1975 – *Evangelii nuntiandi* (O Evangelho a anunciar) – Paulo VI: que se proclame o Evangelho como libertação da opressão; se assistam as pessoas nessa libertação; se dê testemunho dela e se garanta a sua realização; que se perspective a justiça social como parte integrante da fé; que se passe da doutrina social à sua atuação; que se faça a integração da transformação pessoal e da transformação da sociedade.

h) 1979 – *Redemptor Hominis* (O Redentor da Humanidade) – João Paulo II: que os direitos humanos sejam adotados como princípios básicos de todos os programas, sistemas e regimes; que os investimentos em armamentos se transformem em investimentos em alimentação ao serviço da vida; que se evite a exploração da terra; que todos trabalhem em conjunto na transformação das estruturas econômicas.

i) 1981 – *Laborem Exercens* (Sobre o trabalho humano) – João Paulo II: afirma a dignidade do trabalho, com base na dignidade do trabalhador; estabelece uma ligação entre a dedicação à justiça e a procura da paz; pede que se fomente a prática de salários justos, posse conjunta, tal como participação na gestão e nos lucros por parte dos trabalhadores; afirma o direito de todos os trabalhadores a formarem associações e a defenderem os seus interesses vitais; pede que os trabalhadores sejam tratados segundo os padrões aplicáveis aos cidadãos; incita a justiça no emprego enquanto responsabilidade da sociedade, do patrão e do trabalhador.

j) 1987 – *Sollicitudo rei socialis* (A solicitude social da Igreja) – João Paulo II: que se divulgue a doutrina da Igreja, especialmente a opção pelos pobres; que se crie a vontade política de instituir mecanismos justos para o bem comum da humanidade; que se dediquem os recursos para armas ao alívio da miséria humana; que se reconheça a injustiça de alguns poucos terem tanto e de tantos não terem quase nada; que o desenvolvimento seja planificado no respeito pela natureza; que se convoquem as pessoas para a conversão à solidariedade – à luz da interdependência; que se identifiquem as estruturas que impedem o desenvolvimento pleno dos povos; que se reformem tanto o comércio internacional quanto os sistemas financeiros; que se denunciem as estruturas pecaminosas.

k) 1991 – *Centesimus annus* (O ano centenário) – João Paulo II: que se identifiquem as falhas das economias, tanto socialista quanto de mercado; que se aliviem ou perdoem as dívidas dos países pobres; que se avance com o desarmamento; que se simplifiquem os estilos de vida e se elimine o desperdício nas nações ricas; que se implementem práticas públicas a favor do emprego pleno e da segurança laboral; que se estabeleçam instituições para tratar do controle das armas; que se apele aos países ricos para sacrificarem seus lucros e poderio.

l) 1994 – *Tertio millenio adveniente* (O Ano Jubilar 2000) – João Paulo II: prega o compromisso com a justiça e a paz; o levantar das nossas vozes a favor dos pobres de todo o mundo; a redução substancial ou o cancelamento total da dívida internacional; a reflexão sobre as dificuldades de diálogo entre as várias culturas e sobre os problemas relacionados aos direitos das mulheres.

m) 1995 – *Evangelium vitae* (O Evangelho da Vida) – João Paulo II: reconhecimento do valor sagrado da vida humana do princípio ao fim; aponta como forças negativas: a violência contra a vida de milhões de seres humanos, especialmente crianças, que são forçados a viver na pobreza, na desnutrição e na fome devido à distribuição injusta de recursos; as guerras e o comércio de armas; a destruição ecológica; a difusão criminosa das drogas; a promoção de certos tipos de atividade sexual, que, além de moralmente inaceitável, também cria enormes riscos para a vida; o aborto provocado, designado por uma estrutura pecaminosa; o infanticídio de bebês nascidos com graves incapacidades ou doenças; a eutanásia e sua legalização; o controle da natalidade usado como meio de controle do aumento da população das nações pobres; o suicídio assistido.

Gabarito: D

3. **(XIV Concurso do Ministério Público do Trabalho) Complete com a opção CORRETA.**

    A Constituição do México, de _____, tratou de regras de Direito do Trabalho no seu art. 123.
    a) 1915
    b) 1917
    c) 1919
    d) 1921
    e) Não respondida.

Comentários:

A partir do final da Primeira Guerra Mundial, surge o movimento denominado "constitucionalismo social", caracterizado pela inclusão em textos constitucionais de normas relacionadas a Direitos Sociais, inclusive trabalhistas.

Iniciava-se, a partir desse momento histórico, enquanto fenômeno de sedimentação das conquistas sociais obtidas pela classe trabalhadora, um processo gradativo e crescente de constitucionalização desses direitos trabalhistas, que passaram a integrar o rol dos chamados Direitos Sociais, classificados, com os direitos econômicos e culturais, como direitos humanos de segunda dimensão ou geração.

A Constituição do México de 1917 foi a primeira a observar essa tendência. Em seu art. 123, estabelecia jornada de 8 horas, proibição de trabalho de menores de 12 anos, limitação da jornada dos menores de 16 anos a 6 horas, jornada máxima noturna de 7 horas, descanso semanal remunerado, proteção à maternidade, salário mínimo, direito de sindicalização e de greve, indenização de dispensa, seguro social e proteção contra acidentes do trabalho.

E seguida, merece destaque a Constituição de Weimar, de 1919, que disciplinava a participação e a representação dos trabalhadores nas empresas, autorizando a liberdade de coalizão. Também criava um sistema de seguros sociais e a possibilidade dos obreiros colaborarem com os empregadores na fixação de salários e demais condições de trabalho.

Gabarito: B

4. **(Concurso XVI do Ministério Público do Trabalho) Leia e analise os itens abaixo:**
    I. **A Constituição outorgada em 1937, conhecida como Polaca, porque era baseada na Constituição polonesa, continha preceitos a serem observados pela legislação do trabalho, fixando, por exemplo, que: nas empresas de trabalho contínuo, a cessação das relações de trabalho, a que o trabalhador não tenha dado motivo, e quando a lei não lhe garanta a estabilidade no emprego, cria-lhe o direito a uma indenização proporcional aos anos de serviço; nas empresas de trabalho contínuo, a mudança de proprietário não rescinde o contrato de trabalho, conservando os empregados, para com o novo empregador, os direitos que tinham em relação ao antigo.**
    II. **A transformação mundial ocorrida após 1945 teve desdobramentos no Brasil, dentre os quais a promulgação da Constituição de 1946 que, no título referente à Ordem Econômica e Social, manteve condições anteriores,**

tais como: o salário mínimo; a jornada diária de 8 horas, exceto em casos e condições previstos em lei; a proibição do trabalho a menores de 14 anos, de trabalho noturno a menores de 16 anos e de mulheres e menores de 18 anos em indústrias insalubres, respeitadas, em qualquer caso, as condições estabelecidas em lei e as exceções admitidas pelo juiz competente; a liberdade de associação profissional.

III. A transformação mundial ocorrida após 1945 teve desdobramentos no Brasil, dentre os quais a promulgação da Constituição de 1946 que, no título referente à Ordem Econômica e Social, trouxe ampliação das garantias e direitos dos trabalhadores, destacando-se: a participação obrigatória e direta do empregado nos lucros da empresa nos termos da lei; a fixação em lei de porcentagens de empregados brasileiros em serviços públicos de concessão e nos estabelecimentos de determinados ramos do comércio e da indústria; a assistência aos desempregados; o reconhecimento das convenções coletivas de trabalho e do direito de greve, com exercício regulado em lei.

Marque a alternativa CORRETA.
a) Apenas os itens I e III são corretos.
b) Apenas os itens I e II são corretos.
c) Todos os itens são corretos.
d) Apenas os itens II e III são corretos.
e) Não respondida.

Comentários:

1. Constituição de 1937:

A Constituição brasileira de 1937, outorgada pelo presidente Getúlio Vargas em 10 de novembro de 1937, mesmo dia em que implantou a ditadura do Estado Novo, foi a quarta Constituição do Brasil e a terceira da República de conteúdo pretensamente democrático.

Caracterizou-se, no entanto, por ser uma carta política eminentemente outorgada e mantenedora das condições de poder do presidente Getúlio Vargas, tendo sido marcada por seu caráter revolucionário, legitimando a intervenção do Estado no domínio econômico e o trabalho como dever social.

Era também conhecida como "Polaca", por ter sido baseada na Constituição autoritária da Polônia. Foi redigida pelo jurista Francisco Campos, ministro da Justiça do novo regime, e obteve a aprovação prévia de Vargas e do ministro da Guerra, general Eurico Gaspar Dutra.

Em seu art. 1º, dispunha ser o Brasil uma República, ressaltando que o poder emana do povo e é exercido em nome dele, e no interesse do seu bem-estar, da sua honra, da sua independência e da sua prosperidade.

No art. 3º, estabelecia ser o Brasil um Estado Federal, constituído pela união indissolúvel dos Estados, do Distrito Federal e dos Territórios, mantendo a divisão política e territorial até então vigente.

O art. 16, em seu inciso XVI, atribuía à União a competência privativa para legislar sobre o Direito Civil, o Direito Comercial, o Direito Aéreo, o Direito Operário, o Direito Penal e o Direito Processual.

Eram considerados órgãos do Poder Judiciário: a) o Supremo Tribunal Federal; b) os juízes e Tribunais dos Estados, do Distrito Federal e dos Territórios; e c) os juízes e Tribunais militares (art. 90).

A intervenção estatal na economia encontrava-se fundamentada no art. 135, ao estabelecer que:

> A intervenção do Estado no domínio econômico só se legitima para suprir as deficiências da iniciativa individual e coordenar os fatores da produção, de maneira a evitar ou resolver os seus conflitos e introduzir no jogo das competições individuais o pensamento dos interesses da Nação, representados pelo Estado. A intervenção no domínio econômico poderá ser mediata e imediata, revestindo a forma do controle, do estimulo ou da gestão direta.

A concepção de trabalho enquanto dever social restava disposto no art. 136, *in verbis*:

> O trabalho é um dever social. O trabalho intelectual, técnico e manual tem direito a proteção e solicitude especiais do Estado. A todos é garantido o direito de subsistir mediante o seu trabalho honesto e este, como meio de subsistência do indivíduo, constitui um bem que é dever do Estado proteger, assegurando-lhe condições favoráveis e meios de defesa.

A legislação trabalhista deveria assegurar os seguintes preceitos (art. 137):

> a) os contratos coletivos de trabalho concluídos pelas associações, legalmente reconhecidas, de empregadores, trabalhadores, artistas e especialistas, serão aplicados a todos os empregados, trabalhadores, artistas e especialistas que elas representam;
>
> b) os contratos coletivos de trabalho deverão estipular obrigatoriamente a sua duração, a importância e as modalidades do salário, a disciplina interior e o horário do trabalho;
>
> c) a modalidade do salário será a mais apropriada às exigências do operário e da empresa;
>
> d) o operário terá direito ao repouso semanal aos domingos e, nos limites das exigências técnicas da empresa, aos feriados civis e religiosos, de acordo com a tradição local;
>
> e) depois de um ano de serviço ininterrupto em uma empresa de trabalho contínuo, o operário terá direito a uma licença anual remunerada;
>
> f) nas empresas de trabalho contínuo, a cessação das relações de trabalho, a que o trabalhador não haja dado motivo, e quando a lei não lhe garanta, a estabilidade no emprego, cria-lhe o direito a uma indenização proporcional aos anos de serviço;
>
> g) nas empresas de trabalho contínuo, a mudança de proprietário não rescinde o contrato de trabalho, conservando os empregados, para com o novo empregador, os direitos que tinham em relação ao antigo;
>
> h) salário mínimo, capaz de satisfazer, de acordo com as condições de cada região, as necessidades normais do trabalho;
>
> i) dia de trabalho de oito horas, que poderá ser reduzido, e somente suscetível de aumento nos casos previstos em lei;
>
> j) o trabalho à noite, a não ser nos casos em que é efetuado periodicamente por turnos, será retribuído com remuneração superior à do diurno;

k) proibição de trabalho a menores de catorze anos; de trabalho noturno a menores de dezesseis, e, em indústrias insalubres, a menores de dezoito anos e a mulheres;

l) assistência médica e higiênica ao trabalhador e à gestante, assegurado a esta, sem prejuízo do salário, um período de repouso antes e depois do parto;

m) a instituição de seguros de velhice, de invalidez, de vida e para os casos de acidentes do trabalho;

n) as associações de trabalhadores têm o dever de prestar aos seus associados auxílio ou assistência, no referente às práticas administrativas ou judiciais relativas aos seguros de acidentes do trabalho e aos seguros sociais.

O art. 139 da Constituição de 1937 preconizava a liberdade de associação profissional e sindical, assegurando ao sindicato regularmente reconhecido pelo Estado *"o direito de representação legal dos que participarem da categoria de produção para que foi constituído, e de defender-lhes os direitos perante o Estado e as outras associações profissionais, estipular contratos coletivos de trabalho obrigatórios para todos os seus associados, impor-lhes contribuições e exercer em relação a eles funções delegadas de Poder Público"*.

Para dirimir os conflitos oriundos das relações entre empregadores e empregados, reguladas na legislação social, era instituída a Justiça do Trabalho, a ser regulada em lei e à qual não se aplicavam as disposições constitucionais relativas à competência, ao recrutamento e às prerrogativas da Justiça comum (art. 139).

Por fim, a greve e o *lockout* eram declarados recursos antissociais nocivos ao trabalho e ao capital e incompatíveis com os superiores interesses da produção nacional.

2. Constituição de 1946:

A Constituição dos Estados Unidos do Brasil foi promulgada em 18 de setembro de 1946, sendo dotada de forte conteúdo social. No entanto, pecava pela falta de imperatividade a muitos de seus dispositivos, que soavam como meras recomendações.

Em seu art. 1º, dispunha que os Estados Unidos do Brasil mantinham-se sob o regime representativo, a Federação e a República, destacando que todo o poder emana do povo e em seu nome será exercido.

A União compreendia, além dos Estados, o Distrito Federal (capital) e os Territórios (art. 1º, § 1º).

O art. 5º, inciso XV, alínea *a*, atribuía à União a competência para legislar sobre Direito Civil, Comercial, Penal, Processual, Eleitoral, Aeronáutico e do Trabalho.

A Constituição de 1946 foi o primeiro Texto Constitucional em que a Justiça do Trabalho foi inserida no Poder Judiciário Brasileiro. O art. 94 dispunha que o Poder Judiciário seria exercido pelos seguintes órgãos: "I – Supremo Tribunal Federal; II – Tribunal Federal de Recursos; III – juízes e Tribunais militares; IV – juízes e Tribunais eleitorais; e V – juízes e Tribunais do trabalho."

O art. 123 assegurava à Justiça do Trabalho a competência para conciliar e julgar os dissídios individuais e coletivos entre empregados e empregadores e as demais controvérsias oriundas de relações do trabalho regidas por legislação especial.

Os dissídios relativos a acidentes do trabalho eram atribuídos à competência da Justiça ordinária (art. 123, § 1º), além de remeter à lei os casos em que as decisões, nos dissídios coletivos, poderiam estabelecer normas e condições de trabalho (art. 123, § 2º).

O art. 145 preceituava que a ordem econômica deveria ser organizada conforme os princípios da justiça social, conciliando a liberdade de iniciativa com a valorização do trabalho humano, ressaltando o parágrafo único do referido artigo que a todos seria assegurado trabalho que possibilitasse existência digna. O trabalho era tido como uma obrigação social.

Nos termos do art. 157, as legislações do trabalho e da Previdência Social deveriam observar os seguintes preceitos, além de outros que visassem à melhoria da condição dos trabalhadores:

> I – salário mínimo capaz de satisfazer, conforme as condições de cada região, as necessidades normais do trabalhador e de sua família;
>
> II – proibição de diferença de salário para um mesmo trabalho por motivo de idade, sexo, nacionalidade ou estado civil;
>
> III – salário do trabalho noturno superior ao do diurno;
>
> IV – participação obrigatória e direta do trabalhador nos lucros da empresa, nos termos e pela forma que a lei determinar;
>
> V – duração diária do trabalho não excedente a oito horas, exceto nos casos e condições previstos em lei;
>
> VI – repouso semanal remunerado, preferentemente aos domingos e, no limite das exigências técnicas das empresas, nos feriados civis e religiosos, de acordo com a tradição local;
>
> VII – férias anuais remuneradas;
>
> VIII – higiene e segurança do trabalho;
>
> IX – proibição de trabalho a menores de quatorze anos; em indústrias insalubres, a mulheres e a menores, de dezoito anos; e de trabalho noturno a menores de dezoito anos, respeitadas, em qualquer caso, as condições estabelecidas em lei e as exceções admitidas pelo Juiz competente;
>
> X – direito da gestante a descanso antes e depois do parto, sem prejuízo do emprego nem do salário;
>
> XI – fixação das percentagens de empregados brasileiros nos serviços públicos dados em concessão e nos estabelecimentos de determinados ramos do comércio e da indústria;
>
> XII – estabilidade, na empresa ou na exploração rural, e indenização ao trabalhador despedido, nos casos e nas condições que a lei estatuir;
>
> XIII – reconhecimento das convenções coletivas de trabalho;
>
> XIV – assistência sanitária, inclusive hospitalar e médica preventiva, ao trabalhador e à gestante;
>
> XV – assistência aos desempregados;
>
> XVI – previdência, mediante contribuição da União, do empregador e do empregado, em favor da maternidade e contra as consequências da doença, da velhice, da invalidez e da morte;
>
> XVII – obrigatoriedade da instituição do seguro pelo empregador contra os acidentes do trabalho.

Não se admitia a distinção entre o trabalho manual ou técnico e o trabalho intelectual, nem entre os profissionais respectivos, no que concerne a direitos, garantias e benefícios (art. 157, parágrafo único).

Foi reconhecido o direito de greve, remetendo-se à lei a regulamentação de seu exercício (art. 158).

Por fim, o art. 159 assegurava a liberdade de associação profissional ou sindical, sendo regulados por lei a forma de sua constituição, a sua representação legal nas convenções coletivas de trabalho e o exercício de funções delegadas pelo Poder Público.

Gabarito: C

5. **(XVI Concurso do Ministério Público do Trabalho) Leia e analise os itens abaixo:**
   I. **A Emenda Constitucional nº 1, de 17 de outubro de 1969, promulgada pelos ministros da Marinha de Guerra, do Exército e da Aeronáutica Militar, trouxe modificações inovadoras à Constituição de 1967 em relação aos direitos dos trabalhadores, dentre as quais estão: salário-família aos seus dependentes; estabilidade, com indenização ao trabalhador despedido ou fundo de garantia equivalente; aposentadoria para a mulher, aos 30 anos de trabalho, com salário integral.**
   II. **Do ponto de vista formal é possível afirmar que a Constituição da República de 1988 deslocou os direitos dos trabalhadores do tradicional capítulo Ordem Econômica e Social, inseridos nas Constituições de 1934, 1937, 1946 e 1967, para uma posição inovadora e destacada nos Direitos Sociais, elegendo o trabalho como Direito Social e estabelecendo os direitos dos trabalhadores urbanos e rurais.**
   III. **A Constituição da República de 1988, em capítulo reservado a família, criança, adolescente e idoso, estabelece que é dever da família, da sociedade e do Estado amparar as pessoas idosas, assegurando sua participação na comunidade. O Estatuto do Idoso tem comando semelhante, obrigando a família, a comunidade, a sociedade e o Poder Público a assegurar à pessoa idosa a efetivação também do direito ao trabalho.**

   Marque a alternativa CORRETA.
   a) Todos os itens são corretos.
   b) Apenas os itens I e II são corretos.
   c) Apenas os itens I e III são corretos.
   d) Apenas os itens II e III são corretos.
   e) Não respondida.

Comentários:
1. Constituição de 1967:

A Constituição do Brasil foi promulgada em 24 de janeiro de 1967, dispondo, em seu art. 1º, que o Brasil é uma República Federativa, constituída, sob o regime representativo, pela união indissolúvel dos Estados, do Distrito Federal e dos Territórios, assim como que todo poder emana do povo e em seu nome é exercido (art. 1º, § 1º).

O art. 8º, inciso XVII, alínea *b*, atribuía à União a competência para legislar sobre Direito Civil, Comercial, Penal, Processual, Eleitoral, Agrário, Aéreo, Marítimo e do Trabalho.

Segundo o art. 107, o Poder Judiciário da União seria exercido pelos seguintes órgãos: "*I – Supremo Tribunal Federal; II – Tribunais Federais de Recursos e juízes Federais; III – Tribunais e Juízes Militares; IV – Tribunais e juízes Eleitorais; e V – Tribunais e juízes do Trabalho*".

O art. 133 enumerava como órgãos da Justiça do Trabalho: "*I – Tribunal Superior do Trabalho; II – Tribunais Regionais do Trabalho; e III – Juntas de Conciliação e Julgamento*".

O art. 134, *caput* e § 1º asseguravam a competência da Justiça do Trabalho para conciliar e julgar os dissídios individuais e coletivos entre empregados e empregadores e as demais controvérsias oriundas de relações de trabalho regidas por lei especial, remetendo à lei as hipóteses em que as decisões nos dissídios coletivos poderiam estabelecer normas e condições de trabalho.

Os dissídios relativos a acidentes do trabalho permaneciam dentro da competência da Justiça ordinária, nos termos do § 2º do art. 134.

O art. 157 dispunha que a ordem econômica teria por fim realizar a justiça social, com base nos seguintes princípios: "*I – liberdade de iniciativa; II – valorização do trabalho como condição da dignidade humana; III – função social da propriedade; IV – harmonia e solidariedade entre os fatores de produção; V – desenvolvimento econômico; VI – repressão ao abuso do poder econômico, caracterizado pelo domínio dos mercados, eliminação da concorrência e aumento arbitrário dos lucros*".

A Constituição, em seu art. 158, assegurava aos trabalhadores os seguintes direitos, além de outros que, nos termos da lei, visem à melhoria de sua condição social:

I – salário mínimo capaz de satisfazer, conforme as condições de cada região, as necessidades normais do trabalhador e de sua família;

II – salário-família aos dependentes do trabalhador;

III – proibição de diferença de salários e de critérios de admissões por motivo de sexo, cor e estado civil;

IV – salário de trabalho noturno superior ao diurno;

V – integração do trabalhador na vida e no desenvolvimento da empresa, com participação nos lucros e, excepcionalmente, na gestão, nos casos e condições que forem estabelecidos;

VI – duração diária do trabalho não excedente de oito horas, com intervalo para descanso, salvo casos especialmente previstos;

VII – repouso semanal remunerado e nos feriados civis e religiosos, de acordo com a tradição local;

VIII – férias anuais remuneradas;

IX – higiene e segurança do trabalho;

X – proibição de trabalho a menores de doze anos e de trabalho noturno a menores de dezoito anos, em indústrias insalubres a estes e às mulheres;

XI – descanso remunerado da gestante, antes e depois do parto, sem prejuízo do emprego e do salário;

XII – fixação das percentagens de empregados brasileiros nos serviços públicos dados em concessão e nos estabelecimentos de determinados ramos comerciais e industriais;
XIII – estabilidade, com indenização ao trabalhador despedido, ou fundo de garantia equivalente;
XIV – reconhecimento das convenções coletivas de trabalho;
XV – assistência sanitária, hospitalar e médica preventiva;
XVI – previdência social, mediante contribuição da União, do empregador e do empregado, para seguro-desemprego, proteção da maternidade e, nos casos de doença, velhice, invalidez e morte;
XVII – seguro obrigatório pelo empregador contra acidentes do trabalho;
XVIII – proibição de distinção entre trabalho manual, técnico ou intelectual, ou entre os profissionais respectivos;
XIX – colônias de férias e clínicas de repouso, recuperação e convalescença, mantidas pela União, conforme dispuser a lei;
XX – aposentadoria para a mulher, aos trinta anos de trabalho, com salário integral;
XXI – greve, salvo o disposto no art. 157, § 7º.

Por fim, o art. 159 preconizava a liberdade de associação profissional ou sindical, ressaltando que a sua constituição, a representação legal nas convenções coletivas de trabalho e o exercício de funções delegadas de Poder Público seriam regulados em lei.

2. Emenda Constitucional nº 01/1969:

Em 17 de outubro de 1969 foi promulgada a Emenda Constitucional nº 1, de forte natureza autoritária e intervencionista, que promoveu alterações na Constituição da República Federativa do Brasil.

Nos termos do art. 112, o Poder Judiciário passou a ser exercido pelos seguintes órgãos: "*I – Supremo Tribunal Federal, II – Conselho Nacional da Magistratura; III – Tribunal Federal de Recursos e juízes federais; IV – Tribunais e juízes militares; V – Tribunais e juízes eleitorais; VI – Tribunais e Juízos do trabalho; e VII – Tribunais e juízes estaduais*".

Como órgãos da Justiça do Trabalho permaneceram: o Tribunal Superior do Trabalho, os Tribunais Regionais do Trabalho e as Juntas de Conciliação e Julgamento, conforme disposição contida no art. 141, incisos I a III.

Também não houve alteração da competência da Justiça do Trabalho, assim como as questões relativas a acidentes de trabalho continuaram dentro da esfera de competência da Justiça Comum.

Quanto aos direitos assegurados aos trabalhadores, dispostos no art. 165, incisos I a XXI, ao contrário do que resta afirmado no item I da questão em exame, não houve alterações com relação aos assegurados na Carta Política anterior (Constituição de 1967).

3. Constituição de 1988:

A Constituição da República Federativa do Brasil foi promulgada em 5 de outubro de 1988, sendo considerada a "Constituição Cidadã", em razão do grande espectro de normas assecuratórias de direitos aos cidadãos brasileiros, em sintonia com os princípios e fundamentos do Estado Democrático de Direito.

No seu art. 1º, dispõe que a República Federativa do Brasil, formada pela união indissolúvel dos Estados e Municípios e do Distrito Federal, constitui-se em Estado Democrático de Direito e tem como fundamentos: *"I – a soberania; II – a cidadania; III – a dignidade da pessoa humana; IV – os valores sociais do trabalho e da livre-iniciativa; e V – o pluralismo político"*.

Reitera, no parágrafo único do mencionado artigo, que todo o poder emana do povo, que o exerce por meio de representantes eleitos ou diretamente, nos termos da Constituição.

Enumera como objetivos fundamentais da República Federativa do Brasil (art. 3º): *"I – construir uma sociedade livre, justa e solidária; II – garantir o desenvolvimento nacional; III – erradicar a pobreza e a marginalização e reduzir as desigualdades sociais e regionais; e IV – promover o bem de todos, sem preconceitos de origem, raça, sexo, cor, idade e quaisquer outras formas de discriminação"*.

O art. 4º preceitua que a República Federativa do Brasil rege-se nas suas relações internacionais pelos seguintes princípios: *"I – independência nacional; II – prevalência dos direitos humanos; III – autodeterminação dos povos; IV – não intervenção; V – igualdade entre os Estados; VI – defesa da paz; VII – solução pacífica dos conflitos; VIII – repúdio ao terrorismo e ao racismo; IX – cooperação entre os povos para o progresso da humanidade; e X – concessão de asilo político"*.

O rol de direitos e deveres individuais e coletivos vem enunciado no art. 5º, que, em seu *caput*, assegura a igualdade de todos perante a lei, sem distinção de qualquer natureza, garantindo-se aos brasileiros e aos estrangeiros residentes no País a inviolabilidade do direito à vida, à liberdade, à igualdade, à segurança e à propriedade.

O trabalho é erigido a Direito Social, nos termos do art. 6º, juntamente com a educação, a saúde, a moradia, o lazer, a segurança, a Previdência Social, a proteção à maternidade e à infância, a assistência aos desamparados.

Do ponto de vista formal é possível afirmar que a Constituição da República de 1988 deslocou os direitos dos trabalhadores do tradicional capítulo Ordem Econômica e Social, inseridos nas Constituições de 1934, 1937, 1946 e 1967, para uma posição inovadora e destacada nos Direitos Sociais, elegendo o trabalho como Direito Social e estabelecendo os direitos dos trabalhadores urbanos e rurais.

Ainda dentro do capítulo concernente aos Direitos Sociais, o art. 7º vem dispondo acerca dos direitos dos trabalhadores urbanos e rurais, além de outros que visem à melhoria de sua condição social, nos seguintes termos:

> I – relação de emprego protegida contra despedida arbitrária ou sem justa causa, nos termos de lei complementar, que preverá indenização compensatória, dentre outros direitos;
>
> II – seguro-desemprego, em caso de desemprego involuntário;
>
> III – fundo de garantia do tempo de serviço;

IV – salário mínimo, fixado em lei, nacionalmente unificado, capaz de atender a suas necessidades vitais básicas e às de sua família com moradia, alimentação, educação, saúde, lazer, vestuário, higiene, transporte e previdência social, com reajustes periódicos que lhe preservem o poder aquisitivo, sendo vedada sua vinculação para qualquer fim;

V – piso salarial proporcional à extensão e à complexidade do trabalho;

VI – irredutibilidade do salário, salvo o disposto em convenção ou Acordo Coletivo;

VII – garantia de salário, nunca inferior ao mínimo, para os que percebem remuneração variável;

VIII – décimo terceiro salário com base na remuneração integral ou no valor da aposentadoria;

IX – remuneração do trabalho noturno superior à do diurno;

X – proteção do salário na forma da lei, constituindo crime sua retenção dolosa;

XI – participação nos lucros, ou resultados, desvinculada da remuneração, e, excepcionalmente, participação na gestão da empresa, conforme definido em lei;

XII – salário-família pago em razão do dependente do trabalhador de baixa renda nos termos da lei;

XIII – duração do trabalho normal não superior a oito horas diárias e quarenta e quatro semanais, facultada a compensação de horários e a redução da jornada, mediante Acordo ou Convenção Coletiva de Trabalho;

XIV – jornada de seis horas para o trabalho realizado em turnos ininterruptos de revezamento, salvo negociação coletiva;

XV – repouso semanal remunerado, preferencialmente aos domingos;

XVI – remuneração do serviço extraordinário superior, no mínimo, em cinquenta por cento à do normal;

XVII – gozo de férias anuais remuneradas com, pelo menos, um terço a mais do que o salário normal;

XVIII – licença à gestante, sem prejuízo do emprego e do salário, com a duração de cento e vinte dias;

XIX – licença-paternidade, nos termos fixados em lei;

XX – proteção do mercado de trabalho da mulher, mediante incentivos específicos, nos termos da lei;

XXI – aviso prévio proporcional ao tempo de serviço, sendo no mínimo de trinta dias, nos termos da lei;

XXII – redução dos riscos inerentes ao trabalho, por meio de normas de saúde, higiene e segurança;

XXIII – adicional de remuneração para as atividades penosas, insalubres ou perigosas, na forma da lei;

XXIV – aposentadoria;

XXV – assistência gratuita aos filhos e dependentes desde o nascimento até seis anos de idade em creches e pré-escolas;

XXVI – reconhecimento das convenções e acordos coletivos de trabalho;

XXVII – proteção em face da automação, na forma da lei;

XXVIII – seguro contra acidentes de trabalho, a cargo do empregador, sem excluir a indenização a que este está obrigado, quando incorrer em dolo ou culpa;

XXIX – ação, quanto aos créditos resultantes das relações de trabalho, com prazo prescricional de cinco anos para os trabalhadores urbanos e rurais, até o limite de dois anos após a extinção do contrato de trabalho;

XXX – proibição de diferença de salários, de exercício de funções e de critério de admissão por motivo de sexo, idade, cor ou estado civil;

XXXI – proibição de qualquer discriminação no tocante a salário e critérios de admissão do trabalhador portador de deficiência;

XXXII – proibição de distinção entre trabalho manual, técnico e intelectual ou entre os profissionais respectivos;

> XXXIII – proibição de trabalho noturno, perigoso ou insalubre a menores de dezoito e de qualquer trabalho a menores de dezesseis anos, salvo na condição de aprendiz, a partir de quatorze anos;
>
> XXXIV – igualdade de direitos entre o trabalhador com vínculo empregatício permanente e o trabalhador avulso".

No parágrafo único, do mesmo art. 7º, são assegurados à categoria dos trabalhadores domésticos os direitos previstos nos incisos IV, VI, VIII, XV, XVII, XVIII, XIX, XXI e XXIV, bem como a sua integração à Previdência Social.

A liberdade de associação profissional e sindical encontra-se prevista no art. 8º, *caput*, da Constituição da República de 1988, sendo vedada a exigência por lei de autorização do Estado para a fundação de sindicato, ressalvado o registro no órgão competente, assim como a interferência e a intervenção do Poder Público na organização sindical (inciso I).

Muito embora se encontre proclamada a liberdade sindical, estabelecendo-se, inclusive, que ninguém será obrigado a filiar-se ou a manter-se filiado a sindicato (CF/1988, art. 8º, V), o legislador constituinte manteve a unicidade de representação sindical por categoria, inerente aos sistemas autoritários e corporativistas, impondo, dessa forma, limites a essa mesma liberdade, em flagrante descompasso com as normas internacionais vigentes, notadamente a Convenção nº 87 da Organização Internacional do Trabalho – OIT, a qual não foi ratificada pelo Brasil.

É o que dispõe o inciso II do art. 8º da Carta Magna: "*É vedada a criação de mais de uma organização sindical, em qualquer grau, representativa de categoria profissional ou econômica, na mesma base territorial, que será definida pelos trabalhadores ou empregadores interessados, não podendo ser inferior à área de um Município*".

O resquício do período totalitário também se extrai da manutenção da contribuição sindical obrigatória ("imposto sindical"), conforme ressalva expressa na parte final do inciso IV do mesmo art. 8º.

Foi assegurado o direito de greve no art. 9º, competindo aos trabalhadores decidir sobre a oportunidade de exercê-lo e sobre os interesses que devam por meio dele defender. A norma prevista no § 1º ressalta, porém, que a lei definirá os serviços ou atividades essenciais e disporá sobre o atendimento das necessidades inadiáveis da comunidade.

São órgãos do Poder Judiciário (art. 92): "*I – o Supremo Tribunal Federal; I-A – o Conselho Nacional de Justiça (incluído pela Emenda Constitucional nº 45, de 2004); II – o Superior Tribunal de Justiça; III – os Tribunais Regionais Federais e Juízes federais; IV – os Tribunais e Juízes do Trabalho; V – os Tribunais e Juízes Eleitorais; VI – os Tribunais e juízes Militares; e VII – os Tribunais e juízes dos Estados e do Distrito Federal e Territórios*".

Por sua vez, mantiveram-se como órgãos da Justiça do Trabalho (art. 111): "*I – o Tribunal Superior do Trabalho; II – os Tribunais Regionais do Trabalho; e III – Juízes do Trabalho*".

Com o advento da Emenda Constitucional nº 45/2004, houve uma ampliação da competência da Justiça do Trabalho, cabendo-lhe processar e julgar (art. 114):

I – as ações oriundas da relação de trabalho, abrangidos os entes de Direito Público externo e da Administração Pública direta e indireta da União, dos Estados, do Distrito Federal e dos Municípios;

II – as ações que envolvam exercício do direito de greve;

III – as ações sobre representação sindical, entre sindicatos, entre sindicatos e trabalhadores, e entre sindicatos e empregadores;

IV – os mandados de segurança, *habeas corpus* e *habeas data*, quando o ato questionado envolver matéria sujeita à sua jurisdição;

V – os conflitos de competência entre órgãos com jurisdição trabalhista, ressalvado o disposto no art. 102, I, o;

VI – as ações de indenização por dano moral ou patrimonial, decorrentes da relação de trabalho;

VII – as ações relativas às penalidades administrativas impostas aos empregadores pelos órgãos de fiscalização das relações de trabalho;

VIII – a execução, de ofício, das contribuições sociais previstas no art. 195, I, a, e II, e seus acréscimos legais, decorrentes das sentenças que proferir; e

IX – outras controvérsias decorrentes da relação de trabalho, na forma da lei.

Outra inovação da Emenda Constitucional nº 45/2004 foi ter condicionado o ajuizamento do dissídio coletivo de natureza econômica ao comum acordo das partes, nos termos do § 2º do art. 114.

O art. 170 dispõe que a ordem econômica, fundada na valorização do trabalho humano e na livre-iniciativa, tem por fim assegurar a todos existência digna, conforme os ditames da justiça social, observados os seguintes princípios:

I – soberania nacional;

II – propriedade privada;

III – função social da propriedade;

IV – livre concorrência;

V – defesa do consumidor;

VI – defesa do meio ambiente, inclusive mediante tratamento diferenciado conforme o impacto ambiental dos produtos e serviços e de seus processos de elaboração e prestação (redação dada pela Emenda Constitucional nº 42, de 19/12/2003);

VII – redução das desigualdades regionais e sociais;

VIII – busca do pleno emprego; e

IX – tratamento favorecido para as empresas de pequeno porte constituídas sob as leis brasileiras e que tenham sua sede e administração no País.

Conforme preceituado no art. 196, a saúde é direito de todos e dever do Estado, garantido mediante políticas sociais e econômicas que visem à redução do risco de doença e de outros agravos e ao acesso universal e igualitário às ações e aos serviços para sua promoção, proteção e recuperação.

A menção ao meio ambiente de trabalho se faz presente no art. 200, inciso VIII, ao prever como uma das atribuições do Sistema Único de Saúde colaborar na proteção do meio ambiente, nele compreendido o do trabalho.

O art. 203 enumera os objetivos da assistência social:

> I – a proteção à família, à maternidade, à infância, à adolescência e à velhice;
> II – o amparo às crianças e adolescentes carentes;
> III – a promoção da integração ao mercado de trabalho;
> IV – a habilitação e reabilitação das pessoas portadoras de deficiência e a promoção de sua integração à vida comunitária; e
> V – a garantia de um salário mínimo de benefício mensal à pessoa portadora de deficiência e ao idoso que comprovem não possuir meios de prover à própria manutenção ou de tê-la provida por sua família, conforme dispuser a lei.

A educação também é vista como direito de todos e dever do Estado e da família, devendo ser promovida e incentivada com a colaboração da sociedade, visando ao pleno desenvolvimento da pessoa, seu preparo para o exercício da cidadania e sua qualificação para o trabalho (art. 205).

Destaca-se, ainda, o direito ao meio ambiente ecologicamente equilibrado, bem de uso comum do povo e essencial à sadia qualidade de vida, impondo-se ao Poder Público e à coletividade o dever de defendê-lo e preservá-lo para as presentes e as futuras gerações (art. 225).

No Capítulo VII, que trata da família, da criança, do adolescente e do idoso, o art. 227 preconiza ser dever da família, da sociedade e do Estado assegurar à criança e ao adolescente, com absoluta prioridade, o direito à vida, à saúde, à alimentação, à educação, ao lazer, à profissionalização, à cultura, à dignidade, ao respeito, à liberdade e à convivência familiar e comunitária, além de colocá-los a salvo de toda forma de negligência, discriminação, exploração, violência, crueldade e opressão.

Por fim, quanto aos idosos, o art. 230 estabelece que a família, a sociedade e o Estado têm o dever de amparar as pessoas idosas, assegurando sua participação na comunidade, defendendo sua dignidade e bem-estar e garantindo-lhes o direito à vida.

Em sede de legislação infraconstitucional, o art. 3º, *caput*, da Lei nº 10.741/2003 (Estatuto do Idoso), corroborando a tutela aos direitos dos idosos, dispõe ser obrigação da família, da comunidade, da sociedade e do Poder Público assegurar ao idoso, com absoluta prioridade, a efetivação do direito à vida, à saúde, à alimentação, à educação, à cultura, ao esporte, ao lazer, ao trabalho, à cidadania, à liberdade, à dignidade, ao respeito e à convivência familiar e comunitária.

Gabarito: D

Capítulo 2

Princípios e Fontes do Direito do Trabalho

• • •

6. **(XI Concurso do Ministério Público do Trabalho) Sob o prisma da Teoria Geral do Direito do Trabalho é CORRETO afirmar:**
   a) Em função do princípio da norma mais favorável, a lei ordinária trabalhista, mesmo em questões de ordem pública, não está hierarquicamente submetida à Constituição.
   b) Na interpretação e aplicação das regras da CLT, apenas excepcionalmente algum interesse de classe ou particular poderá prevalecer sobre o interesse público.
   c) No conflito entre normas de Convenção Coletiva e normas de Acordo Coletivo, segundo estabelece, expressamente, a CLT, prevalecem as normas do Acordo Coletivo em detrimento das normas da Convenção Coletiva, eis que o Acordo Coletivo traz normas específicas enquanto as da convenção são gerais.
   d) Do princípio protetor, que é fundamento da autonomia científica do Direito do Trabalho, extrai-se, dentre outras proposições, a de que às normas jurídicas, quando dúbias, deve-se atribuir o sentido que for mais benéfico ao trabalhador.
   e) Não respondida.

Comentários:

a) **Incorreta.**

Segundo a Teoria Pura do Direito de Hans Kelsen, as normas de hierarquia superior constituem o fundamento de validade das normas de hierarquia inferior.

No Direito Comum, o conflito aparente de normas é solucionado em razão da hierarquia das normas conflitantes. Se forem de igual hierarquia, por meio do princípio *lex posterior derogat priori* ("lei posterior revoga a anterior").

No Direito do Trabalho, diante do conflito aparente de normas, aplicar-se-á aquela que for mais favorável ao empregado, salvo se a norma de hierarquia superior for de caráter proibitivo ou de ordem pública. Não haveria, portanto, uma hierarquia de leis, mas de normas. É o que reza o princípio da norma mais favorável.

Esse princípio pode ser extraído, por exemplo, da regra disposta no art. 620 da CLT, quando institui que as condições estabelecidas em Convenção Coletiva de Trabalho, quando mais favoráveis, prevalecerão sobre as estipuladas em Acordo Coletivo de Trabalho.

Três métodos ou teorias para fixação da norma mais favorável se destacam na doutrina trabalhista:

O primeiro método consiste na **teoria atomista ou da acumulação**, que defende o fracionamento das normas para buscar em cada dispositivo o mais favorável ao trabalhador. No entanto, este método termina por ferir o conteúdo unitário e sistemático da norma.

O segundo método é a **teoria do conjunto ou do conglobamento**, em que se consideram os diplomas ou instrumentos normativos como um todo, para fixar aquele mais favorável à classe obreira. É um método muito prestigiado na doutrina e na jurisprudência.

Por último, o método fundado na **teoria orgânica ou da incindibilidade dos institutos**, o qual considera o conjunto das cláusulas referentes a cada instituto ou matéria previsto nas normas. É considerado como uma forma mais moderada da teoria do conglobamento. É o que prevalece na melhor doutrina.

Exemplo de aplicação desta teoria orgânica na ordem legal é o comando contido no art. 3º, inciso II, da Lei nº 7.064/1982, quando assegura *"a aplicação da legislação brasileira de proteção ao trabalho, naquilo que não for incompatível com o disposto nesta lei, quando mais favorável do que a legislação territorial, no conjunto de normas em relação a cada matéria"*.

b) Incorreta.

Nos termos do art. 8º, *caput*, parte final, da CLT:

> As autoridades administrativas e a Justiça do Trabalho, na falta de disposições legais ou contratuais, decidirão, conforme o caso, pela jurisprudência, por analogia, por equidade e outros princípios e normas gerais de direito, principalmente do Direito do Trabalho, e, ainda, de acordo com os usos e costumes, o direito comparado, **mas sempre de maneira que nenhum interesse de classe ou particular prevaleça sobre o interesse público.**

c) Incorreta.

Art. 620 da CLT: *"As condições estabelecidas em Convenção quando mais favoráveis, prevalecerão sobre as estipuladas em Acordo."*

Trata-se de exteriorização do princípio da norma mais favorável.

d) Correta.

Uma ciência somente pode ser considerada autônoma, quando possuir institutos e princípios próprios.

O princípio protetor é o princípio *mater* do Direito do Trabalho, que pode ser extraído da imperatividade inerente às normas trabalhistas (cogentes ou de ordem pública). Decorre da intervenção estatal na autonomia das vontades, por meio de normas de ordem pública, instituindo um patamar mínimo civilizatório de direitos.

De acordo com o princípio do *in dubio pro operario*, se a partir de uma norma jurídica trabalhista puder ser extraída mais de uma interpretação, aplicar-se-á aquela que for mais benéfica ao empregado, respeitada a literalidade do preceito. É princípio corolário do princípio protetor, não se aplicando em matéria de ordem probatória.

Gabarito: D

7. **(XII Concurso do Ministério Público do Trabalho) Assinale a alternativa CORRETA.**
   I. **O princípio de proteção ao empregado encontra-se previsto na regra do *caput* do art. 7º da Constituição Federal, permitindo-se a flexibilização negociada nas três hipóteses taxativas de seus incisos VI (redução de salário), XIII (compensação de jornada) e XIV (turnos ininterruptos de revezamento).**
   II. **O Direito do Trabalho encerra autonomia legislativa, contudo, não detém autonomia científica na medida que lhe faltam princípios peculiares.**
   III. **O princípio da norma mais benéfica ao empregado não é absoluto, e quanto à validade das fontes formais em conflito, deve-se observar os limites constitucionais, a exemplo da regra constitucional que estatui ser da competência exclusiva da União legislar sobre Direito do Trabalho.**
   IV. **Ainda que mais benéficas ao empregado, serão consideradas inconstitucionais as normas de decreto regulamentador que extrapolarem a sua correspondente lei federal.**
   a) Todas as assertivas estão corretas.
   b) Apenas as assertivas I e III estão corretas.
   c) Apenas as assertivas II e IV estão corretas.
   d) Apenas a assertiva II está incorreta.
   e) Não respondida.

Comentários:

I – Controvertida.

Esse princípio é extraído das normas imperativas ou cogentes (de ordem pública) originárias da intervenção estatal no ordenamento jurídico trabalhista, a fim de compensar o desequilíbrio econômico existente entre os sujeitos da relação de emprego (empregado e empregador), instituindo o chamado "contrato mínimo legal".

São normas inderrogáveis pela vontade das partes, limitando, dessa forma, a autonomia da vontade contratual. Institui um patamar mínimo de direitos, o qual pode ser apenas complementado pelos contratantes. Daí decorre, como corolário, o princípio da irrenunciabilidade.

A intervenção estatal, por meio de normas imperativas, não obsta, em sua plenitude, o exercício da autonomia da vontade contratual, mas apenas o limita, impedindo que violem as disposições de proteção ao trabalho.

Nesse sentido, a norma prevista no art. 444 da CLT, assim dispõe: "*As relações contratuais de trabalho podem ser objeto de livre estipulação das partes interessadas em tudo quanto* não contravenha às disposições de proteção ao trabalho, aos contratos coletivos (atualmente convenções coletivas) que lhes sejam aplicáveis e às decisões das autoridades competentes."

Enquanto o Direito Comum supõe a igualdade das partes, o Direito do Trabalho pressupõe uma situação de desigualdade que ele tende a corrigir com outras desigualdades.

O grau de intervenção estatal nas relações de trabalho não depende apenas do sistema econômico adotado, mas da possibilidade real dos sindicatos, por meio da negociação coletiva, estipularem condições adequadas de trabalho ou a complementação da base mínima fixada em lei.

O intervencionismo estatal nas relações de trabalho reduz-se na razão inversa do fortalecimento da organização sindical. Daí a adoção, ainda que de forma moderada, da tese da flexibilização pela Constituição brasileira (arts. 7º, incisos VI, XIII e XIV).

A doutrina vem, no entanto, se posicionando pela validade da flexibilização com relação a parcelas trabalhistas de indisponibilidade apenas relativa, assim qualificadas em razão de sua própria natureza ou pela existência de permissivo normativo a autorizar a respectiva transação, como ocorre, neste último caso, com o prescrito nos incisos VI, XIII e XIV do art. 7º da Constituição da República. Trata-se da aplicação do princípio da adequação setorial negociada.

Dessa forma, a presente questão, como proposta, é passível de anulação, em razão da dubiedade inerente à afirmação de que se permite a flexibilização negociada nas três hipóteses taxativas previstas na Carta Política.

Por sua vez, as Constituições republicanas vêm ressaltando essa tendência protecionista, quando incluem entre os Direitos Fundamentais os Direitos Sociais do trabalhador. Daí, a perfeita conclusão de que o princípio protecionista é um princípio de ordem constitucional.

II – Incorreta.

O Direito do Trabalho detém autonomia legislativa e científica. Uma ciência somente pode ser considerada autônoma, quando possui institutos, regras e princípios próprios, o que ocorre com este respectivo ramo jurídico especializado.

O Tratado de Versailles de 1919, resultante da Conferência de Paris, ao final da Primeira Guerra Mundial, além de criar a Organização Internacional do Trabalho, proclamou o Direito do Trabalho como novo ramo do Direito (e por isso autônomo), estabelecendo, inclusive, alguns princípios e preceitos básicos que deveriam informar esta nova ciência.

O art. 22, inciso I, da CF/1988 atribui à União Federal a competência privativa para legislar sobre Direito do Trabalho.

A lei federal vigora em todo o território nacional, sendo idêntica a amplitude de aplicação aos demais diplomas obrigatórios de natureza também federal, como decretos e regulamentos.

Os regulamentos normativos são aprovados por decreto, visando propiciar a adequada execução das leis que os legitimam. A Constituição da República de 1988 assegura ao

Presidente da República a competência privativa para expedir decretos e regulamentos visando à fiel execução das leis (art. 84, IV).

O art. 49, inciso V, da CF/1988 dispõe ser da competência exclusiva do Congresso Nacional sustar os atos normativos do Poder Executivo que exorbitem do poder regulamentar ou dos limites de delegação legislativa.

Assim, as leis trabalhistas (normas de Direito do Trabalho oriundas de fonte estatal) alcançam, em seu campo de aplicação, todo o território nacional.

Exceção: As sentenças normativas, apesar de também serem oriundas de fonte estatal – no caso, o Poder Judiciário Trabalhista, no exercício do denominado Poder Normativo da Justiça do Trabalho –, possuem âmbito de aplicação circunscrito aos limites territoriais da jurisdição do tribunal respectivo e das bases de representação das categorias envolvidas.

No tocante aos acordos coletivos e convenções coletivas de trabalho (fontes formais e autônomas do Direito do Trabalho), o campo de aplicação das respectivas normas também não poderá ultrapassar as bases territoriais de representação dos sindicatos e/ou dos trabalhadores pertencentes às empresas acordantes.

III – Correta.

O princípio da norma mais favorável (ou benéfica) ao empregado é mero corolário do princípio protetor. Enuncia que, diante do conflito de normas trabalhistas, aplicar-se-á aquela que for mais favorável (ou benéfica) ao empregado, salvo se a norma de hierarquia superior for de natureza proibitiva ou de ordem pública.

Por sua vez, assim como qualquer outro princípio, não é absoluto, cabendo ao intérprete e aplicador da norma utilizá-lo com razoabilidade e equidade, de acordo com o contexto socioeconômico em determinado momento histórico, respeitando, inclusive, quanto à validade das fontes formais em conflito, a competência privativa da União para legislar sobre Direito do Trabalho, nos termos do art. 22, inciso I, da CF/1988.

IV – Anulável.

O art. 84, inciso IV, segunda parte, da CF/1988 assegura ao Presidente da República a competência privativa para expedir decretos e regulamentos para a fiel execução das leis.

Por outro lado, o art. 49, inciso V, da CF/1988 atribui ao Congresso Nacional a competência exclusiva para sustar os atos normativos do Poder Executivo que exorbitem do poder regulamentar, ou seja, que estejam eivados do vício da ilegalidade.

Diante disso, o princípio da norma mais favorável ao empregado encontra óbice nas normas constitucionais acima especificadas, que condicionam a validade dos atos normativos regulamentares à observância dos exatos contornos da lei a ser regulamentada.

Por outro lado, o decreto normativo, quando extrapola os limites da lei a que visa regulamentar, incorre no vício da ilegalidade, tornando-se, pois, ilegal.

Em razão deste duplo enfoque, acarretando dúvida quanto ao exato sentido atribuído pelo examinador, essa questão, como proposta, é passível de anulação.

Gabarito: ANULADA

8. **(II Concurso da Magistratura do Trabalho – TRT/RJ – 2004)** O Direito do Trabalho tem seus próprios princípios, sem o que não seria possível atribuir-lhe autonomia científica. Com base no conceituado jurista uruguaio Américo Plá Rodriguez, reconhecido como autoridade no tema em razão da relevância do estudo que publicou sobre a matéria, é correto afirmar que:

   I. O princípio da proteção se concretiza em três ideias ou regras, a saber, *in dubio pro operario*, regra da norma mais favorável e regra da condição mais benéfica.

   II. A regra da condição mais benéfica se dá pela adesão ao contrato de trabalho, quando de seu curso, de todas as transformações benéficas ao trabalhador, tornando-se cláusulas contratuais e, como tais, submetidas a todo o sistema de proteção.

   III. O princípio da irrenunciabilidade de direitos tem como escopo a presunção de que a vontade do trabalhador pode ser submetida a vícios de consentimento, dada a sua condição de inferioridade, em especial, quando manifestada no curso do contrato de trabalho.

   IV. O princípio da primazia da realidade revela o predomínio das relações concretas travadas pelas partes sobre as formais, ou mesmo da própria realidade sobre a documentação escrita, o que se traduz, inclusive, no art. 442 da CLT.

   Responda:
   a) se todas as afirmativas estão corretas;
   b) se apenas as afirmativas II e IV estão corretas;
   c) se apenas as afirmativas II e III estão corretas;
   d) se apenas as afirmativas III e IV estão corretas;
   e) se apenas as afirmativas I e II estão corretas.

Comentários:

Uma ciência jurídica somente pode ser considerada autônoma, quando possui regras, institutos e princípios próprios.

I – Correta.

O princípio da proteção do empregado é considerado o princípio *mater* do Direito do Trabalho, o qual, inclusive, lhe acarreta a natureza de Direito Tuitivo (tutelar). Extrai-se da própria natureza cogente, imperativa ou de ordem pública da maior parte das normas trabalhistas, como consequência da intervenção estatal na relação jurídica de emprego, a fim de compensar o desequilíbrio existente entre as partes contratantes, em razão da hipossuficiência do empregado, estatuindo o chamado "contrato mínimo legal".

Essas normas, inderrogáveis pela vontade das partes, constituem um patamar mínimo de direitos e garantias aos trabalhadores. Qualquer cláusula contratual que estabeleça direito aquém desse mínimo, considerar-se-á não escrita, sendo automaticamente substituída pela cláusula legal.

Como configuradores do princípio protetor do empregado, apresentam-se três outros princípios, a saber:
a) princípio da norma mais favorável: no conflito de normas aplicar-se-á aquela que for mais favorável ao empregado, salvo se a norma de hierarquia superior for de caráter proibitivo ou de ordem pública;
b) princípio do *in dubio pro operario*: quando de uma mesma norma jurídica for possível se extrair mais de uma interpretação, aplicar-se-á aquela que for mais favorável ao empregado, desde que não afronte a literalidade do preceito e não consista em matéria probatória;
c) princípio da condição mais benéfica: assegura a prevalência das condições mais vantajosas ao empregado ajustadas no contrato de trabalho ou resultante do regulamento de empresa.

II – Correta.

O princípio da condição mais benéfica assegura a prevalência das condições mais vantajosas ao empregado ajustadas no contrato de trabalho ou em regulamento de empresa.

Devem prevalecer as condições mais benéficas ao empregado, ainda que sobrevenha norma jurídica imperativa que prescreva menor nível de proteção, desde que com esta não sejam incompatíveis.

Desse princípio decorre a impossibilidade de alteração contratual prejudicial ao empregado, ainda que bilateral. É o que preceitua o art. 468 da CLT, ao dispor que "nos contratos individuais de trabalho só é lícita a alteração das respectivas condições, por mútuo consentimento, e, ainda assim, desde que não resultem, direta ou indiretamente, prejuízos ao empregado, sob pena de nulidade da cláusula infringente desta garantia".

Na jurisprudência, podemos citar como corolários diretos deste princípio, os seguintes entendimentos sumulados:

> **Súmula nº 51, item I, do C. TST:**
> As cláusulas regulamentares, que revoguem ou alterem vantagens deferidas anteriormente, só atingirão os trabalhadores admitidos após a revogação ou alteração do regulamento.
>
> **Súmula nº 288 do C. TST:**
> A complementação dos proventos da aposentadoria é regida pelas normas em vigor na data da admissão do empregado, observando-se as alterações posteriores desde que mais favoráveis ao beneficiário do direito.

Quanto às vantagens previstas em Convenção e Acordo Coletivos de Trabalho, a sua concessão se atrela ao período de vigência desses instrumentos normativos, em prol do exercício da autonomia da vontade coletiva (CF/1988, art. 7º, XXVI).

Em outras palavras, as cláusulas coletivas não aderem de forma definitiva aos contratos individuais de trabalho, não havendo que se falar em ultra-atividade de suas eficácias normativas.

Frise-se que a disposição contida no § 2º do art. 1º da Lei nº 8.542/1992, que dispunha no sentido de que as condições dos acordos, convenções ou contratos coletivos de trabalho integrariam os contratos individuais de trabalho, e somente poderiam ser reduzidas ou suprimidas por posterior acordo, convenção ou contrato coletivo de trabalho, foi revogada pela Lei nº 10.192/2001. Vide o posicionamento contido no item II da Súmula nº 277 do C. TST.

Em suma, os direitos previstos em normas coletivas são exigíveis durante a vigência dos respectivos diplomas normativos, não se atrelando definitivamente aos pactos individuais dos trabalhadores beneficiados.

Nesse mesmo sentido, a inteligência do item I da Súmula nº 277 do C. Tribunal Superior do Trabalho, quando estabelece que as condições de trabalho alcançadas por força de sentença normativa, convenção ou acordos coletivos vigoram no prazo assinado, não integrando, de forma definitiva, os contratos individuais de trabalho.

III – Correta.

O princípio da irrenunciabilidade ou da indisponibilidade assegura a inderrogabilidade das normas trabalhistas pela vontade das partes, em face de sua natureza cogente ou de ordem pública.

Consiste na impossibilidade jurídica de privar-se voluntariamente de uma ou mais vantagens concedidas pelo Direito Trabalhista em proveito próprio.

Não se confundam, porém, os conceitos dos institutos da renúncia e da transação. A renúncia consiste em ato unilateral de despojamento de um direito certo. Enquanto que a transação corresponde a ato bilateral, mediante concessões recíprocas, acerca de um direito duvidoso (*res dubia*), com vistas a finalizar ou a evitar um litígio.

Este princípio não constitui óbice à legítima transação, mas tão somente à renúncia. Sabe-se, inclusive, que o processo do trabalho prestigia em muito a conciliação entre as partes. Conforme dispõe o art. 764 da CLT: "*Os dissídios individuais ou coletivos submetidos à apreciação da Justiça do Trabalho serão sempre sujeitos à conciliação.*"

Ressalte-se, ainda, que a indisponibilidade da norma trabalhista não pressupõe a ocorrência do vício de consentimento. Se assim fosse, restaria sempre a opção da prova em contrário, como forma de elidir a efetividade deste princípio.

Como corolário imediato desta imperatividade inerente à ordem jurídico-trabalhista, podemos destacar que a cláusula do contrato de trabalho que estabelecer condições e/ou vantagens inferiores ao patamar mínimo legal deve ser considerada como não escrita, e automaticamente substituída pela disposição contida na legislação trabalhista. Assim, neste caso, a cláusula legal substitui a cláusula contratual. É o que se rotula como princípio da tutela jurídica perfeita ou da aderência automática.

A aplicação do princípio da irrenunciabilidade resta, atualmente, mitigada pela tese da flexibilização das normas trabalhistas, adotada de forma moderada pelo Texto Constitucional vigente (CF/1988, art. 7º, VI, XIII e XIV).

IV – Correta.

O princípio da primazia da realidade assegura a prevalência, na ordem jurídica trabalhista, da realidade objetiva dos fatos sobre a formalidade inerente a documentos ou acordos.

Assim sendo, no Direito do Trabalho, a verdadeira natureza da relação jurídica estipulada pelos contratantes deve ser aferida da realidade dos fatos, não se limitando aos aspectos formais e/ou documentais.

Independentemente do que restar formalmente ajustado pelas partes contratantes, sempre prevalecerá o que aconteceu no campo da realidade objetiva dos fatos.

O *modus operandi* em que realmente se desenvolver esta relação jurídica é que vai definir a existência ou não do vínculo de emprego, ou seja, se presentes ou não os elementos configuradores da relação de emprego (art. 3º da CLT), ainda que previamente ajustado em contrário pelos contratantes.

O princípio da primazia da realidade possui embasamento legal no art. 9º da CLT, quando enuncia: *"Serão nulos de pleno direito os atos praticados com objetivo de desvirtuar, impedir ou fraudar a aplicação dos preceitos contidos na presente Consolidação."*

Gabarito: A

9. **(Esaf – TRT/CE – Analista Judiciário – 2003) Acerca dos princípios do Direito do Trabalho, assinale a opção incorreta.**
    a) O princípio da irrenunciabilidade expõe a noção de que todos os atos de despojamento patrimonial praticados por trabalhadores, durante a vigência das relações de emprego, estão gravados com nulidade absoluta.
    b) O princípio da primazia da realidade estabelece que o real conteúdo da relação jurídica é determinado pelo que se observa no dia a dia da execução do contrato de trabalho, razão pela qual nenhuma irregularidade há no pagamento de salário em quantia inferior à inicialmente pactuada, desde que essa realidade tenha sido sempre vivenciada pelos contratantes.
    c) O princípio da proteção determina que as regras legais trabalhistas sejam interpretadas de forma a possibilitar os melhores resultados aos trabalhadores.
    d) O princípio da continuidade da relação de emprego gera a presunção de que o trabalhador tem interesse na preservação do contrato de trabalho, fonte de sua subsistência, pelo que não se pode presumir, sem quaisquer outros elementos, a ocorrência de resilições contratuais por iniciativa de empregados.
    e) O princípio da inalterabilidade contratual em prejuízo do operário não é aplicável quando o empregador, enfrentando dificuldades econômicas, obtém concordata.

Comentários:
a) Correta.

O princípio da irrenunciabilidade ou indisponibilidade assegura a inderrogabilidade das normas trabalhistas pela vontade das partes, em face de sua natureza cogente ou de ordem pública.

É, pois, nulo o ato de renúncia, na vigência da relação jurídica de emprego, de Direito Trabalhista assegurado por norma imperativa.

A indisponibilidade da norma trabalhista não tem o vício de consentimento como pressuposto necessário, ou seja, não se presume tal vício. Isso porque restaria sempre a opção da prova em contrário.

No contrato de trabalho, a cláusula que previr aquém da garantia normativa é automaticamente substituída por esta garantia: a cláusula legal substitui a cláusula contratual.

b) Incorreta.

De acordo com o princípio da primazia da realidade, a realidade objetiva evidenciada pelos fatos é que define a verdadeira natureza da relação jurídica estipulada pelos contratantes.

Não obstante o que for contratado pelas partes, a natureza da relação jurídica existente será aferida a partir da constatação da realidade objetiva dos fatos.

O *modus operandi* em que realmente se desenvolver esta relação jurídica é que vai definir a existência ou não do vínculo de emprego, ou seja se presentes ou não os elementos configuradores da relação de emprego (art. 3º da CLT), ainda que previamente ajustado em contrário pelos contratantes.

O referido princípio pode ser extraído da disposição contida no art. 9º da CLT: "*Serão nulos de pleno direito os atos praticados com objetivo de desvirtuar, impedir ou fraudar a aplicação dos preceitos contidos na presente Consolidação.*"

No entanto, com relação ao pagamento de salário, a quantia fixada no contrato de trabalho obriga o empregador, configurando evidente inadimplemento de sua obrigação trabalhista o seu pagamento a menor. Até porque a disposição contida no art. 7º, inciso VI, da Constituição da República assegura aos trabalhadores a irredutibilidade de salário, salvo mediante negociação coletiva.

c) Correta.

De acordo com o princípio do *in dubio pro operario*, que é corolário direto do princípio da proteção do empregado, quando de uma mesma norma jurídica for possível se extrair mais de uma interpretação, aplicar-se-á aquela que for mais favorável ao empregado, desde que não afronte a literalidade do preceito e não consista em matéria probatória.

d) Correta.

O princípio da continuidade da relação de emprego faz operar presunção relativa (*iuris tantum*) e favorável ao empregado no sentido do prosseguimento regular da vinculação empregatícia.

A empresa, enquanto atividade econômica organizada, reúne e organiza os fatores de produção com vistas à produção de bens ou serviços, tendo, por isso, propensão à continuidade.

O empregado, no contexto de uma relação jurídica de emprego, se insere nessa organização empresarial, como parte integrante dos fatores de produção, absorvendo o contrato de trabalho a mesma tendência à continuidade inerente à atividade econômica.

Alguns autores atribuem, inclusive, *status* constitucional a este princípio, uma vez que a Constituição da República estabelece uma série de direitos ao trabalhador dispensado, que, de alguma forma, terminaria por estimular a continuidade do vínculo de emprego. Como exemplo, podemos citar o pagamento de indenização compensatória na despedida arbitrária (art. 7º, I), além do aviso prévio (art. 7º, XXI) e dos depósitos do FGTS (art. 7º, III).

O princípio da continuidade da relação de emprego resta bem evidenciada no posicionamento contido na Súmula nº 212 do C. Tribunal Superior do Trabalho:

> **Súmula nº 212 – Despedimento. Ônus da Prova.**
>
> O ônus de provar o término do contrato de trabalho, quando negados a prestação de serviço e o despedimento, é do empregador, pois o princípio da continuidade da relação de emprego constitui presunção favorável ao empregado.

De acordo com este verbete sumular, em havendo controvérsia acerca da natureza da ruptura do vínculo de emprego, o ônus da prova quanto ao término do contrato de trabalho deve recair sobre o empregador, posto que o princípio da continuidade da relação de emprego, como já visto, faz operar presunção (relativa) favorável ao empregado.

e) Correta.

O princípio da condição mais benéfica, também conhecido como princípio da inalterabilidade contratual lesiva ao empregado, assegura a prevalência das condições mais vantajosas ao empregado ajustadas no contrato de trabalho ou resultante do regulamento de empresa.

Devem prevalecer as condições mais benéficas ao empregado, ainda que sobrevenha norma jurídica imperativa que prescreva menor nível de proteção, desde que com esta não sejam incompatíveis.

Desse princípio emerge a impossibilidade de alteração contratual prejudicial ao empregado, ainda que bilateral.

Concretiza-se na norma prevista no art. 468 da CLT: "*Nos contratos individuais de trabalho só é lícita a alteração das respectivas condições, por mútuo consentimento, e, ainda assim, desde que não resultem, direta ou indiretamente, prejuízos ao empregado, sob pena de nulidade da cláusula infringente desta garantia.*"

Todavia, segundo o art. 449, § 2º, da CLT, havendo concordata na falência, será facultado aos contratantes tornar sem efeito a rescisão do contrato de trabalho e consequente indenização, desde que o empregador pague, no mínimo, a metade dos salários que seriam devidos aos empregados durante o interregno. Este dispositivo mitigava a aplicação do princípio acima esposado com relação às empresas em concordata.

Frise-se, por oportuno, que a partir da Lei nº 11.101/2005 não mais vigora o instituto da concordata, tendo sido instituídos os processos de recuperação judicial e extrajudicial, além do falimentar.

Gabarito: B

10. (FCC – TRT/RJ – Analista Judiciário – 2003) O princípio que determina a prevalência das condições mais vantajosas para o trabalhador ajustadas no contrato de trabalho ou resultantes do regulamento da empresa, ainda que vigore ou sobrevenha norma jurídica imperativa prescrevendo menor nível de proteção e que com esta não sejam elas incompatíveis, é o princípio:
   a) da norma mais favorável;
   b) da condição mais benéfica;
   c) *in dubio pro operario*;
   d) da primazia da realidade;
   e) da intangibilidade.

Comentários:

O princípio da condição mais benéfica assegura a prevalência das condições mais vantajosas ao empregado ajustadas no contrato de trabalho ou resultante do regulamento de empresa.

Devem prevalecer as condições mais benéficas ao empregado, ainda que sobrevenha norma jurídica imperativa que prescreva menor nível de proteção, desde que com esta não sejam incompatíveis.

Desse princípio emerge a impossibilidade de alteração contratual prejudicial ao empregado, ainda que bilateral. Neste sentido, a norma prevista no art. 468 da CLT: *"Nos contratos individuais de trabalho só é lícita a alteração das respectivas condições, por mútuo consentimento, e, ainda assim, desde que não resultem, direta ou indiretamente, prejuízos ao empregado, sob pena de nulidade da cláusula infringente desta garantia."*

Gabarito: B

11. (II Concurso da Magistratura – TRT/RJ – 2004) Exemplo de fonte formal autônoma do Direito do Trabalho:
   a) Constituição.
   b) Sentença Normativa.
   c) Medida Provisória.
   d) Lei Ordinária.
   e) Acordo Coletivo.

Comentários:

A etimologia da palavra "fonte" vem de *fons*, que significa nascente ou manancial. Assim, fonte do Direito é a origem, o manancial de onde provêm a norma jurídica.

As fontes materiais (reais ou primárias) são aquelas potenciais do Direito, compreendendo o conjunto dos fenômenos sociais que contribuem para a formação da substância do Direito. É o fato social.

A fonte material do Direito do Trabalho é a pressão exercida sobre o Estado capitalista pela ação reivindicadora dos trabalhadores.

A finalidade precípua do Direito do Trabalho é a conciliação de duas tendências opostas: a exigência do respeito humano à pessoa do trabalhador e a exigência econômica da rentabilidade das empresas.

Além da fonte material comum a todo o ramo do Direito, identificada no "húmus social" (fato social), o Direito do Trabalho surgiu como consequência imediata da pressão dos trabalhadores.

As fontes materiais consistem nos fatores reais que acarretaram a criação de uma norma jurídica. No Direito do Trabalho, esse fator foi o movimento reivindicatório da classe trabalhadora. As fontes formais são os meios pelos quais se estabelece a norma jurídica. São as formas de exteriorização do Direito, com força vinculante. São exemplos de fontes formais do Direito do Trabalho: a Constituição, as leis em sentido amplo (art. 59 da CF/1988), os regulamentos normativos (decretos regulamentares), os tratados e as convenções internacionais, as sentenças normativas, as sentenças arbitrais coletivas, os acordos coletivos de trabalho, as convenções coletivas de trabalho e os costumes.

As fontes formais podem ser subdivididas em fontes autônomas e heterônomas.

As fontes formais autônomas são aquelas elaboradas pelos próprios destinatários principais da norma jurídica produzida. Como exemplos, podemos citar os acordos coletivos de trabalho, as convenções coletivas de trabalho e os costumes.

As fontes formais heterônomas são aquelas não elaboradas pelos próprios destinatários principais da norma jurídica produzida, mas por agente externo. Exemplos: a Constituição, as leis em sentido amplo (art. 59 da CF/1988), os regulamentos normativos, os tratados e as convenções internacionais, as sentenças normativas e as sentenças arbitrais coletivas.

Gabarito: E

12. **(Esaf – TRT/CE – Analista Judiciário – 2003) Sobre as fontes do Direito do Trabalho, aponte a opção correta.**
    a) As greves e os movimentos sociais organizados pelos trabalhadores representam as fontes formais do Direito do Trabalho.
    b) As convenções coletivas de trabalho, firmadas por sindicatos patronais e profissionais, qualificam-se como fontes heterônomas do Direito do Trabalho.
    c) As leis representam as fontes autônomas por excelência do Direito do Trabalho.
    d) O regulamento de empresa, elaborado sem qualquer participação do sindicato profissional correspondente, classifica-se como fonte autônoma do Direito do Trabalho.
    e) Os costumes, práticas reiteradas de determinadas condutas, reconhecidas como consentâneas com os deveres jurídicos impostos ao corpo social, representam uma das fontes formais do Direito do Trabalho.

Comentários:

a) Incorreta.

As greves e movimentos sociais constituem fonte material do Direito do Trabalho, pois são fatores reais que podem vir a influenciar a elaboração de normas jurídicas.

b) Incorreta.

As convenções coletivas de trabalho são fontes formais autônomas do Direito do Trabalho, posto que elaboradas pelos próprios destinatários finais das respectivas normas, devidamente representados por seus sindicatos de classe.

c) Incorreta.

As leis representam as fontes formais heterônomas por excelência do Direito do Trabalho, pois são elaboradas por agente externo (Estado), e não pelos próprios destinatários finais destas normas.

d) Incorreta.

O regulamento empresarial não vem sendo considerado pela jurisprudência como fonte normativa do Direito do Trabalho, conferindo-lhes estritos efeitos de ato de vontade unilateral. Seus dispositivos aderem aos contratos individuais de trabalho como cláusulas destes, as quais não podem ser suprimidas, ainda que alterado o regulamento. (Aplicação das Súmulas n°s 51 e 288 do C. TST e do art. 468 da CLT.)

As disposições regulamentares alusivas ao objeto do contrato de trabalho configuram um contrato-tipo (contrato de adesão).

Todavia, há entendimento doutrinário no sentido de que as regras atinentes à organização e ao funcionamento da empresa, expedidas pelo empregador, com fundamento no seu poder diretivo, constituem fonte do Direito.

Ressalte-se, por fim, a existência de doutrinadores que entendem que o regulamento de empresa é fonte do Direito do Trabalho. Para estes, seria uma fonte formal de elaboração de normas trabalhistas, de origem extraestatal e autônoma, visto que não são impostas por agente externo, mas organizadas pelos próprios interessados.

e) Correta.

Os costumes são considerados fontes formais autônomas do Direito do Trabalho. O que os distingue do hábito é a consciência da obrigatoriedade, ou seja, a convicção dos que se conformam a uma prática constante para a qual estão obrigados por um dever jurídico.

Assim como o art. 4º da LICC, o art. 8º, *caput*, da CLT elenca os costumes como fonte subsidiária do Direito do Trabalho (na verdade, os "usos e costumes").

Os costumes podem ser classificados como: *secundum legem* (a lei se refere expressamente ao costume, o qual tem como função integrar o conteúdo da norma escrita); *praeter legem* (função supletiva, preenchendo a lacuna do Direito Objetivo escrito) e *contra legem* (é o contrário à lei, não constituindo fonte do Direito).

Gabarito: E

13. (FCC – TRT/RN – Analista Judiciário – 2003) É fonte formal do Direito do Trabalho:
   a) a jurisprudência;
   b) a equidade;
   c) a analogia;
   d) a convenção coletiva;
   e) o costume.

Comentários:

A questão seria passível de anulação, posto que tanto a Convenção Coletiva de Trabalho quanto os costumes são fontes formais do Direito do Trabalho, ambas de natureza autônoma. Não obstante este fato, o gabarito oficial consta como correta a letra D.

A doutrina e a jurisprudência não são fontes do Direito, já que consistem, respectivamente, no estudo e na reiterada interpretação dos tribunais acerca de normas jurídicas preexistentes. Todavia, existe tese no sentido de que a jurisprudência é fonte formal do Direito, destacando que o juiz não é mero aplicador de regras postas, não se podendo negar o seu papel criador.

Alguns autores destacam que a jurisprudência pode vir a se tornar fonte do Direito quando se converter em costume.

Existe, ainda, quem entenda que o contrato de trabalho se traduz em fonte formal do Direito do Trabalho. Entretanto, vislumbramos que lhe falte os requisitos da generalidade e da abstração inerentes às fontes jurídicas.

A analogia é mecanismo de integração do Direito, suprindo as lacunas normativas existentes, nos exatos termos dos arts. 4º da Lei de Introdução ao Código Civil, 8º, *caput*, da CLT, e 126 do CPC. Consiste na aplicação a uma hipótese não prevista em lei de disposição relativa a um caso semelhante.

O conceito de equidade está intimamente ligado ao sentimento de justiça. Sua finalidade pode ser:
a) integrativa: para delimitar o campo de incidência ou os efeitos jurídicos de uma norma preexistente e demasiadamente genérica.
b) interpretativa: para delimitar o conteúdo de uma norma preexistente.
c) substitutiva: para estabelecer uma regra a fim de que supra a falta de uma norma legislativa (juízo de equidade).

A tendência doutrinária é no sentido de que o juiz deve decidir com equidade e não por equidade. Exceção: jurisdição normativa (não há direito preexistente), como fonte de Direito na solução dos conflitos coletivos de trabalho.

Gabarito: D

14. (Fundec – TRT/BA –Analista Judiciário – 2003) É correto afirmar que:
a) o Direito Comum é fonte subsidiária do Direito do Trabalho naquilo em que não for incompatível com os princípios fundamentais deste;
b) o juiz poderá decidir por analogia, mesmo que exista expressa disposição legal ou contratual;
c) o juiz pode, julgando com equidade, recusar-se a aplicar qualquer lei que, a seu ver, seja injusta;
d) as leis, a jurisprudência e o costume são fontes formais do Direito;
e) a analogia e a equidade têm prevalência sobre as fontes formais do Direito.

Comentários:

Conforme preceitua o art. 8º, parágrafo único, da CLT: "*O Direito Comum será fonte subsidiária do Direito do Trabalho, naquilo em que não for incompatível com os princípios fundamentais deste.*"

A analogia consiste em mecanismo de integração do Direito, quando da existência de lacuna legal, nos exatos termos dos arts. 4º da Lei de Introdução ao Código Civil e 126 do CPC. É o que também se depreende do art. 8º, *caput*, da CLT, que condiciona sua aplicação à inexistência de disposições legais ou contratuais.

A jurisprudência não é fonte formal do Direito, não consistindo em norma jurídica. Pode sinalizar a orientação predominante nos órgãos jurisdicionais na interpretação e aplicação da ordem normativa. O art. 8º, *caput*, da CLT também condiciona a sua utilização à hipótese de inexistência de disposições legais ou contratuais.

O conceito de equidade está intimamente ligado ao sentimento de justiça. A tendência doutrinária é no sentido de que o juiz deve decidir com equidade e não por equidade. Como exceção, podemos citar a jurisdição normativa da Justiça do Trabalho (não há direito preexistente), como fonte de Direito na solução dos conflitos coletivos de trabalho.

Gabarito: A

15. (FCC – TRT/MS – Analista Judiciário – 2004) Na falta de norma específica o juiz do Trabalho poderá decidir de acordo com os usos e os costumes, observando, contudo, que o interesse:
a) de classe ou de particulares não prevalece sobre o interesse público;
b) da empresa prevalece sobre o interesse público;
c) da classe prevalece sobre o interesse público;
d) do empregado prevalece sobre o interesse público;
e) sindical prevalece sobre o interesse público.

Comentários:

Segundo a disposição contida no art. 8º, *caput*, da CLT:

> As autoridades administrativas e a Justiça do Trabalho, na falta de disposições legais ou contratuais, decidirão, conforme o caso, pela jurisprudência, por analogia, por equidade e outros princípios e normas gerais de direito,

principalmente do Direito do Trabalho, e, ainda, de acordo com os usos e costumes, o direito comparado, **mas sempre de maneira que nenhum interesse de classe ou particular prevaleça sobre o interesse público.**

Gabarito: A

16. **(Cespe/UnB – TRT/RJ – Analista Judiciário – 2008) Assinale a opção correta no que concerne à definição e fontes do Direito do Trabalho.**
    a) Decretos, portarias e acordos coletivos de trabalho são fontes autônomas do Direito do Trabalho.
    b) Sentenças normativas, convenções coletivas de trabalho e jurisprudência são fontes heterônomas do Direito do Trabalho.
    c) Portarias, sentenças normativas e convenções internacionais são fontes heterônomas do Direito do Trabalho.
    d) A CF, os acordos coletivos de trabalho e a CLT são fontes autônomas do Direito do Trabalho.
    e) Convenções internacionais, decretos e convenções coletivas de trabalho são fontes heterônomas do Direito do Trabalho.

Comentários:

a) Incorreta.

Decretos são fontes formais heterônomas, enquanto que os acordos coletivos de trabalho são fontes formais autônomas.

As portarias, avisos, instruções e circulares não consistem em fontes formais do Direito do Trabalho, posto que obrigam apenas os funcionários a que se dirigem e nos limites da obediência hierárquica.

Existe, porém, entendimento no sentido de que um regulamento, quando baixado para a fiel execução de uma lei, determinando que o ministro de Estado expeça portaria que o complemente, esta será fonte de Direito, por integrar o próprio regulamento do qual tira sua força normativa.

b) Incorreta.

As convenções coletivas de trabalho são fontes formais autônomas, enquanto que as sentenças normativas são fontes formais heterônomas.

Quanto à jurisprudência, vislumbramos não ser fonte do Direito. No entanto, para aqueles que a consideram dessa forma, seria espécie de fonte formal heterônoma.

c) Correta.

As sentenças normativas e convenções internacionais são fontes formais heterônomas, uma vez que são elaboradas por agente externo aos destinatários finais destas normas, no caso o Estado.

Conforme acima exposto, as portarias, avisos, instruções e circulares não consistem em fontes formais do Direito do Trabalho, posto que obrigam apenas os funcionários a que se dirigem e nos limites da obediência hierárquica.

Existe, porém, entendimento no sentido de que um regulamento, quando baixado para a fiel execução de uma lei, determinando que o ministro de Estado expeça portaria que o complemente, esta será fonte de Direito, por integrar o próprio regulamento do qual tira sua força normativa. Nesta hipótese, a portaria é considerada fonte formal heterônoma.

d) Incorreta.

A Constituição da República e a Consolidação das Leis do Trabalho são fontes formais heterônomas, enquanto que os acordos coletivos de trabalhos são fontes formais autônomas.

e) Incorreta.

As convenções internacionais e os decretos são fontes formais heterônomas, enquanto que as convenções coletivas de trabalho são fontes formais autônomas.

Gabarito: C

17. (Cespe/UnB – TRT/RJ – Técnico Judiciário – 2008) Considerando que determinada categoria profissional tem assegurada à gestante, por força de Convenção Coletiva, estabilidade no emprego por mais um mês além do período fixado na CF, assinale a opção CORRETA.
a) Dada a mencionada extensão da estabilidade no emprego, o período assegurado à gestante passou a ser de cinco meses a partir do parto.
b) Diante do benefício atribuído, a licença-maternidade assegurada às gestantes da referida categoria profissional restou fixada em cinco meses.
c) De fato, a categoria profissional não obteve nenhum benefício, uma vez que a Convenção Coletiva não tem o poder de prorrogar benefício constitucional.
d) A Convenção Coletiva, por ser firmada entre sindicato e empresa, pode assegurar a extensão do benefício.
e) A Convenção Coletiva é considerada uma fonte autônoma do Direito do Trabalho.

Comentários:

Convenção Coletiva de Trabalho é o acordo normativo celebrado entre os sindicatos representativos de categorias profissional e econômica, que regula as relações individuais de trabalho inerentes aos integrantes das respectivas bases de representação (CLT, art. 611, *caput*).

Trata-se de fonte formal autônoma do Direito do Trabalho, posto que elaborada pelos destinatários finais da norma, devidamente representados pelos respectivos sindicatos convenentes.

Tem natureza jurídica de contrato social normativo. Isso porque, em sua forma, apresenta caráter contratual, enquanto a função normativa sobressai de sua substância.

O art. 7º, inciso XXVI, da Constituição da República estabelece o reconhecimento dos acordos e convenções coletivos de trabalho.

Por sua vez, o art. 10, inciso II, alínea *b*, do ADCT atribui a garantia provisória de emprego à empregada gestante desde a confirmação da gravidez até cinco meses após o parto.

A norma coletiva que estende o período de garantia provisória de emprego assegurada à gestante, por ser mais benéfica à trabalhadora, promovendo a melhoria de sua condição social, é perfeitamente válida, nos exatos termos da disposição contida no *caput* do art. 7º da Constituição da República.

Assim, no caso vertente, dada a mencionada extensão da estabilidade provisória, a garantia assegurada à gestante passou a compreender o período entre a confirmação da gravidez até o sexto mês após o parto.

Gabarito: E

18. **(Concurso da Magistratura – TRT/RJ – 2008) Segundo o art. 8º da Consolidação das Leis do Trabalho:**
    I. **As autoridades administrativas e a Justiça do Trabalho decidirão por equidade somente nos casos previstos em lei.**
    II. **Considerados os usos e costumes, as autoridades administrativas e a Justiça do Trabalho poderão decidir de modo que o interesse de classe ou particular prevaleça sobre o interesse público.**
    III. **As autoridades administrativas e a Justiça do Trabalho decidirão, mesmo havendo disposições legais e contratuais, conforme o caso, pela jurisprudência, por analogia, por equidade e outros princípios e normas gerais de Direito, sempre se utilizando do Direito Comum como fonte.**
    IV. **As autoridades administrativas e a Justiça do Trabalho, na falta de disposições legais ou contratuais, decidirão, conforme o caso, pela jurisprudência, por analogia, por equidade e outros princípios e normas gerais de Direito e, ainda, de acordo com os usos e costumes, o Direito Comparado, mas sempre de maneira que nenhum interesse de classe ou particular prevaleça sobre o interesse público.**
    V. **O Direito Comum será fonte subsidiária do Direito do Trabalho, ainda que incompatível com os princípios fundamentais deste.**
    Analise as proposições acima e assinale a alternativa correta:
    a) somente as alternativas I e II são verdadeiras;
    b) somente a alternativa III é verdadeira;
    c) somente a alternativa I é verdadeira;
    d) somente as alternativas IV e V são verdadeiras;
    e) somente a alternativa IV é verdadeira.

Comentários:

Conforme a disposição contida no art. 8º, *caput*, da CLT, as autoridades administrativas e a Justiça do Trabalho, na falta de disposições legais ou contratuais, decidirão, conforme o caso, pela jurisprudência, por analogia, por equidade e outros princípios e normas gerais de Direito, principalmente do Direito do Trabalho, e, ainda, de acordo com os usos e costumes, o Direito Comparado, mas sempre de maneira que nenhum interesse de classe ou particular prevaleça sobre o interesse público.

Nos termos do parágrafo único deste mesmo artigo, o Direito Comum será fonte subsidiária do Direito do Trabalho, naquilo em que não for incompatível com os princípios fundamentais deste.

Gabarito: E

19. **(Concurso da Magistratura – TRT/RJ – 2008) A Consolidação das Leis do Trabalho e suas alterações, pela definição atribuída pelo Decreto-lei nº 5.452, de 1º de maio de 1943...**
   a) estatui as normas que regulam as relações individuais e coletivas de trabalho, nela previstas.
   b) estabelece normas gerais a respeito das relações de trabalho, individuais ou coletivas, observado o interesse público.
   c) institui as normas que regulam as relações individuais e coletivas de trabalho, abrangidos os entes de Direito Público.
   d) regula o controle das normas estabelecidas para reger todas as relações individuais e coletivas de trabalho.
   e) fixa a forma de aplicação das diversas leis esparsas que regulam as relações individuais e coletivas de trabalho.

Comentários:

Conforme a regra prevista no art. 1º da CLT, esta estatui as normas que regulam as relações individuais e coletivas de trabalho, nela previstas.

Gabarito: A

20. **(XIII Concurso do Ministério Público do Trabalho) Em relação aos princípios do Direito do Trabalho, é INCORRETO afirmar que:**
   a) o princípio da irrenunciabilidade vem sendo afetado pela tese da flexibilização;
   b) o princípio da norma mais favorável significa aplicar, em cada caso, a norma jurídica mais favorável ao trabalhador, independentemente de sua colocação na escala hierárquica das fontes do Direito;
   c) o princípio da continuidade da relação de emprego confere suporte teórico ao instituto da sucessão de empregadores;
   d) a adoção de medidas tendentes a facilitar o acesso ao mercado de trabalho dos negros constitui violação ao princípio da não discriminação, que proíbe diferença de critério de admissão por motivo de raça;
   e) não respondida.

Comentários:

a) Correta.

O princípio da irrenunciabilidade ou da indisponibilidade assegura a inderrogabilidade das normas trabalhistas pela vontade das partes, em face de sua natureza cogente ou de ordem pública.

Ressalte-se, ainda, que a indisponibilidade da norma trabalhista não pressupõe a ocorrência do vício de consentimento. Se assim fosse, restaria sempre a opção da prova em contrário, como forma de elidir a efetividade deste princípio.

Como corolário imediato desta imperatividade inerente à ordem jurídico-trabalhista, podemos destacar que a cláusula do contrato de trabalho que estabelecer condições e/ou vantagens inferiores ao patamar mínimo legal deve ser considerada como não escrita, e automaticamente substituída pela disposição contida na legislação trabalhista. Assim, neste caso, a cláusula legal substitui a cláusula contratual. É o que se rotula como princípio da tutela jurídica perfeita ou da aderência automática.

A aplicação do princípio da irrenunciabilidade resta, atualmente, mitigada pela tese da flexibilização das normas trabalhistas, adotada de forma moderada pelo Texto Constitucional vigente.

Preceituam os incisos VI, XIII e XIV do art. 7º da Constituição da República, *in verbis*:

> Art. 7º. São direitos dos trabalhadores urbanos e rurais, além de outros que visem à melhoria de sua condição social:
>
> ....
>
> VI – irredutibilidade do salário, salvo o disposto em convenção ou Acordo Coletivo;
>
> ....
>
> XIII – duração do trabalho normal não superior a oito horas diárias e quarenta e quatro semanais, facultada a compensação de horários e a redução da jornada, mediante acordo ou Convenção Coletiva de Trabalho;
>
> XIV – jornada de seis horas para o trabalho realizado em turnos ininterruptos de revezamento, salvo negociação coletiva.

Admite-se, portanto, a flexibilização sob a tutela sindical, através da negociação coletiva, no tocante à redução de salário, à compensação e à redução de jornada de trabalho e à ampliação da jornada de trabalho nos turnos ininterruptos de revezamento.

b) Correta.

Segundo a Teoria Pura do Direito, de Hans Kelsen, as normas de hierarquia superior constituem o fundamento de validade das normas de hierarquia inferior.

No Direito Comum, o conflito aparente de normas é solucionado em razão da hierarquia das normas conflitantes. Se forem de igual hierarquia, por meio do princípio *lex posterior derogat priori*.

No Direito do Trabalho, diante do conflito aparente de normas, aplicar-se-á aquela que for mais favorável ao empregado, salvo se a norma de hierarquia superior for de caráter proibitivo ou de ordem pública. Não haveria, portanto, uma hierarquia de leis, mas de normas. É o que reza o princípio da norma mais favorável.

c) Correta.

O princípio da continuidade da relação de emprego faz operar presunção relativa (*iuris tantum*) e favorável ao empregado no sentido do prosseguimento regular da vinculação empregatícia.

A empresa, enquanto atividade econômica organizada, reúne e organiza os fatores de produção com vistas à produção de bens ou serviços, tendo, por isso, propensão à continuidade.

O empregado, no contexto de uma relação jurídica de emprego, se insere nessa organização empresarial, como parte integrante dos fatores de produção, absorvendo o contrato de trabalho a mesma tendência à continuidade inerente à atividade econômica.

Esta propensão à continuidade da relação de emprego juntamente com a característica da despersonificação da figura do empregador, esta última extraída da norma do art. 2º da CLT, explicam a vinculação do empregado à atividade econômica desenvolvida, independentemente de quem seja o seu titular.

Desta forma, ainda que se altere a titularidade do empreendimento ou sua estrutura jurídica, não devem ser afetados os contratos de trabalho e os direitos adquiridos pelo obreiro, nos exatos termos dos arts. 10 e 448 da CLT, que tratam da sucessão de empregadores.

d) Incorreta.

A adoção de medidas tendentes a facilitar o acesso ao mercado de trabalho dos negros consiste em ação afirmativa, configurando a denominada "discriminação positiva ou inversa".

Ação afirmativa consiste na adoção de um conjunto de medidas legais e de políticas públicas que objetivam eliminar as diversas formas e tipos de discriminação que limitam oportunidades de determinados grupos sociais.

Trata-se de postura mais ativa, por meio, por exemplo, de políticas sociais dirigidas à diversidade; à discriminação positiva na reserva legal de mercado: imposição de cotas para contratação em empresas e para admissão no serviço público; cotas para o acesso ao ensino superior e o estabelecimento de vantagens fiscais.

Busca-se alcançar a igualdade de oportunidades e de tratamento em matéria de trabalho em favor dos integrantes de grupos vulneráveis. Trata-se de corolário da igualdade real, substancial, proporcional ou material.

O objetivo é assegurar a pessoas pertencentes a grupos particularmente desfavorecidos uma posição idêntica à dos outros membros da sociedade, proporcionando assim uma igualdade no exercício de direitos.

Gabarito: D

21. (Concurso XV do Ministério Público do Trabalho) Assinale a alternativa INCORRETA.

a) Dentre os mais importantes princípios especiais do Direito Individual do Trabalho indicados pela doutrina, incluem-se o princípio da proteção, o princípio da irrenunciabilidade dos direitos trabalhistas e o princípio da norma mais favorável.
b) O princípio da primazia da realidade sobre a forma autoriza a descaracterização de um contrato de prestação civil de serviços, desde que despontem, ao longo de sua execução, todos os elementos fático-jurídicos da relação de emprego.
c) De acordo com a jurisprudência consolidada do Tribunal Superior do Trabalho, o ônus de provar o término do contrato de trabalho, quando negados a prestação de serviço e o despedimento, é do empregador, pois o princípio da continuidade da relação de emprego constitui presunção favorável ao empregado.
d) O princípio da razoabilidade segundo o qual as condutas humanas devem ser avaliadas de acordo com um critério associativo de verossimilhança, sensatez e ponderação, não tem aplicação no Direito Coletivo do Trabalho.
e) Não respondida.

Comentários:

a) Correta.

O princípio da proteção do empregado é o princípio *mater* do Direito do Trabalho, assegurando-lhe a natureza de Direito Tuitivo (tutelar). Ele é a fonte de onde emanam os demais princípios específicos do Direito Laboral. Estes, na verdade, são considerados como meros corolários do princípio protetivo do empregado.

Este princípio é extraído das normas imperativas ou cogentes (de ordem pública) originárias da intervenção estatal no ordenamento jurídico trabalhista, a fim de compensar o desequilíbrio econômico existente entre os sujeitos da relação de emprego (empregado e empregador), instituindo o chamado "contrato mínimo legal".

São normas inderrogáveis pela vontade das partes, limitando, dessa forma, a autonomia da vontade contratual. Institui um patamar mínimo de direitos, o qual pode ser apenas complementado pelos contratantes. Daí decorre, como corolário, o princípio da irrenunciabilidade das normas trabalhistas.

O princípio da norma mais favorável também decorre diretamente do princípio protetor. Diante do conflito aparente de normas, aplicar-se-á aquela que for mais favorável ao empregado, salvo se a norma de hierarquia superior for de caráter proibitivo ou de ordem pública.

b) Correta.

O princípio da primazia da realidade ressalta a prevalência da realidade objetiva evidenciada pela análise dos fatos em face do que restar formalizado pelas partes.

Logo, ainda que tenha sido celebrado um contrato de prestação de serviços autônomos entre os contratantes, se restarem configurados os requisitos de uma relação de emprego, aplicar-se-á a disposição contida no art. 9º da CLT, para descaracterizar o contrato civil e reconhecer a vinculação empregatícia.

c) Correta.

É o entendimento consubstanciado na Súmula nº 212 do C. TST.

d) Incorreta.

O princípio da razoabilidade pode ser explicitado no sentido de que os titulares de uma relação de trabalho devam proceder em conformidade com a razão.

As classes profissional e patronal, no âmbito das relações jurídicas laborais que desenvolvem, devem, no tocante à exigência de seus direitos e ao cumprimento de seus deveres contratuais, agir com extrema razoabilidade, dentro do que se entende por razoável no mundo contemporâneo.

Da mesma forma, o operador do Direito do Trabalho, quando do ato de interpretar e aplicar as normas jurídicas trabalhistas ao caso concreto, deve se valer do critério da razoabilidade, a fim de perseguir a efetividade máxima do referido preceito normativo, atingindo a *ratio legis* ("razão da lei").

Ainda que a razoabilidade consista em expressão de conteúdo por demais genérico, configurando um conceito jurídico indeterminado, é certo que a exigência da ação em conformidade com a razão, para se definir o que seria justo ou razoável, deve se pautar na noção objetiva própria ao homem médio.

Gabarito: D

22. **(XIII Concurso do Ministério Público do Trabalho) Em relação aos princípios da igualdade e da não discriminação, é CORRETO afirmar que:**
    a) não constitui discriminação a constatação de distinções, exclusões ou preferências fundadas em qualificações exigidas para um determinado emprego;
    b) são requisitos para a equiparação salarial: identidade de funções, trabalho de igual valor, serviço prestado para o mesmo empregador e na mesma localidade, diferença de tempo de serviço na função inferior a três anos e inexistência de quadro de carreira devidamente homologado;
    c) a licença-maternidade, que constitui norma de proteção especial ao trabalho da mulher, não é, entretanto, aplicável nos casos de adoção;
    d) as empresas privadas que possuam 200 empregados não são obrigadas a contratar pessoas com deficiência;
    e) não respondida.

Comentários:

a) Correta.

O conceito legal de discriminação no trabalho pode ser extraído da Convenção nº 111 da OIT, de 1958 (promulgada pelo Decreto-Legislativo nº 62.150, de 19/01/1968, com vigência nacional a partir de 26/11/1966), que trata da discriminação em matéria de emprego e ocupação:

> Art. I.
> 1. Para os fins da presente convenção o termo "discriminação" compreende:
> a) toda distinção, exclusão ou preferência fundada na raça, cor, sexo, religião, opinião política, ascendência nacional ou origem social que tenha por efeito destruir ou alterar a igualdade de oportunidades ou de tratamento em matéria de emprego ou profissão;
> b) qualquer outra distinção, exclusão ou preferência que tenha por efeito destruir ou alterar a igualdade de oportunidades ou tratamento em matéria de emprego ou profissão, que poderá ser especificada pelo Membro interessado depois de consultas às organizações representativas de empregadores e trabalhadores, quando estas existam e outros organismos adequados.
> 2. As distinções, exclusões ou preferências fundadas em qualificações exigidas para um determinado emprego não são consideradas como discriminação.
> 3. Para os fins da presente convenção as palavras "emprego" e "profissão" incluem o acesso à formação profissional, ao emprego e às diferentes profissões, bem como às condições de emprego.

b) Incorreta.

São fatos constitutivos da equiparação salarial: a identidade de funções, o mesmo empregador, a mesma localidade e a contemporaneidade da prestação dos serviços entre o equiparando e o paradigma (CLT, art. 461, *caput*). Cabe ao equiparando o ônus de provar os fatos constitutivos do seu direito, nos exatos termos do art. 333, inciso I, do CPC.

São fatos obstativos ao pleito de equiparação salarial: a diferença de produtividade e de perfeição técnica, a diferença de tempo de serviço superior a dois anos, a existência de quadro de carreira homologado que preveja promoções alternadas por antiguidade e merecimento e o paradigma não pode ser trabalhador readaptado (CLT, art. 461, §§ 2º a 4º). Cabe ao empregador o ônus de provar os fatos obstativos do direito do equiparando, nos moldes do art. 333, inciso II, do CPC.

c) Incorreta.

À empregada que adotar ou obtiver guarda judicial para fins de adoção de criança será concedida licença-maternidade, nos termos do art. 392 da CLT.

O art. 392-A, §§ 1º a 3º, da CLT estabelece que, no caso de adoção ou guarda judicial de criança até 1 (um) ano de idade, o período de licença será de 120 (cento e vinte) dias (CLT, art. 392-A, § 1º); a partir de 1 (um) ano até 4 (quatro) anos de idade, o período de licença será de 60 (sessenta) dias (CLT, art. 392-A, § 2º); e a partir de 4 (quatro) anos até 8 (oito) anos de idade, o período de licença será de 30 (trinta) dias.

Todavia, o art. 8º da Lei nº 12.010/2009, que veio a disciplinar a adoção, revogou expressamente os §§ 1º a 3º do art. 392-A da CLT. A revogação expressa destes dispositivos autoriza entendimento no sentido de ser aplicável, em geral, o prazo de 120 (cento e vinte) dias previsto no art. 392 da CLT, nestes casos de adoção ou guarda judicial, independentemente da idade da criança.

A licença-maternidade só será concedida mediante apresentação do termo judicial de guarda à adotante ou guardiã (CLT, art. 392-A, § 4º).

d) Incorreta.
Nos termos do art. 93, *caput*, e incisos I a IV, da Lei nº 8.213/1991, a empresa com 100 (cem) ou mais empregados está obrigada a preencher de 2% (dois por cento) a 5% (cinco por cento) dos seus cargos com beneficiários reabilitados ou pessoas portadoras de deficiência, habilitadas, na seguinte proporção: "*I – até 200 empregados – 2%; II – de 201 a 500 – 3%, III – de 501 a 1000 – 4%; e IV – de 1.001 em diante – 5%*".
Gabarito: A

23. **(XXIV Concurso da Magistratura – TRT/Campinas) Inúmeras decisões têm determinado, em primeiro grau de jurisdição, a reintegração de trabalhadores portadores do vírus HIV imotivadamente demitidos. Tais decisões:**
    a) estão assentadas na literalidade de dispositivo inserido na CLT;
    b) estão assentadas na literalidade de súmula do TST;
    c) decorrem da prerrogativa do julgador de aplicar, na análise do caso, a analogia, a equidade e os princípios gerais do Direito, como autoriza o art. 8º, da CLT;
    d) decorrem da prerrogativa do julgador de sempre aplicar, na análise do caso, ainda que existente norma legal, seu senso de justiça;
    e) nenhuma das anteriores.

Comentários:
Dentro do contexto da evolução histórica do Direito do Trabalho, a expressão "trabalho" nem sempre foi sinônimo de mecanismo de dignidade e de valorização social do cidadão.

A própria etimologia da palavra, oriunda do latim vulgar *tripaliare*, nos remete à ideia de tortura, assim como a valores negativos como cansaço, dor e sofrimento. Tanto é verdade que, durante longo período da história das formas de exploração do trabalho humano, o vocábulo "trabalho" encontrava-se associado àqueles serviços ditos braçais, que não alcançavam os legítimos cidadãos livres.

Na Grécia, Aristóteles já preconizava que o homem, para adquirir cultura, precisava ser rico e ocioso, o que servia de fundamento filosófico à própria exploração do trabalho escravo, típico às sociedades grega, romana e egípcia da Antiguidade.

A partir do advento da Revolução Industrial, e da configuração da chamada "questão social", caracterizada pelo conflito de interesses entre as classes do capital (burguesia) e do trabalho (proletariado), assim como do posterior surgimento das "doutrinas sociais", destacando-se a Encíclica *Rerum Novarum*, editada pelo Papa Leão XIII (1891), é que se iniciou o processo de valorização do trabalho, enquanto instrumento de dignidade da pessoa humana do trabalhador.

No final da Primeira Guerra Mundial, o Tratado de Versalhes, além de criar a Organização Internacional do Trabalho (1919), como parte das Sociedades das Nações, consagrou, em nível internacional, o Direito do Trabalho como novo ramo autônomo da ciência jurídica, enunciando, em seu art. 427, como princípio diretivo informador deste novo Direito o *"de que o trabalho não há de ser considerado como mercadoria ou artigo de comércio"*.

Atualmente, entre os fundamentos da República Federativa do Brasil, enquanto Estado Democrático de Direito, encontramos a dignidade da pessoa humana e os valores sociais do trabalho (CF/1988, art. 1º, III e IV).

O trabalho foi alçado a Direito Social (CF/1988, art. 6º) e a valorização do trabalho humano erigido a fundamento da própria ordem econômica, a qual tem por objetivo assegurar a todos existência digna, conforme os ditames da justiça social, observados, dentre outros princípios, os da função social da propriedade e da busca do pleno emprego (CF/1988, art. 170, *caput*, III e VIII).

Não obstante todos esses fundamentos e princípios previstos na nova ordem constitucional, sempre restou assegurado o direito potestativo de resilição unilateral do contrato de trabalho por parte do empregador.

Em suma, salvo a existência de estabilidade e/ou garantia provisória de emprego, ou ainda nos casos de suspensão e interrupção contratuais, é perfeitamente lícito ao empregador dispensar imotivadamente o empregado, assistindo a este apenas o regular pagamento das verbas resilitórias previstas em instrumentos normativos.

Diz-se ser um Direito Potestativo, posto que o seu exercício não enseja um dever jurídico à outra parte contratante, que se encontra em verdadeiro estado de sujeição em face da iniciativa da parte contrária.

No entanto, o novo Código Civil (Lei nº 10.406/2002) dispõe em seu art. 421 que a liberdade de contratar será exercida em razão e nos limites da função social do contrato.

Este dispositivo de lei, perfeitamente aplicável ao Direito do Trabalho por força da norma prevista no parágrafo único do art. 8º da CLT, traz à baila nova discussão acerca dos limites a serem impostos ao direito potestativo do empregador de resilir o contrato de trabalho.

O princípio do fim social do contrato, juntamente com os da dignidade da pessoa humana, da valorização social do trabalho, da busca do pleno emprego e do fim social da propriedade, constitui precioso limite imposto a essa discricionariedade de resilição contratual associada à figura do empregador.

E, parafraseando o eminente jurista Celso Antônio Bandeira de Mello:

> [...] violar um princípio é muito mais grave que transgredir uma norma. A desatenção ao princípio implica não apenas a um específico mandamento obrigatório, mas a todo o sistema de comandos. É a mais grave forma de ilegalidade ou inconstitucionalidade, conforme o escalão do princípio violado, porque representa insurgência contra todo o sistema, subversão de seus valores fundamentais, contumélia irremissível a seu arcabouço lógico e corrosão de sua estrutura mestra (*in RDP 15/283*).

Importante exemplo prático de aplicação dos novos limites delineados pelo princípio da função social do contrato foi o da reintegração de um empregado portador do vírus HIV, em decisão prolatada pela MM. 4ª Vara do Trabalho de São Paulo, e mantida, em grau de recurso ordinário, pelo Egrégio Tribunal Regional do Trabalho da 2ª Região, e em sede de recurso de revista e de embargos de divergência, pela Quarta Turma e pela Seção Especializada em Dissídios Individuais do C. Tribunal Superior do Trabalho (E-RR 409/2003-004-02-00.1).

De acordo com a notícia veiculada no site do Tribunal Superior do Trabalho (www.tst.jus.br), ainda que se tenha concluído pela ausência de qualquer conduta de caráter discriminatório, a reintegração baseou-se nos princípios da função social da empresa e do contrato, destacando que "qualquer meio de produção deve visar à valorização do trabalho humano, de forma a propiciar condições de vida digna, contribuindo para o bem-estar e a distribuição da justiça social".

Para melhor entendimento da questão, saliente-se que não existe qualquer estabilidade e/ou garantia provisória de emprego prevista em lei que beneficie o portador do vírus HIV, sendo certo que a reintegração desses trabalhadores, até então, somente vinha sendo deferida em razão de comprovada conduta discriminatória por parte do empregador, atribuindo ao empregado um pesado ônus probatório, o que, não raras vezes, termina por inviabilizar a própria tutela da prestação jurisdicional.

De fato, o contrato de trabalho consiste em importante instrumento de valorização da dignidade da pessoa do trabalhador, não havendo dúvida da relevante função social do trabalho no processo civilizatório de uma nação e na efetividade dos conceitos de cidadania e de justiça social.

No exemplo do trabalhador portador do vírus HIV, o exercício desse direito potestativo do empregador, ainda que não esteja eivado de qualquer invalidade prévia disposta em nosso ordenamento jurídico, condena o obreiro vitimado por essa doença terrível e incurável a engrossar as filas dos milhares de desempregados, em precárias condições de competitividade no mercado de trabalho, por ser integrante de grupo vulnerável a condutas discriminatórias, inviabilizando, na prática, a sua recolocação profissional. Isso sem falar no importante aspecto de que o desemprego impede que sejam auferidos pelo trabalhador os recursos indispensáveis à continuidade de seu tratamento médico, empurrando-lhe à dependência de favores familiares e/ou às limitadas condições da rede pública de saúde.

Logo, os fundamentos da dignidade da pessoa humana e do valor social do trabalho, além dos princípios da busca do pleno emprego, da função social da empresa e da função social do contrato têm sido utilizados pelos julgadores para determinar a reintegração do portador do vírus HIV, em aplicação à disposição contida no art. 8º, *caput*, da CLT, quando preconiza que as autoridades administrativas e a Justiça do Trabalho, na falta de disposições legais ou contratuais, decidirão, conforme o caso, pela jurisprudência, por analogia, por equidade e outros princípios e normas gerais de Direito, principalmente do Direito do Trabalho, e, ainda, de acordo com os usos e costumes, o Direito Comparado, mas sempre de maneira que nenhum interesse de classe ou particular prevaleça sobre o interesse público.

Gabarito: C

Capítulo

3

Empregado

• • •

24. **(X Concurso do Ministério Público do Trabalho)** Tendo em vista as assertivas abaixo, assinale a alternativa CORRETA.

Os preceitos constantes da Consolidação das Leis do Trabalho, salvo quando for, em cada caso, expressamente determinado em contrário, não se aplicam:

I. aos empregados domésticos, assim considerados, de modo geral, os que prestam serviços de natureza não econômica à pessoa ou à família, no âmbito residencial destas;

II. aos trabalhadores rurais, assim considerados aqueles que, exercendo funções diretamente ligadas à agricultura e à pecuária, não sejam empregados em atividades que, pelos métodos de execução dos respectivos trabalhos ou pela finalidade de suas operações, se classifiquem como industriais ou comerciais;

III. aos funcionários públicos da União, dos Estados e dos Municípios e aos respectivos extranumerários em serviço nas próprias repartições;

IV. aos servidores de autarquias paraestatais, desde que sujeitos a regime próprio de proteção ao trabalho que lhes assegure situação análoga à dos funcionários públicos.

a) Somente as alternativas II, III e IV estão corretas.
b) Apenas as alternativas I e III estão corretas.
c) Somente as assertivas II e IV estão corretas.
d) Somente as assertivas I, III e IV estão corretas.
e) Todas as assertivas estão corretas.
f) Não sei.

Comentários:

Nos termos do art. 7º, *caput* e alíneas *a* a *d*, da CLT, os preceitos constantes da referida Consolidação, salvo quando for, em cada caso, expressamente determinado em contrário, não se aplicam:

a) aos empregados domésticos, assim considerados, de modo geral, os que prestam serviços de natureza não econômica à pessoa ou à família, no âmbito residencial destas;

b) aos trabalhadores rurais, assim considerados aqueles que, exercendo funções diretamente ligadas à agricultura e à pecuária, não sejam empregados em atividades que, pelos métodos de execução dos respectivos trabalhos ou pela finalidade de suas operações, se classifiquem como industriais ou comerciais;
c) aos funcionários públicos da União, dos Estados e dos Municípios e aos respectivos extranumerários em serviço nas próprias repartições;
d) aos servidores de autarquias paraestatais, desde que sujeitos a regime próprio de proteção ao trabalho que lhes assegure situação análoga à dos funcionários públicos.

Gabarito: E

25. **(NCE/UFRJ – TRT/PR – Analista Judiciário – 1998) Segundo a Constituição Federal de 1988, são direitos dos trabalhadores domésticos:**
   a) salário mínimo nacional, irredutibilidade de salário, décimo terceiro, repouso semanal remunerado, férias anuais acrescidas de um terço do salário, licença-gestante, licença-paternidade, aviso prévio de trinta dias, aposentadoria e estabilidade no emprego protegida contra dispensa arbitrária ou sem justa causa;
   b) salário mínimo nacional, irredutibilidade de salário, décimo terceiro, repouso semanal remunerado, férias anuais acrescidas de um terço do salário, licença-gestante, licença-paternidade, aviso prévio de trinta dias, aposentadoria e seguro desemprego;
   c) salário mínimo nacional, irredutibilidade de salário, décimo terceiro, repouso semanal remunerado, férias anuais acrescidas de um terço do salário, licença-gestante, licença-paternidade, aviso prévio de trinta dias, aposentadoria e remuneração de horas extraordinárias com adicional previsto em lei;
   d) salário mínimo nacional, irredutibilidade de salário, décimo terceiro, repouso semanal remunerado, férias anuais acrescidas de um terço do salário, licença-gestante, licença-paternidade, aviso prévio de trinta dias e aposentadoria;
   e) salário mínimo nacional, irredutibilidade de salário, décimo terceiro, repouso semanal remunerado, férias anuais acrescidas de um terço do salário, licença-gestante, licença-paternidade, aviso prévio de trinta dias, aposentadoria e reconhecimento das convenções e acordos coletivos de trabalho.

Comentários:

O art. 7º, alínea *a*, da CLT exclui expressamente os domésticos do âmbito de aplicação das normas do referido diploma consolidado.

Num primeiro momento, a Lei nº 5.859/1972 concedia à categoria dos domésticos três únicos direitos:
a) férias anuais remuneradas de 20 (vinte) dias úteis (art. 3º);
b) anotação de CTPS (art. 2º, inciso I);
c) inscrição do empregado como segurado obrigatório da Previdência Social (art. 4º).

O art. 2º, *caput*, do Decreto nº 71.885/1973, que regulamenta a Lei nº 5.859/1972, prevê, a *contrario sensu*, a aplicação ao empregado doméstico do capítulo da CLT concernente às férias. Todavia, existem autores que entendem que o referido dispositivo encontra-se eivado de vício de ilegalidade, posto que extrapolaria os limites traçados pela lei a que visou regulamentar.

A Lei nº 11.324/2006 acrescentou, entre outros, os arts. 2º-A, *caput*, e os parágrafos 1º, 2º e 4º-A à Lei nº 5.859/1972 e deu nova redação ao art. 3º, *caput*, nos seguintes termos:

> Art. 2º. A. É vedado ao empregador doméstico efetuar descontos no salário do empregado por fornecimento de alimentação, vestuário, higiene ou moradia.
>
> § 1º. Poderão ser descontadas as despesas com moradia de que trata o *caput* deste art. quando essa se referir a local diverso da residência em que ocorrer a prestação de serviço, e desde que essa possibilidade tenha sido expressamente acordada entre as partes.
>
> § 2º. As despesas referidas no *caput* deste artigo não têm natureza salarial nem se incorporam à remuneração para quaisquer efeitos.
>
> Art. 3º. O empregado doméstico terá direito a férias anuais remuneradas de 30 (trinta) dias com, pelo menos, 1/3 (um terço) a mais que o salário normal, após cada período de 12 (doze) meses de trabalho, prestado à mesma pessoa ou família. (NR)
>
> Art. 4º. A. É vedada a dispensa arbitrária ou sem justa causa da empregada doméstica gestante desde a confirmação da gravidez até 5 (cinco) meses após o parto.

A alimentação, o vestuário, a higiene e a moradia passaram a ser parcelas instrumentais ("para o trabalho"), necessárias à viabilização e/ou aperfeiçoamento do trabalho doméstico.

Houve a ampliação do prazo concernente às férias, passando de 20 dias úteis, para 30 dias corridos, igualando-se aos demais empregados.

Estendeu-se, ainda, a estabilidade da gestante à empregada doméstica, por força do art. 4º-A da Lei nº 5.859/1972.

O direito ao repouso nos feriados civis e religiosos deixou de ser matéria controvertida a partir da revogação expressa da alínea *a* do art. 5º da Lei nº 605/1949, que afastava a aplicação do referido diploma legal à categoria dos domésticos, pelo art. 9º da Lei nº 11.324/2006.

O Decreto nº 95.247/1987, que regulamenta as leis instituidoras do vale-transporte (Leis nºs 7.418/1985 e 7.619/1987), estendeu este benefício à categoria dos empregados domésticos (art. 1º, inciso II).

A Constituição da República de 1988, no parágrafo único do seu art. 7º, ampliou o rol de direitos dos empregados domésticos, compreendendo:

a) salário mínimo (art. 7º, IV);
b) irredutibilidade salarial (art. 7º, VI);
c) décimo terceiro salário (art. 7º, VIII);
d) repouso semanal remunerado, preferencialmente aos domingos (art. 7º, inciso XV);
e) gozo de férias anuais remuneradas com, pelo menos, um terço a mais do que o salário normal (art. 7º, XVII);
f) licença à gestante, sem prejuízo do emprego e do salário, com duração de cento e vinte dias (art. 7º, inciso XVIII);
g) licença-paternidade, nos termos da lei (art. 7º, inciso XIX);

h) aviso prévio proporcional ao tempo de serviço, sendo, no mínimo, de trinta dias, nos termos da lei (art. 7º, inciso XXI);
i) aposentadoria (art. 7º, inciso XXIV).

O art. 65 da Lei nº 8.213/1991 afasta a percepção de salário-família pelos empregados domésticos.

Com a edição da Medida Provisória nº 1.986/1999 e reedições, convertida na Lei nº 10.208/2001, faculta-se ao empregador, por ato voluntário, estender o Fundo de Garantia do Tempo de Serviço ao empregado doméstico. Trata-se, pois, de norma de natureza dispositiva. Vide a disposição contida nos arts. 3º-A da Lei nº 5.859/1972, e 15, § 3º, da Lei nº 8.036/1990.

Na hipótese de inclusão do empregado doméstico no sistema do FGTS, este também passará a ser contemplado com o benefício do seguro-desemprego, no valor de um salário mínimo, por um período máximo de três meses, nos termos do art. 6º-A da Lei nº 5.859/1972 (redação dada pela Lei nº 10.208/2001).

Gabarito: D

26. **(II Concurso da Magistratura – TRT/RJ – 2004) Ao empregado doméstico não é assegurado o seguinte direito:**
    a) aviso prévio;
    b) repouso semanal remunerado;
    c) licença paternidade;
    d) férias anuais remuneradas, com, pelo menos, um terço a mais do que o salário normal;
    e) reconhecimento das convenções e acordos coletivos de trabalho.

Comentários:
a) Correta.
   Art. 7º, parágrafo único, e inciso XXI, da CF/1988.

b) Correta.
   Art. 7º, parágrafo único, e inciso XV, da CF/1988.

c) Correta.
   Art. 7º, parágrafo único, e inciso XIX, da CF/1988.

d) Correta.
   Art. 7º, parágrafo único, e inciso XVII, da CF/1988.

e) Incorreta.
   O art. 7º, parágrafo único, da CF/1988 não faz menção ao direito previsto no inciso XXVI do mesmo artigo, não o estendendo, portanto, à categoria dos empregados domésticos.

Gabarito: E

27. (Cespe/UnB – TRT/RJ – Técnico Judiciário – 2008). Artur desenvolveu atividade de pedreiro em obra residencial ao longo de três meses ininterruptos, segundo avençado pelas partes e mediante paga, sem, contudo, ter sido feito registro em sua CTPS.

De acordo com a CLT e os princípios do Direito do Trabalho, na situação descrita:
a) houve vínculo laboral e, portanto, Artur faz jus ao registro do pacto em sua CTPS e às verbas não pagas;
b) o labor desenvolvido por Artur equipara-se ao do trabalhador doméstico;
c) houve uma relação de trabalho;
d) houve contrato de trabalho de experiência, visto que o período de execução do trabalho não ultrapassou o limite de noventa dias;
e) qualquer questionamento judicial acerca do pacto deverá, segundo emenda constitucional, ser realizado na esfera cível, dado que não houve registro na CTPS.

Comentários:

De acordo com as disposições contidas nos arts. 2º e 3º da CLT, são requisitos da relação de emprego: a pessoa física do prestador dos serviços; a pessoalidade ínsita à figura do empregado; a não eventualidade dos serviços; a subordinação jurídica; e a onerosidade.

Presentes todos estes requisitos, configura-se um contrato de trabalho, surgindo automaticamente os sujeitos da relação empregatícia: empregado e empregador. Trata-se de legítimo contrato de atividade, pois tem como principal objeto a prestação pessoal e subordinada de serviços.

Em assim sendo, empregado é a pessoa física que se obriga a prestar serviços não eventuais a um tomador (pessoa física, jurídica ou ente formal), com pessoalidade e onerosidade, e mediante subordinação jurídica, assumindo este último os riscos da atividade econômica (alteridade).

No caso veiculado na questão em exame, trata-se de um contrato de empreitada, modalidade de trabalho autônomo, cujo objeto central é a realização de determinada obra. É um típico contrato de resultado. O elemento diferencial neste tipo de contratação é a ausência de subordinação jurídica, sendo certo, ainda, que o trabalhador labora por conta própria, e não por conta de terceiro, como acontece no contrato de trabalho.

O contrato de empreitada faz surgir uma relação de trabalho, atraindo a competência da Justiça do Trabalho para julgamento, nos termos do art. 114, inciso I, da Constituição da República, com redação dada pela Emenda Constitucional nº 45/2004.

Registre-se, por fim, que o art. 652, alínea *a*, inciso III, já dispunha ser da competência da Vara do Trabalho a conciliação e julgamento dos dissídios resultantes de contratos de empreitada em que o empreiteiro seja operário ou artífice.

Gabarito: C

Capítulo

4

Empregador

• • •

28. **(III Concurso da Magistratura – TRT/RJ – 2004)** Eliane, cuja função é a de "especialista em aprimoramento de produtos", do setor de criação da empresa Brinquedos Eletrônicos S.A., criou aprimoramentos para jogos eletrônicos que propiciaram ao empregador vultoso lucro. Eliane alegou que os aprimoramentos foram resultado da sua iniciativa e assim pretende metade do valor do lucro obtido e não apenas o salário mensal ajustado para o desempenho da função anteriormente mencionada. A empresa Brinquedos Eletrônicos S.A. apresentou a Eliane o contrato por ela assinado livremente, no qual consta que a propriedade dos inventos, aperfeiçoamentos ou aprimoramentos será do empregador, em razão da natureza e da própria finalidade da sua contratação. Considerando a situação descrita, é correto afirmar que:

a) como a invenção integra o patrimônio jurídico do empregado, ela pode ser negociada;
b) a invenção é fruto de parceria entre o empregado e o empregador;
c) o aprimoramento do produto foi obtido através de contribuição pessoal do empregado, com a utilização do equipamento do empregador, de modo que a propriedade será de ambos e, por consequência, os frutos;
d) aprimorar o produto do empregador constitui o próprio objeto do contrato de emprego, razão pela qual, são de propriedade do empregador os frutos obtidos com a sua comercialização;
e) a contraprestação estabelecida para o empregado contratado para atividades inventivas é o salário ajustado, acrescido da metade dos lucros obtidos com a sua comercialização, sendo nulo, de pleno direito, contrato firmado em sentido contrário.

Comentários:

Consoante dispõe o art. 88, *caput*, da Lei nº 9.279/1996: *"A invenção e o modelo de utilidade pertencem exclusivamente ao empregador quando decorrerem de contrato de trabalho cuja execução ocorra no Brasil e que tenha por objeto a pesquisa ou a atividade inventiva, ou resulte esta da natureza dos serviços para os quais foi o empregado contratado."*

Por sua vez, o art. 88, § 1º, da Lei nº 9.279/1996 estabelece: *"Salvo expressa disposição em contrário, a retribuição pelo trabalho a que se refere este artigo limita-se ao salário ajustado."*

Gabarito: D

29. (II Concurso da Magistratura – TRT/RJ – 2004) Assinale a opção CORRETA.
   a) A propriedade de invenção ou de modelo de utilidade será comum entre empregado e empregador, em partes iguais, quando resultar da contribuição pessoal do empregado e de recursos, dados, meios, materiais, instalações ou equipamentos dos empregadores, não se admitindo disposição contratual em sentido contrário.
   b) Salvo prova em contrário, consideram-se desenvolvidos na vigência do contrato a invenção ou o modelo de utilidade, cuja patente seja requerida pelo empregado até 1 (um) ano após a extinção do vínculo de emprego.
   c) Na vigência do contrato de trabalho, as invenções do empregado sempre serão de propriedade comum do empregado e empregador, em partes iguais.
   d) Ao empregado caberá a exploração do invento, ficando obrigado a promovê-la no prazo de 2 (dois) anos da data da concessão da patente, sob pena de reverter em favor do empregador a plena propriedade do invento.
   e) O empregador, titular da patente, fica obrigado a conceder ao empregado, autor de invento ou aperfeiçoamento, participação nos ganhos econômicos resultantes da exploração da patente.

Comentários:

a) Incorreta.

De acordo com o comando contido no art. 91 da Lei nº 9.279/1996: "*A propriedade de invenção ou de modelo de utilidade será comum, em partes iguais, quando resultar da contribuição pessoal do empregado e de recursos, dados, meios, materiais, instalações ou equipamentos do empregador, ressalvada expressa disposição em contrário.*"

b) Correta.

A assertiva corresponde à literalidade da norma prevista no art. 88, § 2º, da Lei nº 9.279/1996.

c) Incorreta.

O art. 454, *caput*, da CLT, revogado pela Lei nº 9.079/1996, estabelecia que, na vigência do contrato de trabalho, as invenções do empregado, quando decorrentes de sua contribuição pessoal e da instalação ou de equipamento fornecidos pelo empregador, seriam de propriedade comum, em partes iguais, salvo se o contrato de trabalho tivesse por objeto, implícita ou explicitamente, pesquisa científica.

Disciplinando, atualmente, a matéria, o art. 88, *caput*, da Lei nº 9.279/1996 assim preconiza: "*A invenção e o modelo de utilidade pertencem exclusivamente ao empregador quando decorrerem de contrato de trabalho cuja execução ocorra no Brasil e que tenha por objeto a pesquisa ou a atividade inventiva, ou resulte esta da natureza dos serviços para os quais foi o empregado contratado.*"

Por fim, o art. 90 da mesma Lei nº 9.279/1996 acresce que pertencerá exclusivamente ao empregado a invenção ou o modelo de utilidade por ele desenvolvido, desde que desvinculado do contrato de trabalho e não decorrente da utilização de recursos, meios, dados, materiais, instalações ou equipamentos do empregador.

d) Incorreta.

O art. 91, § 2º, da Lei nº 9.279/1996 garante ao empregador o direito exclusivo de licença de exploração, assegurando ao empregado a justa remuneração.

Ressalta, porém, a norma prevista no § 3º deste mesmo artigo que a exploração do objeto da patente, na falta de acordo, deverá ser iniciada pelo empregador dentro do prazo de 1 (um) ano, contado da data de sua concessão, sob pena de passar à exclusiva propriedade do empregado a titularidade da patente, ressalvadas as hipóteses de falta de exploração por razões legítimas.

e) Incorreta.

Nos moldes do art. 89, *caput*, da Lei nº 9.279/1996: *"O empregador, titular da patente, poderá conceder ao empregado, autor de invento ou aperfeiçoamento, participação nos ganhos econômicos resultantes da exploração da patente, mediante negociação com o interessado ou conforme disposto em norma da empresa."*

Gabarito: B

30. (FCC – TRT/MS – Analista Judiciário – 2004). No que diz respeito ao cumprimento das obrigações trabalhistas, a existência de um grupo industrial, comercial ou de qualquer outra atividade econômica, sob a direção, controle ou administração de uma empresa, embora cada uma delas possua personalidade jurídica própria, configura responsabilidade:
   a) civil;
   b) penal;
   c) comercial;
   d) solidária;
   e) subsidiária.

Comentários:

Disciplinando a configuração do grupo econômico urbano, o art. 2º, § 2º, da CLT dispõe: "Sempre que uma ou mais empresas, tendo, embora, cada uma delas, personalidade jurídica própria, estiverem sob a direção, controle ou administração de outra, constituindo grupo industrial, comercial ou de qualquer outra atividade econômica, serão, para os efeitos da relação de emprego, solidariamente responsáveis a empresa principal e cada uma das subordinadas."

Por sua vez, referindo-se ao grupo econômico rural, o art. 3º, § 2º, da Lei nº 5.889/1973 estabelece: *"Sempre que uma ou mais empresas, embora tendo cada uma delas personalidade jurídica própria, estiverem sob direção, controle ou administração de outra, ou ainda quando, mesmo guardando cada uma sua autonomia, integrem grupo econômico ou financeiro rural, serão responsáveis solidariamente nas obrigações decorrentes da relação de emprego."*

O grupo econômico é o instituto resultante do vínculo constituído entre duas ou mais empresas beneficiadas direta ou indiretamente pelo mesmo contrato de trabalho, em virtude de nexos de direção ou coordenação existente em razão da atividade econômica desenvolvida.

O objetivo da construção da figura do grupo econômico foi a ampliação das possibilidades de garantia de satisfação do crédito trabalhista, impondo a responsabilidade solidária dos entes que o compõem pelo pagamento dos haveres laborais.

O empregado pode exigir de todos os componentes do grupo econômico ou de qualquer deles o pagamento por inteiro dos seus créditos trabalhistas, ainda que somente tenha trabalhado para uma determinada empresa do respectivo grupo.

Por construção jurisprudencial (Súmula nº 129 do C. TST), fixou-se um segundo objetivo, qual seja, a extensão a todos os entes do grupo econômico da prerrogativa de se beneficiar do trabalho contratado, sem configuração de novo contrato de trabalho. Reconheceu-se a figura do "empregador único", atribuindo a natureza dual (ativa e passiva) à solidariedade prevista na lei.

Gabarito: D

31. (Fundec – TRT/BA – Analista Judiciário – 2003) Por força de lei, entre a empresa que detém o controle financeiro de outra e esta empresa controlada há responsabilidade:
   a) limitada ao capital integralizado;
   b) objetiva;
   c) solidária passiva;
   d) solidária ativa;
   e) subsidiária.

Comentários:

O grupo econômico surgiu como instrumento de ampliação da garantia de satisfação dos créditos trabalhistas em favor dos empregados.

A evolução desta figura implicou a extensão dos seus objetivos e efeitos, para alcançar todos os aspectos contratuais e todos os entes integrantes do respectivo grupo econômico.

Para alguns autores, o grupo econômico impõe como efeito jurídico apenas a solidariedade passiva entre as empresas componentes quanto aos créditos derivados do contrato de trabalho celebrado por qualquer destes entes.

A favor dessa tese, o texto do art. 3º, § 2º, da Lei nº 5.889/1973, ao se reportar à solidariedade *"nas obrigações decorrentes da relação de emprego"*.

Para outros juristas, além da solidariedade passiva, que é incontroversa, somar-se-ia também a solidariedade ativa das empresas componentes do grupo econômico em relação ao mesmo contrato de trabalho, configurando a chamada "solidariedade dual". Todas as empresas integrantes do grupo seriam, de forma simultânea, empregadores e não somente garantidores de créditos trabalhistas. É o que passou a ser denominado "empregador único".

A corroborar esta tese, o texto do art. 2º, § 2º, da CLT, ao se reportar à solidariedade *"para os efeitos da relação de emprego"*.

Nesse sentido, o posicionamento cristalizado na Súmula nº 129 do C. TST: "*A prestação de serviços a mais de uma empresa do mesmo grupo econômico, durante a mesma jornada de trabalho, não caracteriza a coexistência de mais de um contrato de trabalho, salvo ajuste em contrário.*"

Desse modo, a jurisprudência sumulada do C. Tribunal Superior do Trabalho aderiu à tese da solidariedade dual (ativa e passiva), constituindo a figura do "empregador único".

Diante do acima exposto, esta questão seria passível de anulação, muito embora tenha sido divulgado, como gabarito, a opção **C**.

Gabarito: C

32. (NCE/UFRJ – TRT/PR – Analista Judiciário – 1998) A mudança na propriedade ou na estrutura jurídica da empresa:
   a) não afeta os contratos de trabalho dos respectivos empregados;
   b) afeta o contrato de trabalho dos empregados, que deverão ater-se às regras do novo proprietário, mesmo que em condições mais desfavoráveis ao empregado;
   c) importa em automática rescisão dos contratos de trabalho;
   d) dá direito ao empregado de postular a rescisão indireta do contrato de trabalho;
   e) importa necessariamente na celebração de novos contratos, com cláusulas que venham a assegurar os interesses de ambas as partes diante da nova realidade.

Comentários:

A sucessão de empregadores consiste no instituto que se opera no contexto de transferência de titularidade de empresa ou estabelecimento, ou de alteração de sua estrutura jurídica, acarretando transmissão de créditos e assunção de dívidas trabalhistas entre o sucedido e o sucessor.

Também conhecida como "sucessão trabalhista" ou "alteração contratual subjetiva".

Traduz-se, em síntese, na substituição de empregadores, com imposição de créditos e débitos.

O empregado, quando admitido (contratado), vincula-se à atividade econômica desenvolvida, independentemente de quem venha a ser o titular do empreendimento.

Daí, o fundamento da norma prevista no art. 10 da CLT, quando dispõe *in verbis*: "*Qualquer alteração na estrutura jurídica da empresa não afetará os direitos adquiridos por seus empregados*"; assim como do art. 448 da CLT, ao estabelecer que: "*A mudança na propriedade ou na estrutura jurídica da empresa não afetará os contratos de trabalho dos respectivos empregados.*"

Na verdade, essas alterações jurídicas não ocorrem na estrutura jurídica da empresa, mas na estrutura jurídica do titular do empreendimento.

A utilização do termo "empresa" ressalta, contudo, a despersonificação da figura do empregador, que se extrai da própria definição legal contida no art. 2º da CLT, enfatizando a vinculação do contrato de trabalho à própria atividade empresarial, independentemente de quem seja o seu titular.

Diante dessa despersonificação inerente à figura do empregador, a alteração na titularidade do empreendimento e/ou de sua estrutura jurídica não afeta os contratos de trabalho dos respectivos empregados.

Gabarito: A

33. **(FCC – TRT/SE – Analista Judiciário – 2002) Sobre a sucessão de empresas:**
    a) qualquer alteração jurídica na estrutura da empresa não afeta os direitos adquiridos por seus empregados afetando, todavia, os contratos de trabalho respectivos;
    b) mudanças na propriedade ou na estrutura jurídica da empresa não afetam os contratos de trabalho, embora possam afetar os direitos adquiridos por seus empregados;
    c) nada poderá ser exigido do sucessor quando houver cláusula contratual que o exima dos débitos trabalhistas referentes aos contratos findos antes da sucessão;
    d) na liquidação extrajudicial, a assunção parcial do ativo de um banco por outro não configura sucessão trabalhista;
    e) a mera substituição da pessoa jurídica é suficiente para caracterizar a sucessão, se se tratar de exploração de concessão de serviço público.

Comentários:

Nos moldes dos arts. 10 e 448 da CLT, a mudança da titularidade do empreendimento e/ou a alteração de sua estrutura jurídica não pode afetar os contratos de trabalho de seus empregados, que se vinculam à atividade econômica no ato de admissão, nem tampouco os direitos adquiridos por estes.

A sucessão surge como veículo de afirmação da intangibilidade objetiva dos contratos de trabalho. A alteração subjetiva contratual no polo passivo da relação empregatícia não afeta os direitos e obrigações decorrentes dos contratos de trabalho.

Este instituto enfatiza a impessoalidade inerente à figura do empregador no contexto da relação de emprego (despersonificação do empregador).

A sucessão de empregadores assegura a concretização plena do princípio da continuidade da relação de emprego no contexto de alterações empresariais, acarretando a transferência automática de direitos e obrigações contratuais do antigo titular do empreendimento para o novo titular.

O sucessor passa a responder pelas repercussões presentes, futuras e passadas dos contratos de trabalho que lhe foram transferidos.

As cláusulas contratuais restritivas de responsabilização trabalhista não têm valor para o Direito do Trabalho, em razão da natureza cogente das normas que regem o instituto sucessório. Estas cláusulas somente produzirão efeitos na esfera jurídica exterior à seara trabalhista.

Como regra geral, o Direito do Trabalho não preserva, a princípio, qualquer responsabilidade do sucedido pelos créditos trabalhistas relativos ao período anterior à transferência. O sucessor assume, na integralidade, a função de empregador, respondendo por toda a história do contrato de trabalho.

Contudo, a jurisprudência vem se posicionando pela responsabilização subsidiária do sucedido quando a sucessão trabalhista tenha propiciado um comprometimento das garantias empresariais deferidas aos contratos de trabalho, desde que não esteja comprovado o intuito de fraude.

Diante da existência de fraude, a jurisprudência vem se inclinando pela responsabilidade solidária do sucedido, com arrimo nos art. 942 do Código Civil vigente (antigo art. 1.518 do Código Civil de 1916).

A doutrina clássica sempre enumerou como requisitos à configuração da sucessão de empregadores a mudança de titularidade e/ou a alteração jurídica do empreendimento e a continuidade da prestação dos serviços pelo empregado ao novo titular/sucessor.

No entanto, de acordo com a interpretação que vem sendo dada pela doutrina contemporânea aos arts. 10 e 448 da CLT, este requisito não se configura imprescindível à configuração da sucessão de empregadores.

Se a alteração empresarial for capaz de afetar de modo significativo as garantias anteriores dos contratos de trabalho, operar-se-á a sucessão trabalhista, ainda que tenha havido a solução de continuidade da prestação laboral.

Neste sentido, o entendimento contido na Orientação Jurisprudencial nº 261 da SBDI-1 do C. TST: "As obrigações trabalhistas, inclusive as contraídas à época em que os empregados trabalhavam para o banco sucedido, são de responsabilidade do sucessor, uma vez que a este foram transferidos os ativos, as agências, os direitos e deveres contratuais, caracterizando típica sucessão trabalhista."

No tocante à sucessão na concessão de serviço público, somente se a nova empresa concessionária assumir o acervo da anterior e/ou mantiver parte das relações jurídicas contratadas pela precedente é que deve se submeter às regras dos arts. 10 e 448 da CLT.

Registre-se, outrossim, o posicionamento consubstanciado na OJ nº 225 da SBDI-1 do C. TST:

> Celebrado contrato de concessão de serviço público em que uma empresa (primeira concessionária) outorga a outra (segunda concessionária), no todo ou em parte, mediante arrendamento, ou qualquer outra forma contratual, a título transitório, bens de sua propriedade: I – em caso de rescisão do contrato de trabalho após a entrada em vigor da concessão, a segunda concessionária, na condição de sucessora, responde pelos direitos decorrentes do contrato de trabalho, sem prejuízo da responsabilidade subsidiária da primeira concessionária pelos débitos trabalhistas contraídos até a concessão; II – no tocante ao contrato de trabalho extinto antes da vigência da concessão, a responsabilidade pelos direitos dos trabalhadores será exclusivamente da antecessora.

A jurisprudência uniformizada do C. Tribunal Superior do Trabalho firmou-se no sentido de reconhecer a sucessão trabalhista entre a Rede Ferroviária Federal S.A. e as empresas que firmaram contrato de arrendamento de malhas ferroviárias resultante da concessão de exploração de serviço público.

Trata-se de uma sucessão atípica onde não houve mudança na propriedade com o surgimento de um novo titular. A transferência de uma parte da malha ferroviária que pertencia à Rede Ferroviária Federal para outras empresas concessionárias foi sendo interpretada pela jurisprudência trabalhista da C. Corte Superior como concessão do Poder Público, para explorar trecho de transporte ferroviário, efetivada mediante contrato de arrendamento.

O reconhecimento da ocorrência de sucessão está vinculado ao fato de que a empresa concessionária passou a explorar atividade anteriormente desenvolvida pela Rede Ferroviária Federal, assumindo os contratos de trabalho até então mantidos pela sucedida.

Quanto à responsabilidade da nova empresa concessionária, a C. Corte firmou entendimento no sentido de reconhecer a sucessão trabalhista entre as empresas, resultante do contrato de concessão de exploração de serviço público. Reconheceu, ainda, que se tratava de uma sucessão atípica, na qual a sucedida mantinha a titularidade dos bens destinados à exploração do serviço público, sendo da responsabilidade das empresas que prosseguiram na exploração de trecho ferroviário da Rede Ferroviária Federal os direitos dos empregados cujos contratos de trabalho não foram rescindidos antes da entrada em vigor do contrato de concessão.

Gabarito: D

34. (Esaf – TRT/CE – Analista Judiciário – 2003) O instituto da sucessão de empregadores:
   a) configura-se quando a empresa, organizada em vários estabelecimentos, transfere uma de suas unidades a terceiro, que continua a explorar a mesma atividade, no mesmo local, com os mesmos empregados, sem qualquer solução de continuidade;
   b) confere ao novo titular do empreendimento o direito de redefinir o conteúdo dos contratos de trabalho até então celebrados, independentemente da anuência dos empregados;
   c) faculta ao trabalhador o direito de considerar indiretamente rescindido o contrato de trabalho, em face do caráter personalíssimo que caracteriza essa espécie contratual;
   d) impõe ao novo empregador a responsabilidade pelas obrigações trabalhistas nutridas pelo antigo titular do empreendimento, salvo havendo ressalva expressa em contrário no instrumento jurídico de alienação do empreendimento;
   e) acarreta, automaticamente, a extinção dos contratos de trabalho, sem direito à indenização, salvo decisão em contrário do novo titular do empreendimento.

Comentários:

A sucessão de empregadores não afeta os contratos de trabalho e os direitos adquiridos pelos respectivos empregados, nos termos dos arts. 10 e 448 da CLT, passando a responder o sucessor por todo o histórico trabalhista relativo ao empreendimento.

É inaplicável ao Direito do Trabalho, em razão da natureza cogente de suas normas, a cláusula de isenção de responsabilidade trabalhista estabelecida em contrato entre sucedido e sucessor, ressalvando-se a faculdade deste último de se fazer valer da ação de regresso em face do primeiro, cuja competência para julgamento é da Justiça Comum, a fim de postular o devido ressarcimento pelas obrigações contratuais inadimplidas.

A transferência deve abranger o controle da empresa ou o conjunto desta, ou ao menos uma fração empresarial que traduza, em seu conjunto, a noção de unidade econômico-jurídica.

A alteração na estrutura jurídica da empresa também acarreta a sucessão de empregadores, haja vista implicar a modificação do titular da atividade empresarial.

A sucessão trabalhista somente se opera com a transferência de unidades econômico-jurídicas ou universalidades. Não se configura a sucessão no caso de venda de máquinas e coisas singulares.

Qualquer título jurídico hábil a efetuar a transferência de universalidades no Direito é compatível com a sucessão de empregadores. Ex.: Compra e venda e arrendamento.

Gabarito: A

35. (Fundec – TRT/BA – Analista Judiciário – 2003) Na sucessão de empresas:
   a) a venda do maquinário da empresa para mudança de ramo configura sucessão trabalhista;
   b) ficam automaticamente extintos os contratos de trabalho temporariamente suspensos;
   c) admite-se o acordo entre sucessor e sucedido, atribuindo-se a este as responsabilidades trabalhistas;
   d) o sucessor responde pelas obrigações trabalhistas assumidas pelo sucedido;
   e) a fusão de duas empresas não configura sucessão trabalhista.

Comentários:

A sucessão trabalhista somente se opera com a transferência de unidades econômico-jurídicas ou universalidades. Não se configura a sucessão no caso de venda de máquinas, equipamentos e coisas singulares.

O sucessor passa a responder por todos os contratos de trabalho, ainda que suspensos ou interrompidos ao tempo da sucessão.

As cláusulas contratuais restritivas de responsabilização trabalhista não têm valor para o Direito do Trabalho, em razão da natureza cogente das normas que regem o instituto sucessório. Essas cláusulas somente produzirão efeitos na esfera jurídica exterior à seara trabalhista.

Dessa forma, o sucessor passa a responder por todas as obrigações trabalhistas assumidas pelo sucedido.

Por fim, a fusão de duas empresas, por se tratar de alteração jurídica promovida no seio do empreendimento empresarial, implica a configuração da sucessão trabalhista, com esteio nos arts. 10 e 448 da CLT.

Gabarito: D

36. (II Concurso da Magistratura – TRT/RJ – 2004) Assinale a opção CORRETA.
   a) Há sucessão trabalhista quando, após extinguir-se uma empresa, outra, com o mesmo objeto, se cria e se estabelece no mesmo local, utilizando os mesmos equipamentos, embora outros sejam os seus donos.
   b) Sem qualquer relação jurídica entre o antigo e o novo explorador de uma atividade econômica, não pode haver sucessão trabalhista, ainda que a referida atividade continue sendo explorada pelo outro, com os mesmos empregados, no mesmo local.
   c) A sucessão trabalhista somente se configura quando todos os empregados do sucedido continuam prestando serviços para o sucessor.
   d) Não há sucessão trabalhista se o adquirente da empresa exige do vendedor que dispense todos os empregados e lhes pague tudo o que lhes é devido, e, feito isto, só então compre a empresa e só no dia seguinte admita como seus empregados todos os que tinham sido dispensados e com estes continua explorando a atividade econômica.
   e) Se ao comprar a empresa, o adquirente exige cláusula pela qual o vendedor se obrigue a responder pelos direitos dos empregados até então adquiridos e o comprador se obrigue daí para frente, só do antigo dono os empregados poderão reclamar os direitos até então adquiridos.

Comentários:

O art. 2º, *caput*, da CLT conceitua empregador como sendo a empresa, individual ou coletiva, que, assumindo os riscos da atividade econômica, admite, assalaria e dirige a prestação pessoal de serviços.

Opera-se o fenômeno da **despersonificação do empregador**, não como forma de atribuir à empresa, enquanto atividade economicamente organizada, a qualidade de sujeito de Direito, mas como núcleo da relação de emprego.

Dentro desse contexto, e independentemente de quem seja o titular do empreendimento empresarial, ou de qualquer alteração na estrutura jurídica da empresa, os contratos de trabalho permanecem imunes, assim como os direitos adquiridos pelos respectivos empregados (arts. 10 e 448 da CLT).

Nesses termos, em havendo a mudança da propriedade da empresa, o sucessor responderá pelos contratos de trabalho, ainda que iniciados ou terminados ao tempo do sucedido, sendo inaplicável qualquer cláusula contratual em sentido contrário, nos termos do art. 9º da CLT, mas sempre resguardado o direito do exercício da ação de regresso, no Juízo competente, por parte do sucessor.

Gabarito: A

37. (III Concurso da Magistratura – TRT/RJ – 2004) LIMPA MAIS, uma empresa prestadora de serviços de limpeza, tem seu contrato com o BANCO MOEDA encerrado, demitindo todos os seus empregados, sem pagar quaisquer parcelas resilitórias. No dia seguinte, o banco contrata uma nova empresa, de nome MAIOR LIMPEZA que opta por contratar os ex-empregados da empresa LIMPA MAIS, mantendo os salários e funções. Cinco meses depois, nova demissão dos funcionários ocorre, também com inadimplência das verbas trabalhistas. Nesse caso, pode-se concluir:
   a) não há sucessão entre as empresas prestadoras de serviços, pois são concorrentes entre si e o banco será subsidiariamente responsável pelos títulos devidos pelas duas empresas;

b) são devidas as verbas resilitórias dos dois contratos e o banco é solidariamente responsável pelas dívidas trabalhistas das duas prestadoras de serviços, pois terceirizou atividade fim;
c) há sucessão entre as duas empresas de limpeza, pelo aproveitamento do mesmo posto de serviço, mesmo cliente e mesmos empregados. O contrato é único;
d) o verdadeiro empregador é o banco, pois há pessoalidade em relação aos trabalhadores, além de inalteradas as condições contratuais;
e) é inquestionável a fraude, existindo mera troca de razões sociais da empresa, pois os nomes são parecidos, os empregados, as funções e os salários são os mesmos e, principalmente, o banco tomador é o mesmo. Todavia, são devidas verbas resilitórias de apenas um contrato, que deve ser tido como único.

Comentários:

Não há sucessão de empregadores, uma vez que não houve a mudança da titularidade com relação a um mesmo empreendimento (atividade econômica desenvolvida pela empresa).

A nova empresa contratante firmou novos contratos de trabalho com os ex-empregados da antiga empresa prestadora de serviços.

No entanto, por se tratar do tomador dos serviços prestados por esses empregados, em ambos os contratos, sendo o real beneficiário da força de trabalho despendida pelos respectivos trabalhadores, o banco responderá subsidiariamente pelas obrigações trabalhistas inadimplidas pelas empresas empregadoras, nos exatos termos do item IV da Súmula nº 331 do C. Tribunal Superior do Trabalho, quando assim dispõe:

> O inadimplemento das obrigações trabalhistas, por parte do empregador, implica a responsabilidade subsidiária do tomador dos serviços, quanto àquelas obrigações, inclusive quanto aos órgãos da administração direta, das autarquias, das fundações públicas, das empresas públicas e das sociedades de economia mista, desde que hajam participado da relação processual e constem também do título executivo judicial (art. 71 da Lei nº 8.666, de 21/06/1993).

Na questão em exame, não se trata de terceirização em atividade-fim do banco tomador, a qual seria vedada, por consistir em intermediação ilícita de mão de obra, na forma do posicionamento contido no item I da Súmula nº 331 do C. TST, excetuado o trabalho temporário disciplinado na Lei nº 6.019/1974.

A atividade de conservação e limpeza, em relação ao banco, insere-se no rol de suas atribuições secundárias, cuja legalidade da terceirização, juntamente com os serviços de vigilância (Lei nº 7.102/1983) e outros de mesma natureza acessória (atividades-meio), encontram arrimo na jurisprudência cristalizada no item III da Súmula nº 331 do C. TST, desde que ausentes a pessoalidade e a subordinação direta entre os trabalhadores terceirizados e a empresa tomadora dos respectivos serviços.

Gabarito: A

Capítulo 5
Contrato de Trabalho e Temas Correlatos

• • •

38. (NCE/UFRJ – TRT/ES – Analista Judiciário – 1999) É correto definir contrato de trabalho como:
   a) ajuste expresso, escrito e registrado, cujo conteúdo diga respeito aos direitos e obrigações assumidos por empregado e empregador;
   b) ajuste expresso, escrito ou verbal, cujo conteúdo diga respeito aos direitos e obrigações assumidos por empregado e empregador;
   c) acordo tácito ou expresso correspondente à relação de trabalho;
   d) acordo tácito ou expresso correspondente à relação de emprego;
   e) ajuste expresso ou tácito mediante o qual duas ou mais pessoas físicas ou jurídicas estipulem condições de trabalho aplicáveis à relação de emprego ou de trabalho.

Comentários:

Pode-se definir contrato de trabalho como o negócio jurídico expresso (verbal ou por escrito) ou tácito por meio do qual uma pessoa física ou natural (empregado) obriga-se a prestar serviços de natureza não eventual a um tomador (empregador – pessoa física, jurídica ou ente despersonalizado a quem a lei atribua aptidão para atos da vida civil), com pessoalidade (*intuitu personae*), onerosidade e subordinação jurídica.

De acordo com o disposto no art. 442, *caput*, da CLT: "*Contrato individual de trabalho é o acordo tácito ou expresso, correspondente à relação de emprego.*"

São inúmeras as críticas relacionadas a esta definição legal. Isso porque não indica os elementos constitutivos do contrato de trabalho. Ademais, o contrato de trabalho não corresponde à relação de emprego, mas acarreta a configuração do vínculo empregatício. Por fim, se cria um círculo vicioso entre as ideias de contrato e de relação de emprego.

A definição legal procurou conjugar conceitos inerentes a teorias distintas, reverenciando as noções de liberdade e de vontade, nucleares à ideia de contrato (teoria contratualista), e de relação de emprego (teorias acontratualistas: da relação de trabalho e institucionalista).

Gabarito: D

39. (Esaf – Auditor-Fiscal do Trabalho – 2003) A relação de emprego é compreendida:
   a) como o negócio jurídico bilateral, firmado entre determinada empresa de prestação de serviços terceirizados e os respectivos tomadores de serviços;
   b) como o negócio jurídico bilateral, celebrado entre duas pessoas naturais ou jurídicas, pelo qual um deles se obriga a prestar serviços habituais em favor do outro, de acordo com as ordens que lhe forem dirigidas, mediante pagamentos periódicos;
   c) como o negócio jurídico bilateral, celebrado entre uma pessoa física e uma pessoa natural ou jurídica, pelo qual se obriga o primeiro a prestar serviços habituais em favor do segundo, conforme as ordens que lhe forem repassadas, mediante pagamentos periódicos;
   d) como o negócio jurídico bilateral, firmado para a execução de obra certa, por pessoa física, mediante o pagamento de quantia fixa previamente ajustada;
   e) como o negócio jurídico bilateral, destinado à execução – por pessoa natural ou jurídica, de forma habitual e onerosa – de atividades inerentes aos fins normais do negócio explorado pelo contratante.

Comentários:

A relação de emprego se configura a partir da celebração de um contrato de trabalho. Este pode ser conceituado como sendo o acordo expresso ou tácito (negócio jurídico bilateral), através do qual uma pessoa física (empregado) se obriga à prestação de serviços a uma pessoa física ou jurídica (empregador), com pessoalidade, não eventualidade, onerosidade e mediante subordinação jurídica.

De acordo com o art. 442, *caput*, da CLT, o contrato individual de trabalho é o acordo tácito ou expresso correspondente à relação de emprego.

Todavia, conforme já exposto na análise da questão anterior, este conceito legal não indica os elementos constitutivos do contrato de trabalho, sendo certo ainda que este não corresponde à relação de emprego, mas acarreta a configuração do vínculo empregatício. Por fim, cria-se um círculo vicioso entre as ideias de contrato e de relação de emprego.

Essa definição legal procurou conjugar conceitos inerentes a teorias distintas (contratualistas e acontratualistas).

Gabarito: C

40. (FCC – TRT/MS – Analista Judiciário – 2003) A caracterização da relação de emprego:
   a) é formal, requerendo ajuste expresso;
   b) dispensa forma especial;
   c) requer a pessoalidade quanto à figura do empregador;
   d) dispensa a pessoalidade na prestação de serviços;
   e) requer subordinação técnica.

Comentários:

A relação de emprego resulta da conjugação de determinados elementos constitutivos, sem os quais esta deixa de restar plenamente configurada.

Preceitua o art. 2º, *caput*, da CLT: "*Considera-se empregador a empresa, individual ou coletiva, que, assumindo os riscos da atividade econômica, admite, assalaria e dirige a prestação pessoal de serviço.*"

Por sua vez, estabelece o art. 3º, *caput*, da CLT: "*Considera-se empregado toda pessoa física que prestar serviços de natureza não eventual a empregador, sob a dependência deste e mediante salário.*"

A partir destes dispositivos legais, podem ser extraídos como requisitos configuradores da relação de emprego:

a) prestação de serviços por pessoa física a um tomador;
b) pessoalidade em relação ao empregado;
c) não eventualidade dos serviços prestados;
d) subordinação jurídica;
e) onerosidade.

A relação de emprego configura-se a partir de um trabalho não eventual, prestado *intuito personae* (pessoalidade), por pessoa física, em situação de subordinação (jurídica), e com onerosidade.

A figura do empregado deve ser sempre uma pessoa física ou natural, posto que os bens jurídicos a serem tutelados pelo Direito do Trabalho são inerentes a estas pessoas, não podendo ser usufruídos por pessoas jurídicas.

A celebração de ajuste com uma pessoa jurídica como a prestadora dos serviços afasta a configuração da relação de emprego. Somente o empregador é que pode ser uma pessoa física ou jurídica.

Por sua vez, o trabalho prestado por pessoa física não pressupõe necessariamente a existência de pessoalidade. Dessa forma, para a configuração da relação de emprego, é preciso que a prestação dos serviços tenha efetivo caráter de infungibilidade em relação ao trabalhador.

O contrato de trabalho é *intuito personae* com referência ao empregado, o qual não pode se fazer substituir de modo intermitente por outro obreiro durante a prestação dos serviços.

Por ser personalíssima a obrigação de prestar os serviços, esta não se transmite aos herdeiros e sucessores. O falecimento do empregado acarreta a extinção do contrato de trabalho.

A pessoalidade é pressuposto inerente apenas ao empregado. Isso porque vigora no Direito do Trabalho a característica da despersonificação da figura do empregador, extraída do art. 2º da CLT, que ressalta a vinculação do empregado à atividade econômica, independentemente de quem venha a ser o titular do empreendimento.

Por conseguinte, ainda que haja a alteração contratual subjetiva (cuja possibilidade se restringe ao empregador) não podem ser afetados os contratos de trabalho dos respectivos empregados, nem tampouco os direitos por estes adquiridos. Aplicação dos arts. 10 e 448 da CLT (sucessão de empregadores).

O princípio da continuidade da relação de emprego incentiva a permanência indefinida do vínculo empregatício, constituindo exceções expressas os casos de contratações delimitadas pelo tempo.

Essa importante noção de continuidade ou de permanência também se faz presente no momento da configuração da relação empregatícia.

É essencial à configuração do vínculo empregatício que o trabalho prestado tenha caráter permanente, mesmo que por um período previamente delimitado pelas partes, e não apenas esporádico ou eventual.

A legislação trabalhista não é aplicável ao trabalhador eventual, ainda que não haja dúvida quanto à subordinação na prestação dos serviços eventuais a serem prestados. Isso porque, resta ausente requisito essencial à configuração da relação empregatícia, qual seja, a "não eventualidade". Entende-se por trabalho não eventual aquele que se insere nas necessidades ordinárias e permanentes do empreendimento empresarial (fins normais da empresa).

A eventualidade não significa intermitência. Se, ainda que descontínua, a prestação for permanente, deixa de haver eventualidade.

Por sua vez, à disponibilidade da força de trabalho ao empregador deve corresponder uma contrapartida econômica em benefício do empregado, consubstanciada no complexo salarial.

O contrato de trabalho é bilateral, sinalagmático e oneroso, posto que envolve um conjunto de prestações e contraprestações recíprocas entre as partes, economicamente mensuráveis.

Essa onerosidade deve ser aferida sob a ótica do prestador dos serviços, sob duas dimensões de análise:

a) **Plano Objetivo:** manifesta-se pelo pagamento, por parte do empregador, de parcelas dirigidas a remunerar o empregado em função do contrato de trabalho pactuado.

b) **Plano Subjetivo:** manifesta-se pela intenção contraprestativa ou econômica conferida pelas partes, em especial pelo trabalhador, à prestação dos serviços. Busca-se aferir o *animus contrahendi*.

Por fim, a subordinação consiste na situação jurídica decorrente do contrato de trabalho, através da qual o empregado se submete ao poder de direção do empregador quanto ao modo de realização da prestação dos seus serviços.

No Direito do Trabalho, a subordinação é enfocada sob um prisma objetivo, posto que atua sobre o modo de realização da prestação dos serviços (*modus operandi*) e não sobre a pessoa do trabalhador.

No art. 3º, *caput*, da CLT, em que se escreve "*sob a dependência deste*", leia-se "mediante subordinação". A expressão "dependência" acentua o vínculo pessoal entre as partes, induzindo a um enfoque subjetivo da subordinação.

A subordinação que deriva do contrato de trabalho é de natureza jurídica, posto se tratar do polo reflexo do poder de direção do empregador, que também tem caráter jurídico, sobre o modo de realização da prestação dos serviços do empregado.

Quanto à forma do contrato, esta é o instrumento de exteriorização de um ato jurídico. O contrato de trabalho, via de regra, é do tipo não solene, informal ou consensual, podendo ser licitamente ajustado até mesmo de forma tácita (art. 442, *caput*, da CLT).
Gabarito: B

41. **(FCC – TRT/SE – Analista Judiciário – 2002) Ao contratar um azulejista para proceder à reforma em imóvel de sua propriedade, o proprietário está celebrando contrato de:**
    a) empreitada;
    b) experiência;
    c) trabalho temporário;
    d) trabalho por tempo indeterminado;
    e) trabalho por tempo determinado.

Comentários:
Ao contratar um azulejista para proceder à reforma de um imóvel de sua propriedade, o proprietário está celebrando um contrato de empreitada, tendo por objeto contratado a elaboração de determinada obra. O empreiteiro desenvolve seu trabalho de forma autônoma, e por conta própria. É um legítimo contrato de resultado.

Na relação de emprego, ao contrário, a prestação de serviços é realizada mediante subordinação jurídica, e por conta do tomador, que assume os riscos da atividade econômica. Outro importante requisito distintivo, neste caso específico, é a não eventualidade do trabalho, já que este deve se inserir nas necessidades ordinárias e permanentes do empreendimento. Trata-se de contrato de atividade, posto não ter como objeto a realização de uma obra, ou outro resultado específico, mas a própria prestação de serviços por parte do empregado.
Gabarito: A

42. **(Concurso XI do Ministério Público do Trabalho) A relação de emprego é o vínculo jurídico sobre o qual incide o Direito Individual do Trabalho. A respeito desta relação jurídica, pode-se dizer:**
    I. **a exploração econômica do serviço prestado pelo trabalhador é essencial para a configuração da relação de emprego;**
    II. **não há subordinação quando o trabalhador possui conhecimento técnico ou científico, quanto ao serviço realizado, superior ao daquele que lhe contrata;**
    III. **não se forma vínculo de emprego, por ausência de subordinação, quando o trabalhador presta serviço em sua própria residência, e para a execução das tarefas é auxiliado por membros de sua família.**
    A partir das afirmações supra, responda:
    a) apenas a afirmação I está correta;
    b) estão corretas as afirmações II e III;
    c) todas estão erradas;
    d) apenas a afirmação II está correta;
    e) não respondida.

Comentários:
I – Incorreta.

O art. 2º, *caput*, da CLT conceitua empregador como sendo a empresa, individual ou coletiva, que, assumindo os riscos da atividade econômica, admite, assalaria e dirige a prestação pessoal de serviço.

De acordo com o art. 3º da CLT, considera-se empregado toda pessoa física que prestar serviços de natureza não eventual a empregador, sob a dependência deste e mediante salário.

São requisitos configuradores da relação de emprego: o empregado como pessoa física; a pessoalidade (*intuitu personae*); a não eventualidade; a subordinação jurídica e a onerosidade. Alguns autores ainda acrescentam, como pressuposto do vínculo empregatício, a alteridade (assunção dos riscos da atividade econômica pelo empregador). No entanto, entendemos que a alteridade se trata de característica da figura do empregador, e não de requisito à configuração de uma relação de emprego.

Por sua vez, a exploração econômica do serviço não é requisito essencial à configuração do vínculo de emprego. Cite-se, como exemplo, o servidor público celetista (empregado público) e empregado doméstico.

Ademais, o art. 2º, § 1º, da CLT equipara à figura do empregador os profissionais liberais, as instituições de beneficência, as associações recreativas ou outras instituições sem fins lucrativos (que não exerçam atividade econômica), que admitirem trabalhadores como empregados. Trata-se do empregador por equiparação ou por extensão legal.

II – Incorreta.

A subordinação jurídica, e não a técnica ou a econômica, é que constitui requisito indispensável à configuração da relação de emprego. O empregador deve dirigir a prestação dos serviços, ou seja, o *modus operandi* (execução) do contrato, não devendo recair essa subordinação sobre a pessoa do trabalhador. Trata-se de situação jurídica inerente à figura do empregado, contraposta ao poder diretivo do empregador.

III – Incorreta.

Nos termos do art. 6º da CLT: "Não se distingue entre o trabalho realizado no estabelecimento do empregador e o executado no domicílio do empregado, desde que esteja caracterizada a relação de emprego."

Desde que restem configurados os requisitos previstos no art. 3º da CLT, é totalmente indiferente o local da prestação dos serviços. Em se tratando de trabalho realizado no domicílio do empregado, a doutrina vem se posicionando no sentido de que o eventual auxílio de membros da família não afasta a pessoalidade ínsita à relação empregatícia.

Gabarito: C

43. (FCC – TRT/RN – Analista Judiciário – 2003) Após a admissão do empregado, as anotações na CTPS deverão ser efetuadas no prazo de:
   a) 24 horas;
   b) 36 horas;
   c) 48 horas;
   d) 72 horas;
   e) 96 horas.

Comentários:

Nos termos do art. 13, *caput*, da CLT, a Carteira de Trabalho e Previdência Social é obrigatória para o exercício de qualquer emprego, inclusive de natureza rural, ainda que em caráter temporário, e para o exercício por conta própria de qualquer atividade profissional remunerada.

Após a admissão do empregado, as anotações na CTPS devem ser efetuadas no prazo de 48 (quarenta e oito) horas, conforme previsão contida no art. 29, *caput*, da CLT, *in litteris*:

> A Carteira de Trabalho e Previdência Social será obrigatoriamente apresentada, contra recibo, pelo trabalhador ao empregador que o admitir, o qual terá o prazo de quarenta e oito horas para nela anotar, especificamente, a data de admissão, a remuneração e as condições especiais, se houver, sendo facultada a adoção de sistema manual, mecânico ou eletrônico, conforme instruções a serem expedidas pelo Ministério do Trabalho.

Nas localidades onde não for emitida a Carteira de Trabalho e Previdência Social poderá ser admitido, até 30 (trinta) dias, o exercício de emprego ou atividade remunerada por quem não a possua, ficando a empresa obrigada a permitir o comparecimento do empregado ao posto de emissão mais próximo (CLT, art. 13, § 3º).

As anotações concernentes à remuneração devem especificar o salário, qualquer que seja sua forma de pagamento, seja ele em dinheiro ou em utilidades, bem como a estimativa da gorjeta (CLT, art. 29, § 1º).

Gabarito: C

44. (Esaf – TRT/CE – Analista Judiciário – 2003) A propósito do contrato de trabalho, aponte a opção INCORRETA.
   a) como forma de proteção aos interesses do trabalhador, o contrato individual de trabalho deve ser anotado na Carteira de Trabalho e Previdência Social do trabalhador, sob pena de nulidade absoluta e de incidência da sanção administrativa ao empregador;
   b) é perfeitamente válido quando firmado por trabalhador com idade igual a 17 anos de idade, independentemente de autorização de seus representantes legais;
   c) tratando-se de contrato firmado em caráter de experiência, deverá observar o prazo máximo de 90 dias, admitida uma única prorrogação dentro desse período;
   d) qualquer alteração das cláusulas do contrato de trabalho só será válida se contar com a expressa aquiescência do trabalhador e, ainda assim, desde que não lhe resultem prejuízos diretos ou indiretos, sob pena de nulidade;
   e) o contrato de trabalho é comutativo, sinalagmático e de trato sucessivo.

Comentários:

a) Incorreta.

Com fundamento no art. 29, *caput*, da CLT, o empregador tem o dever de anotar a CTPS do empregado no prazo de 48 horas. Trata-se de norma cogente ou de ordem pública, ou seja, inderrogável pela vontade das partes. Independentemente de manifestação em contrário do trabalhador favorecido, é dever imposto pela lei a anotação do contrato de trabalho na CTPS do empregado.

Todavia, por ser o contrato de trabalho um contrato consensual, informal ou não solene, prescindindo, em regra, de formalidade para sua configuração (arts. 442, *caput*, e 443, *caput*, da CLT), o fato de o empregador não proceder à anotação da CTPS do empregado não acarreta a nulidade absoluta do contrato de trabalho, sendo, porém, passível de sofrer a aplicação de penalidade administrativa pela fiscalização do trabalho.

b) Correta.

A capacidade das partes é elemento essencial do contrato de trabalho, condicionando a validade do respectivo pacto laboral. É a aptidão reconhecida pelo Direito do Trabalho para o exercício dos atos da vida laborativa.

Quanto ao empregado, a capacidade plena para o exercício de atos da vida trabalhista inicia-se aos 18 (dezoito) anos de idade (art. 402 da CLT). É a **maioridade trabalhista**.

Entre 16 (dezesseis) e 18 (dezoito) anos de idade, situa-se a capacidade relativa do empregado para os atos da vida trabalhista, exceto a partir dos 14 (quatorze) anos de idade, nos contratos de aprendizagem (arts. 7º, inciso XXXIII, da CF/1988, e 402 a 405 da CLT).

A capacidade relativa do obreiro permite que ele pratique certos atos da vida trabalhista, sem a assistência de seus responsáveis legal, como, por exemplo, a assinatura de recibo de pagamento de salários (art. 439, primeira parte, da CLT), assim como das demais parcelas contraprestativas.

Se a lei, atualmente, não exige a autorização do responsável legal do menor de 18 (dezoito) anos para expedição da CTPS (art. 16, *caput* e parágrafo único, da CLT), assegurando a capacidade deste para dar quitação quanto à percepção de verbas salariais, não deve ser exigida a assistência do representante para a celebração do contrato de trabalho.

Contudo, existem outros atos que somente podem ser praticados com a devida assistência de seus responsáveis legais. Como exemplo, pode-se citar a assinatura do termo de rescisão contratual (art. 439, segunda parte, da CLT).

Na esfera processual, o ajuizamento da ação trabalhista também exige a regular assistência do responsável legal.

Estabelece o art. 793 da CLT: *"A reclamação trabalhista do menor de 18 anos será feita por seus representantes legais e, na falta destes, pela Procuradoria da Justiça do Trabalho, pelo sindicato, pelo Ministério Público estadual ou curador nomeado em Juízo."*

Ainda que o menor esteja assistido pelo seu representante legal, faz-se obrigatória a intervenção do Ministério Público do Trabalho, nos termos dos arts. 83, incisos II e V, e 112 da Lei Complementar nº 75/1993, e 82, inciso I, do CPC, sob pena de nulidade do processo.

Existem, ainda, atos trabalhistas que são vedados ao menor de 18 (dezoito) anos, como exemplos: trabalho noturno, perigoso ou insalubre (arts. 7º, inciso XXXIII, da CF/1988, e 404 e 405, inciso I, da CLT), e em locais e serviços prejudiciais à sua formação, ao seu desenvolvimento físico, psíquico, moral e social, e em horários e locais que não permitam a frequência à escola (art. 403, parágrafo único, e 405, inciso II, da CLT).

c) Correta.

O contrato de experiência é o ajuste a termo firmado entre empregado e empregador, tendo por finalidade a aferição de aspectos relevantes à continuidade ou à extinção da relação empregatícia. São aferidos, pelas partes contratantes, aspectos objetivos, subjetivos e circunstanciais inerentes à prestação dos serviços.

É espécie de contrato de trabalho por prazo determinado, nos moldes do art. 443, § 3º, alínea *c*, da CLT. Também conhecido como **contrato de prova**, **contrato a contento** ou **contrato de tirocínio**.

Caracteriza-se como contrato de trabalho por prazo determinado cujo prazo de duração não pode extrapolar 90 (noventa) dias, conforme previsão contida no art. 445, parágrafo único, da CLT.

Produz todos os efeitos jurídicos de um contrato de trabalho a prazo, além de não haver obrigação legal de pactuação de novo contrato após o contexto da experimentação.

Por consistir em modalidade de contrato de trabalho a prazo, este pode ser prorrogado uma única vez (art. 451 da CLT), respeitado o prazo máximo de 90 (noventa) dias (art. 445, parágrafo único, da CLT), sob pena de conversão em contrato de trabalho por prazo indeterminado.

d) Correta.

De acordo com o art. 468 da CLT: "*Nos contratos individuais de trabalho só é lícita a alteração das respectivas condições por mútuo consentimento, e ainda assim desde que não resultem, direta ou indiretamente, prejuízos ao empregado, sob pena de nulidade da cláusula infringente desta garantia.*"

Nos contratos de trabalho, são vedadas alterações objetivas contratuais lesivas ao empregado (unilaterais ou bilaterais). Trata-se do princípio da condição mais benéfica ou da inalterabilidade contratual lesiva ao empregado.

e) Correta.

O contrato de trabalho é sinalagmático e comutativo, em razão da reciprocidade dos direitos e obrigações contratuais, havendo, ao menos em tese, equivalência entre as respectivas prestações onerosas.

Na relação de emprego, este caráter sinalagmático é aferido pelo conjunto contratual, e não pela específica relação **trabalho x salário**. Logo, os casos de interrupção do contrato de trabalho e de existência de obrigações trabalhistas sem a efetiva prestação de serviços não desnatura a sinalagmática do ajuste.

É um contrato de trato sucessivo ou de débito permanente, posto que as obrigações contratuais trabalhistas se sucedem de forma contínua e permanente ao longo da vigência do pacto laboral. A continuidade e a permanência são relevantes características do contrato de trabalho, ao contrário de outros contratos dotados de caráter instantâneo ou eventual.

Gabarito: A

45. **(Fundec – TRT/BA – Analista Judiciário – 2003) Com relação ao contrato de trabalho, é correto afirmar que:**
    a) pode ser celebrado entre uma construtora e uma pequena empresa de mão de obra;
    b) somente se prova pelas anotações constantes da CTPS ou por instrumento escrito;
    c) é permitido contrato por prazo determinado para a execução de atividade de caráter transitório;
    d) o contrato de experiência não pode ser prorrogado;
    e) em caso de falência da empresa, os direitos decorrentes dos contratos de trabalho ficam automaticamente extintos.

Comentários:

a) Incorreta.

O empregado deve ser pessoa física ou natural, não podendo haver a celebração de um contrato de trabalho entre duas pessoas jurídicas, ressalvadas as hipóteses em que a constituição da pessoa jurídica contratada tenha intuito de fraude, a justificar a aplicação do princípio da primazia da realidade, com base no art. 9º da CLT.

b) Incorreta.

O contrato de trabalho pode ser celebrado de forma expressa (verbal ou escrita) ou tácita, nos termos dos arts. 442, *caput*, e 443, *caput*, da CLT. É um contrato consensual, informal ou não solene, pois prescinde, em regra, de qualquer formalidade para sua validade.

c) Correta.

Conforme previsão contida no art. 443, § 2º, da CLT, o contrato por prazo determinado só será válido em se tratando: a) de serviço cuja natureza ou transitoriedade justifique a predeterminação do prazo; b) de atividades empresariais de caráter transitório; e c) de contrato de experiência.

d) Incorreta.

O contrato de experiência, por ser espécie de contrato de trabalho por prazo determinado, pode ser prorrogado por uma única vez (art. 451 da CLT), respeitado o prazo máximo de 90 (noventa) dias (art. 445, parágrafo único, da CLT).

Neste sentido, inclusive, o entendimento contido na Súmula nº 188 do C. TST: "*O contrato de experiência pode ser prorrogado, respeitado o limite máximo de 90 (noventa) dias.*"

e) Incorreta.

De acordo com o art. 449, *caput*, da CLT, os direitos oriundos da existência do contrato de trabalho subsistirão em caso de falência, concordata ou dissolução da empresa.

Atualmente, com o advento da Lei nº 11.101/2005, que regulamenta o processo de falência e os de recuperação extrajudicial e judicial, não mais subsiste o instituto da concordata.

Gabarito: C

46. (NCE/UFRJ – TRT/PR – Analista Judiciário – 1998). Segundo a lei, as relações contratuais de trabalho podem ser objeto de livre estipulação entre as partes interessadas, desde que não contravenham:
   a) aos interesses familiares e de aprimoramento profissional do empregado;
   b) às disposições de proteção ao trabalho, aos contratos coletivos que lhes sejam aplicáveis e às decisões das autoridades competentes;
   c) às regras básicas de proteção aos interesses econômicos, fundamentais ao desenvolvimento do estado, que representa uma nação politicamente organizada;
   d) aos interesses econômicos da atividade do empregador;
   e) às regras previstas em convenções e tratados internacionais, ratificados ou não pelo Brasil.

Comentários:

Segundo a norma prevista no art. 444 da CLT: "*As relações contratuais de trabalho podem ser objeto de livre estipulação das partes interessadas em tudo quanto não contravenha às disposições de proteção ao trabalho, aos contratos coletivos que lhes sejam aplicáveis e às decisões das autoridades competentes.*"

Gabarito: B

47. (NCE/UFRJ – TRT/PR – Analista Judiciário – 1998) O contrato de trabalho regido pelas regras do tempo determinado transforma-se em contrato por tempo indeterminado:
   a) se houver acordo de prorrogação do prazo;
   b) no caso de ser prorrogado por mais de uma vez;
   c) quando houver cláusula assecuratória do direito recíproco de rescisão do contrato;
   d) quando celebrado a título de experiência, pelo prazo de trinta dias, com previsão de nova prorrogação em igual prazo;
   e) quando houver cláusula de direito recíproco de rescisão contratual.

Comentários:

Nos termos do art. 443, § 1º, da CLT: *"Considera-se como de prazo determinado o contrato de trabalho cuja vigência dependa de termo prefixado ou da execução de serviços especificados ou ainda da realização de certo acontecimento suscetível de previsão aproximada."*

Por sua vez, segundo a norma contida no art. 443, § 2º, alíneas *a* a *c*, da CLT: *"O contrato por prazo determinado só será válido em se tratando: a) de serviço cuja natureza ou transitoriedade justifique a predeterminação do prazo; b) de atividades empresariais de caráter transitório; c) de contrato de experiência."*

Quanto ao prazo máximo de duração, o art. 445, *caput*, da CLT dispõe: *"O contrato de trabalho por prazo determinado não poderá ser estipulado por mais de 2 (dois) anos, observada a regra do art. 451."*

Já o contrato de experiência não pode exceder a 90 (noventa) dias, conforme o comando do art. 445, parágrafo único, da CLT, sendo, porém, admitida uma única prorrogação, desde que respeitado o referido prazo máximo (Súmula nº 188 do C. TST).

De acordo com o art. 451 da CLT, se o contrato de trabalho por prazo determinado for prorrogado mais de uma vez, de forma tácita ou expressa, este passará a vigorar como contrato de trabalho por prazo indeterminado.

Também é considerado por prazo indeterminado todo contrato que suceder, dentro de 6 (seis) meses, a outro contrato por prazo determinado, salvo se a expiração deste dependeu da execução de serviços especializados ou da realização de certos acontecimentos. É a norma contida no art. 462 da CLT.

Em face do princípio da continuidade da relação de emprego, o contrato de trabalho, quando celebrado, presume-se por prazo indeterminado. Por se tratar de modalidade excetiva de contratação empregatícia, o contrato a prazo deve observar todas as exigências legais.

A inobservância das regras de contratação previstas nos arts. 443, §§ 1º e 2º, alíneas *a* a *c*, 445, *caput* e parágrafo único, 451 e 452 da CLT implicam a configuração do fenômeno da indeterminação contratual automática, ou seja, os contratos a termo passam a vigorar sem determinação de prazo.

Conforme o art. 481 da CLT, aos contratos por prazo determinado que contenham cláusula assecuratória do direito recíproco de rescisão antecipada, aplicam-se, caso seja exercido tal direito por qualquer das partes, os princípios que regem a rescisão dos contratos por prazo indeterminado. Todavia, a existência desta cláusula, por si só, não implica a conversão do contrato a termo em prazo indeterminando, limitando-se seus efeitos à época da ruptura contratual antecipada.

Gabarito: B

48. **(Fundec – TRT/BA – Analista Judidicário – 2003) Os livros de registro de empregados:**
    a) são obrigatórios apenas para as empresas que desenvolvem atividades insalubres ou perigosas;
    b) são obrigatórios para todas as atividades;
    c) não são obrigatórios;
    d) são obrigatórios apenas para as empresas que empregam menores;
    e) são obrigatórios apenas para as empresas que têm mais de 10 empregados.

Comentários:

Nos moldes do art. 41, *caput*, da CLT: *"Em todas as atividades será obrigatório para o empregador o registro dos respectivos trabalhadores, podendo ser adotados livros, fichas ou sistema eletrônico, conforme instruções a serem expedidas pelo Ministério do Trabalho."*

Gabarito: B

49. **(III Concurso da Magistratura – TRT/RJ – 2004) A empregada Paula ajuíza ação trabalhista em face da empresa Representações Carioca Ltda., aduzindo ter sido admitida como auxiliar de escritório em 02/01/2004, com salário de R$ 500,00, mais promessa de comissões de 5% sobre as vendas efetuadas, laborando de segunda a sexta-feira, sendo dispensada, sem justa causa, em 14/2008/2004. Destaca que se esmerou em sua atuação, fazendo contatos com vários clientes, trazendo para a empresa lucros através de excelentes vendas. Além desta função de auxiliar de escritório e auxiliar de vendas, recebeu determinação da sócia da reclamada para realizar a faxina geral do local de trabalho, uma vez por semana. Apesar disso, além de não receber as comissões prometidas, não teve o respectivo registro contratual anotado na CTPS. Paula apresenta como prova de suas alegações uma declaração em que Carla, a sócia de Representações Carioca Ltda., confirma a prestação do serviço de Paula à empresa, o tipo de atividade e o salário percebido, conforme apontados na inicial. Vem aos autos, também, uma série de documentos que correspondem a orçamentos em papel com o timbre da reclamada, bem como comunicações via fax, elaborados e assinados pela reclamante. A reclamada contesta o pedido, alegando que Paula era faxineira autônoma na residência da sócia Carla, local, aliás, onde funciona a empresa. Destaca que eventuais atendimentos a telefonemas e a anotação de recados nos dois dias por semana em que a reclamante comparecia, não configura vínculo empregatício entre as partes. Sustenta que a declaração acostada aos autos realmente foi prestada pela sócia, porém, para atender a uma necessidade particular da reclamante. Finalmente, informa que a reclamante deixou de trabalhar espontaneamente. A par da prova documental acima referida, foram apresentadas como testemunhas, uma amiga íntima da reclamante, e um vizinho da reclamada. A primeira foi contraditada e teve o depoimento dispensado pela reclamante. O segundo soube informar, apenas, que via a reclamante comparecer à reclamada mais de duas vezes por semana. Com base na prova colhida, assinale a opção CORRETA.**
    a) Há relação de emprego doméstico entre a reclamante Paula e a sócia Carla, a ser reconhecida nos mesmos autos, pois a declaração prestada pela sócia não tem qualquer valor probante, sendo prática usual esse tipo de favor.

b) Admitido por sentença o vínculo empregatício entre Paula e Representações Carioca Ltda., incide no caso a jurisprudência sumulada do TST, no que tange ao ônus da prova do motivo determinante do término do contrato, que é do empregado.
c) Admitido por sentença o vínculo empregatício entre Paula e Representações Carioca Ltda., nos termos do art. 3º, da CLT, bem como a dispensa imotivada, com aviso prévio indenizado computado ao tempo de serviço, o décimo terceiro salário devido corresponde à proporção de 9/12.
d) Há relação de emprego, nos termos do art. 3º, da CLT, firmada entre Paula e Representações Carioca Ltda.
e) Há relação de emprego doméstico, visto que a prestação de serviços se desenvolvia na residência da sócia da reclamada, onde, inclusive, a própria reclamante confessou realizar faxinas.

Comentários:

De acordo com o contexto fático-probatório narrado na questão, não houve vínculo de emprego doméstico entre as partes, mas trabalho pessoal e subordinado por parte da reclamante na função de auxiliar de escritório e de vendas.

A prova documental produzida, notadamente os orçamentos em papel com o timbre da reclamada, bem como comunicações via fax, elaborados e assinados pela reclamante, demonstram a natureza dos serviços prestados pela obreira.

O art. 368 do CPC dispõe que as declarações constantes do documento particular, escrito e assinado, ou somente assinado, presumem-se verdadeiras em relação ao signatário. Todavia, preconiza a norma prevista no parágrafo único deste mesmo artigo que, quando contiver declaração de ciência, relativa a determinado fato, o documento particular prova a declaração, mas não o fato declarado, competindo ao interessado em sua veracidade o ônus de provar o fato.

Não obstante o anteriormente exposto, não fora emitida pela sócia Carla, na hipótese, uma declaração de ciência de determinado fato, mas declaração confirmando a prestação do serviço de Paula à empresa, o tipo de atividade e o salário percebido, conforme apontados na inicial. Assim sendo, não há dúvida acerca do valor probatório dessa declaração em favor da tese autoral, não se podendo presumir, a princípio, qualquer prática de favor.

A testemunha arrolada pela reclamada não confirma a tese esposada na defesa de que a reclamante trabalhava apenas duas vezes por semana, o que também vem a corroborar os termos da inicial.

Quanto ao ônus de provar o término do contrato de trabalho, este é do empregador, em aplicação ao princípio da continuidade da relação de emprego.

Neste sentido, o posicionamento contido na Súmula nº 212 do C. TST: "O ônus de provar o término do contrato de trabalho, quando negados a prestação de serviço e o despedimento, é do empregador, pois o princípio da continuidade da relação de emprego constitui presunção favorável ao empregado."

Por não ter se desincumbido a empresa empregadora de comprovar o desligamento espontâneo da reclamante, configura-se a dispensa imotivada, computando-se o tempo de serviço referente ao aviso prévio indenizado, para todos os fins, conforme a inteligência do § 1º do art. 487 da CLT e o entendimento uniformizado na OJ nº 82 da SBDI-1 do C. TST, in verbis: "*A data de saída a ser anotada na CTPS deve corresponder à do término do prazo do aviso prévio, ainda que indenizado.*"

Admitida em 02/01/2004 e dispensada em 14/08/2004, projeta-se a data do término contratual para 14/09/2004, em razão do aviso prévio indenizado. Assim, o décimo terceiro salário devido corresponderá a 08/12 (oito doze avos), haja vista a norma prevista no § 1º do art. 1º da Lei nº 4.090/1962: "*A fração igual ou superior a 15 (quinze) dias de trabalho será havida como mês integral para os efeitos do parágrafo anterior.*"

Gabarito: D

50. **(III Concurso da Magistratura – TRT/RJ – 2004) Analise as proposições abaixo e assinale, a seguir, a resposta CORRETA a respeito do trabalho voluntário:**
    I. **Não pode a instituição religiosa contratar profissionais para atendimento de tarefas que não sejam religiosas, sob o regime celetista, na qualidade de empregadora.**
    II. **O prestador do serviço voluntário não poderá ser ressarcido pelas despesas que realizar no desempenho das atividades voluntárias, sob pena de se descaracterizar o trabalho voluntário.**
    III. **É trabalho voluntário o serviço prestado de forma espontânea e gratuita a entidades filantrópicas.**
    IV. **Para que não haja relação de emprego entre o prestador de serviço voluntário e o ente público ou privado a legislação exige a assinatura do termo de adesão.**
    V. **O serviço voluntário não gera vínculo empregatício, gerando, contudo, obrigação de natureza previdenciária.**
    a) as alternativas I e III estão erradas;
    b) as alternativas II e IV estão erradas;
    c) as alternativas I e v estão corretas;
    d) as alternativas III e IV estão corretas;
    e) as alternativas II e v estão corretas.

Comentários:

I – Incorreta.

Nos termos do art. 2º, § 1º, da CLT: "*Equiparam-se ao empregador, para os efeitos exclusivos da relação de emprego, os profissionais liberais, as instituições de beneficência, as associações recreativas ou outras instituições sem fins lucrativos, que admitirem trabalhadores como empregados.*"

II – Incorreta.

Conforme estabelece o art. 3º, caput, da Lei nº 9.608/1998: "*O prestador do serviço voluntário poderá ser ressarcido pelas despesas que comprovadamente realizar no desempenho das atividades voluntárias.*"

III – Correta.

Dispõe o art. 1º, *caput*, da Lei nº 9.608/1998: "*Considera-se serviço voluntário, para fins desta Lei, a atividade não remunerada, prestada por pessoa física à entidade pública de qualquer natureza, ou à instituição privada de fins não lucrativos, que tenha objetivos cívicos, culturais, educacionais, científicos, recreativos ou de assistência social, inclusive mutualidade.*"

IV – Correta.

Preconiza o art. 2º da Lei nº 9.608/1998: "*O serviço voluntário será exercido mediante a celebração de termo de adesão entre a entidade, pública ou privada, e o prestador do serviço voluntário, dele devendo constar o objeto e as condições de seu exercício.*"

V – Incorreta.

Consoante a disposição contida no art. 1º, parágrafo único, da Lei nº 9.608/1998: "*O serviço voluntário não gera vínculo de emprego, nem obrigação de natureza trabalhista, previdenciária ou afim.*"

Gabarito: D

51. **(III Concurso da Magistratura – TRT/RJ – 2004) Determinada empresa resolve efetuar a contratação de empregados, fazendo constar do contrato uma cláusula estabelecendo termo final que se dará quando da ocorrência de um evento futuro e incerto. Neste caso, assinale a opção correta:**
    a) O contrato firmado nas condições anteriormente narradas é nulo e, portanto, não produz efeitos.
    b) A cláusula é nula e o contrato terá vigência por prazo indeterminado.
    c) O contrato é lícito porque a lei trabalhista estabelece a possibilidade de contratação a termo eventual.
    d) O contrato é nulo, mas o empregado tem direito ao valor correspondente aos salários, uma vez que colocou em favor do empregador a sua força de trabalho.
    e) O contrato firmado nas condições anteriormente narradas é um negócio jurídico anulável, razão pela qual os efeitos dele decorrentes serão produzidos antes e após o advento do termo.

Comentários:

Considera-se como de prazo determinado o contrato de trabalho cuja vigência dependa de termo prefixado ou da execução de serviços especificados ou ainda da realização de certo acontecimento suscetível de previsão aproximada (CLT, art. 443, § 1º).

Logo, para que se considere válido o contrato de trabalho a prazo, é indispensável que o seu término esteja condicionado a evento futuro e certo (termo), e não a evento futuro e incerto (condição).

Registre-se, por oportuno, que não se exige que se saiba de antemão a verificação cronológica exata deste termo final. Este pode ser um termo certo (prefixado) ou incerto (execução de serviços especificados ou realização de certo acontecimento suscetível de previsão aproximada).

Extrai-se da inteligência do dispositivo consolidado acima transcrito, ser nula de pleno direito a cláusula de contrato de trabalho por prazo determinado que condicione o seu termo final à ocorrência de evento futuro e incerto. Neste caso, a sua vigência será por prazo indeterminado.

Gabarito: B

52. **(II Concurso da Magistratura – TRT/RJ – 2004) Analisando as proposições abaixo:**
    I. **Como regra geral, a ordem jurídica vigente no campo do Direito do Trabalho admite a alteração subjetiva do contrato de emprego, seja quanto ao empregado, seja quanto ao empregador.**
    II. **Na CLT, a indeterminação da duração do contrato de trabalho constitui regra geral, admitidas apenas as exceções legalmente especificadas.**
    III. **A CLT admite o contrato de experiência por prazo determinado, com duração máxima de 1 (um) ano.**
    IV. **Por força de legislação extravagante, as convenções coletivas poderão instituir contrato de trabalho por prazo determinado, independentemente das condições estabelecidas na CLT, a fim de pactuar admissões que representem acréscimo no número de empregados.**
    V. **A CLT não permite que o empregador efetue descontos salariais resultantes de Acordo Coletivo.**

    Assinale:
    a) se apenas as afirmativas I e III estão corretas;
    b) se apenas a afirmativa II está correta;
    c) se apenas as afirmativas III e v estão corretas;
    d) se apenas a afirmativa v está correta;
    e) se apenas as afirmativas II e IV estão corretas.

Comentários:
I – Incorreta.

Como regra geral, a ordem jurídica trabalhista admite a alteração subjetiva do contrato de trabalho somente com relação ao empregador, sendo o pacto laboral *intuito personae* em relação ao empregado.

A pessoalidade no tocante à figura do empregado é requisito da relação de emprego, não se admitindo que o prestador de serviços se faça substituir por outro trabalhador, de forma intermitente, ao longo de suas atividades.

O objeto do contrato de trabalho é obrigação de caráter personalíssimo, a qual não se transmite aos sucessores do empregado falecido. Dessa forma, a morte do empregado implica, de forma inexorável, a extinção do pacto laboral.

Quanto ao empregador, o art. 2º, *caput*, da CLT o define como a empresa, individual ou coletiva, que, assumindo os riscos da atividade econômica, admite, assalaria e dirige a prestação pessoal de serviços.

Na verdade, não pretendeu o legislador erigir a empresa à condição de sujeito de direito, mas ressaltar que o empregado, com sua admissão, vincula-se à atividade econômica desenvolvida pelo titular do empreendimento. Assim, qualquer mudança na propriedade ou alteração na estrutura jurídica da empresa não afetará os contratos de trabalho e os direitos adquiridos por seus empregados (arts. 10 e 448 da CLT). É o que denomina sucessão de empresas ou de empregadores.

II – Correta.

Em razão do princípio da continuidade da relação de emprego, o contrato de trabalho por prazo indeterminado constitui a regra geral do ordenamento jurídico trabalhista, ressalvadas as hipóteses previstas nos §§ 1º e 2º do art. 443 da CLT, que disciplinam o contrato a termo.

III – Incorreta.

Nos termos do art. 445, parágrafo único, da CLT: "*O contrato de experiência não poderá exceder de 90 (noventa) dias.*"

IV – Correta.

O art. 1º, *caput*, da Lei nº 9.601/1998 autoriza que as convenções e os acordos coletivos de trabalho possam instituir contrato de trabalho por prazo determinado, de que trata o art. 443 da Consolidação das Leis do Trabalho – CLT, independentemente das condições estabelecidas em seu § 2º, em qualquer atividade desenvolvida pela empresa ou estabelecimento, para admissões que representem acréscimo no número de empregados.

V – Incorreta.

Segundo a previsão contida no art. 462, *caput*, da CLT, ao empregador é vedado efetuar qualquer desconto nos salários do empregado, salvo quando este resultar de adiantamentos, de dispositivos de lei ou de contrato coletivo.

Onde se escreve "contrato coletivo", leia-se "convenções e acordos coletivos de trabalho".

Gabarito: E

53. **(II Concurso da Magistratura – TRT/RJ – 2004) Com o contrato de trabalho o empregado assume obrigação de:**
    a) fazer, infungível;
    b) fazer, fungível;
    c) dar coisa certa;
    d) não fazer;
    e) dar coisa incerta.

Comentários:

O contrato de trabalho tem por objeto a prestação de serviços (obrigação de fazer), de forma pessoal (infungível) e subordinada (subordinação jurídica).

A pessoalidade no tocante à figura do empregado é requisito da relação de emprego, não se admitindo que o prestador de serviços se faça substituir por outro trabalhador, de forma intermitente, ao longo de suas atividades.

O objeto do contrato de trabalho consiste em obrigação de fazer infungível, ou seja, de caráter personalíssimo, a qual não se transmite aos sucessores do empregado falecido. Dessa forma, a morte do empregado implica, de forma inexorável, a extinção do pacto laboral.

Gabarito: A

54. (XI Concurso do Ministério Público do Trabalho) No que tange aos contratos especiais de trabalho, aponte a alternativa CORRETA.
   a) O exercício remunerado do magistério, em estabelecimentos particulares de ensino, exige apenas habilitação legal e registro no Ministério do Trabalho.
   b) Num mesmo estabelecimento de ensino não poderá o professor ministrar, em cada turno, mais de quatro aulas consecutivas, nem mais de seis aulas intercaladas.
   c) Nos portos organizados, a movimentação e armazenagem de mercadorias será responsabilidade do operador portuário que, para tanto, deve constituir, em cada porto organizado, um órgão de gestão de mão de obra do trabalho portuário.
   d) O regime especial de 06 (seis) horas de trabalho não se aplica aos empregados de portaria e de limpeza, tais como porteiros, telefonistas de mesa, contínuos e serventes, empregados em bancos e casas bancárias.
   e) Não respondida.

Comentários:

a) Incorreta.

Preconiza o art. 317 da CLT: *"O exercício remunerado do magistério, em estabelecimentos particulares de ensino, exigirá apenas habilitação legal e registro no Ministério da Educação."*

b) Incorreta.

Nos termos do art. 318 da CLT: *"Num mesmo estabelecimento de ensino não poderá o professor dar, por dia, mais de quatro aulas consecutivas, nem mais de seis, intercaladas."*

c) Correta.

De acordo com o art. 8º da Lei nº 8.630/1993, cabe aos operadores portuários a realização das operações portuárias previstas nesta lei.

Por sua vez, estabelece o art. 18 deste mesmo diploma legal que os operadores portuários, devem constituir, em cada porto organizado, um órgão de gestão de mão de obra do trabalho portuário, tendo como finalidade:

I – administrar o fornecimento da mão de obra do trabalhador portuário e do trabalhador portuário-avulso;

II – manter, com exclusividade, o cadastro do trabalhador portuário e o registro do trabalhador portuário avulso;

III – promover o treinamento e a habilitação profissional do trabalhador portuário, inscrevendo-o no cadastro;

IV – selecionar e registrar o trabalhador portuário avulso;

V – estabelecer o número de vagas, a forma e a periodicidade para acesso ao registro do trabalhador portuário avulso;

VI – expedir os documentos de identificação do trabalhador portuário;

VII – arrecadar e repassar, aos respectivos beneficiários, os valores devidos pelos operadores portuários, relativos à remuneração do trabalhador portuário avulso e aos correspondentes encargos fiscais, sociais e previdenciários.

d) Incorreta.

De acordo com o art. 226, *caput*, da CLT, o regime especial de 6 (seis) horas de trabalho também se aplica aos empregados de portaria e de limpeza, tais como porteiros, telefonistas de mesa, contínuos e serventes, empregados em bancos e casas bancárias.

Gabarito: C

55. **(X Concurso do Ministério Público do Trabalho) No que concerne aos temas: empreitada, dono da obra, responsabilidade solidária ou subsidiária, quanto a direitos trabalhistas dos empregados, e segundo jurisprudência uniforme do Tribunal Superior do Trabalho, é CORRETO afirmar-se:**
   a) o dono da obra, ao celebrar contrato de empreitada, não pode ser responsabilizado solidária ou subsidiariamente, por débitos trabalhistas contraídos pelo empreiteiro;
   b) a responsabilidade solidária se dá apenas entre o empreiteiro e o subempreiteiro;
   c) diante da inexistência de previsão legal, o contrato de empreitada entre o dono da obra e o empreiteiro não enseja responsabilidade solidária ou subsidiária nas obrigações trabalhistas contraídas pelo empreiteiro, salvo sendo o dono da obra uma empresa construtora ou incorporadora;
   d) o dono da obra, pela regra da culpa pela escolha que fez, é sempre responsável por débitos trabalhistas do empreiteiro;
   e) quanto aos débitos trabalhistas, a responsabilidade do dono da obra é ampla se o empregado tiver menos do que 18 anos.
   f) não sei.

Comentários:

Conforme a norma prevista no art. 455, *caput*, da CLT, nos contratos de subempreitada responderá o subempreiteiro pelas obrigações derivadas do contrato de trabalho que celebrar, cabendo, todavia, aos empregados, o direito de reclamação contra o empreiteiro principal pelo inadimplemento daquelas obrigações por parte do primeiro.

Por sua vez, nos moldes do entendimento consubstanciado na OJ nº 191 da SBDI-1 do C. TST, diante da inexistência de previsão legal, o contrato de empreitada entre o dono da obra e o empreiteiro não enseja responsabilidade solidária ou subsidiária nas obrigações trabalhistas contraídas pelo empreiteiro, salvo sendo o dono da obra uma empresa construtora ou incorporadora.

Gabarito: C

56. (Concurso XI do Ministério Público do Trabalho) Um dos direitos fundamentais do trabalhador é a anotação de sua Carteira de Trabalho. A respeito, é CORRETO afirmar:
   a) as anotações, quanto a acidentes do trabalho, serão feitas necessariamente pelo empregador na carteira de trabalho do empregado;
   b) incorre nas penas do crime de falsidade ideológica quem insere ou faz inserir na Carteira de Trabalho e Previdência Social do empregado ou em documento que deva produzir efeito perante a Previdência Social, declaração falsa ou diversa da que deveria ter sido escrita;
   c) incorre nas penas do crime de falsificação de documento público quem omite a anotação na CTPS do nome do segurado e seus dados pessoais, a remuneração e a vigência do contrato de trabalho;
   d) o adolescente, com idade inferior a 18 (dezoito) anos, só poderá obter a carteira de trabalho, se estiver devidamente acompanhado de seus pais ou representante legal;
   e) não respondida.

Comentários:

a) Incorreta.

O art. 30 da CLT preceitua que os acidentes do trabalho serão obrigatoriamente anotados pelo Instituto Nacional do Seguro Social – INSS – na carteira do acidentado.

b) Incorreta.

Segundo o art. 297, *caput*, § 3º, inciso II, do Código Penal, incorre nas penas do crime de falsificação de documento público quem insere ou faz inserir na Carteira de Trabalho e Previdência Social do empregado ou em documento que deva produzir efeito perante a Previdência Social, declaração falsa ou diversa da que deveria ter sido escrita.

c) Correta.

De acordo com o art. 297, *caput* e § 4º, do Código Penal, incorre nas penas do crime de falsificação de documento público quem omite, nos documentos mencionados no § 3º (Carteira de Trabalho e Previdência Social ou documento que deva produzir efeito perante a Previdência Social), nome do segurado e seus dados pessoais, a remuneração, a vigência do contrato de trabalho ou de prestação de serviços.

d) Incorreta.

Dispõe a norma contida no art. 16, parágrafo único, da CLT: "*A Carteira de Trabalho e Previdência Social – CTPS será fornecida mediante a apresentação de: a) duas fotografias com as características mencionadas no inciso I; b) qualquer documento oficial de identificação pessoal do interessado, no qual possam ser colhidos dados referentes ao nome completo, filiação, data e lugar de nascimento.*"

Anteriormente, para o menor de 18 (dezoito) anos, havia necessidade de atestado médico de capacitação física, comprovante de escolaridade e autorização do pai, mãe ou representante legal. Atualmente, em razão da alteração da redação do art. 16 da CLT, esta autorização prévia não é mais necessária.

Registre-se que, segundo o comando do art. 17, *caput*, da CLT, na impossibilidade de apresentação, pelo interessado, de documento idôneo que o qualifique, a Carteira de Trabalho e Previdência Social será fornecida com base em declarações verbais confirmadas por 2 (duas) testemunhas, lavrando-se, na primeira folha de anotações gerais da carteira, termo assinado pelas mesmas testemunhas. Nesta hipótese, adverte o art. 17, § 1º, da CLT que, em se tratando de menor de 18 (dezoito) anos, as declarações previstas neste artigo serão prestadas por seu responsável legal.

Gabarito: C

57. (XI Concurso do Ministério Público do Trabalho) Assinale a alternativa INCORRETA.
   a) O nome do empregado não pode ser utilizado pelo empregador em publicações ou representações que o exponham ao desprezo público, ainda quando não haja intenção difamatória.
   b) Nos termos da lei, o empregador que comete ato discriminatório na relação de emprego fica sujeito à proibição de obter empréstimo ou financiamento junto a quaisquer instituições financeiras.
   c) É vedado publicar ou fazer publicar anúncio de emprego no qual haja referência ao sexo, à idade, à cor ou à situação familiar, salvo quando a natureza da atividade a ser exercida, pública e notoriamente, assim o exigir.
   d) A promoção do bem de todos, sem preconceitos de origem, raça, sexo, cor, idade e quaisquer outras formas de discriminação constitui objetivo fundamental da República Federativa do Brasil.
   e) Não respondida.

Comentários:

a) Correta.

De fato, o nome do empregado não pode ser utilizado pelo empregador em publicações ou representações que o exponham ao desprezo público, ainda quando não haja intenção difamatória. Isso porque, a dignidade da pessoa humana e os valores sociais do trabalho são fundamentos da República Federativa do Brasil, enquanto Estado Democrático de Direito, nos exatos termos do art. 1º, incisos III e IV, da Carta Magna.

Ademais, o art. 5º, inciso X, da Constituição da República assegura, como Direito Individual Fundamental, a inviolabilidade da intimidade, da vida privada, da honra e da imagem das pessoas, assegurado o direito à indenização pelo dano material ou moral decorrente de sua violação.

b) Incorreta.

De acordo com a previsão contida no art. 3º, inciso II, da Lei nº 9.029/1995, o empregador que comete ato discriminatório na relação de emprego fica sujeito à proibição de obter empréstimo ou financiamento junto a instituições financeiras oficiais.

c) Correta.

Estabelece o art. 373-A, inciso I, da CLT ser vedado publicar ou fazer publicar anúncio de emprego no qual haja referência ao sexo, à idade, à cor ou à situação familiar, salvo quando a natureza da atividade a ser exercida, pública e notoriamente, assim o exigir.

d) Correta.

Nos moldes do art. 3º, inciso IV, da CF/1988: *"Constituem objetivos fundamentais da República Federativa do Brasil: (...) IV – promover o bem de todos, sem preconceitos de origem, raça, sexo, cor, idade e quaisquer outras formas de discriminação."*

Gabarito: B

58. (XI Concurso do Ministério Público do Trabalho) Quanto ao trabalho no meio rural, é CORRETO afirmar:
   a) não pode ser considerado empregador rural a pessoa jurídica que, não sendo proprietária, explora atividade agroeconômica, em caráter temporário, através de prepostos;
   b) considera-se contrato de safra o que tenha sua duração dependente de variações estacionais da atividade agropecuária;
   c) nos serviços caracteristicamente intermitentes, não serão computados na jornada os intervalos entre uma parte e outra da execução da tarefa diária, mesmo que tal situação não seja ressalvada na carteira de trabalho e Previdência Social;
   d) ao menor de 18 (dezoito) anos é vedado o trabalho das 21 às 5h, na lavoura, e das 20 às 4h, na pecuária;
   e) não respondida.

Comentários:

a) Incorreta.

Nos termos do art. 3º da Lei nº 5.889/1973, considera-se empregador rural a pessoa física ou jurídica, proprietária ou não, que explore atividade agroeconômica, em caráter permanente ou temporário, diretamente ou através de prepostos e com auxílio de empregados.

b) Incorreta.

Segundo a disposição contida no art. 14, parágrafo único, da Lei nº 5.889/1973, considera-se contrato de safra o que tenha sua duração dependente de variações estacionais da atividade agrária.

c) Incorreta.

Dispõe a norma do art. 6º da Lei nº 5.889/1973 que, nos serviços caracteristicamente intermitentes, não serão computados como de efetivo exercício, os intervalos entre uma e outra parte da execução da tarefa diária, desde que tal hipótese seja expressamente ressalvada na Carteira de Trabalho e Previdência Social.

d) Correta.

Quanto ao trabalho rural, consoante o art. 7º da Lei nº 5.889/1973, considera-se trabalho noturno o executado entre as 21 horas de um dia e às 5 horas do dia seguinte, na lavoura, e entre as 20 horas de um dia e as 4 horas do dia seguinte, na atividade pecuária.

Por sua vez, o art. 8º da Lei nº 5.889/1973 veda o trabalho noturno ao menor de 18 (dezoito) anos, assim como a disposição contida no art. 7º, inciso XXXIII, da CF/1988.

Gabarito: D

59. **(XII Concurso do Ministério Público do Trabalho) Assinale a alternativa CORRETA.**
    I. **O assédio moral (*mobing*) assim como o assédio sexual constituem crimes previstos em lei, ensejando indenização por dano moral e material com base nas regras constitucionais que asseguram respeito à dignidade da pessoa humana e inviolabilidade da honra, imagem, intimidade e vida privada.**
    II. **São inconstitucionais as chamadas ações afirmativas previstas em legislação infraconstitucional que estabelece reserva de vagas de emprego para pessoas portadoras de deficiência e aprendizes, vez que a Constituição Federal veda qualquer discriminação no ambiente de trabalho.**
    III. **Constitui abuso do Direito Potestativo de resilir o contrato de trabalho a despedida do empregado que, apesar de ser rotulada como sendo sem justa causa, em verdade encobre ilícita discriminação racial perpetrada pelo empregador.**
    IV. **A boa-fé do tipo objetiva constitui fonte dos chamados deveres anexos de conduta nos contratos comutativos e sucessivos; são, pois, o que a doutrina chama de deveres recíprocos das partes de lealdade, proteção e informação.**
    a) Apenas a assertiva II está incorreta.
    b) Apenas as assertivas I e II estão incorretas.
    c) Apenas a assertiva III está correta.
    d) Apenas a assertiva IV está correta.
    e) Não respondida.

Comentários:

I – Incorreta.

O assédio moral não constitui crime, ao contrário do assédio sexual, tipificado no art. 216-A do Código Penal: *"Constranger alguém com o intuito de obter vantagem ou favorecimento sexual, prevalecendo-se o agente da sua condição de superior hierárquico ou ascendência inerentes ao exercício de emprego, cargo ou função."*

II – Incorreta.

De acordo com a disposição contida no art. 5º, *caput*, da CF/1988, todos são iguais perante a lei, sem distinção de qualquer natureza. O princípio da igualdade consiste em uma das bases do Estado Democrático de Direito.

A partir de interpretação rígida e literal da referida norma constitucional poder-se-ia concluir que se estaria assegurando igualdade inflexível de tratamento, restando impossibilitada a criação de alternativas distintas para situações diversas.

Todavia, a diversidade é a regra em nossa sociedade. Não existem duas pessoas que sejam absolutamente idênticas. Trata-se de característica inerente ao próprio Estado Democrático.

O que se almeja, na verdade, é atingir a denominada igualdade real, material ou substancial, em contraposição à meramente formal, ainda que se tenha que distinguir para igualar. Dar a todos a "igualdade de oportunidades".

Por isso, justifica-se, em alguns casos, o tratamento desigual diante da diversidade, na proporção desta desigualdade, como única forma possível de se alcançar a igualdade de oportunidades e direitos. Daí o fundamento para as "ações afirmativas" e o conceito de "discriminação positiva" ou de "discriminação inversa".

As ações afirmativas consistem na adoção, em maior ou menor grau, de condutas, medidas e/ou condições para que as pessoas e grupos discriminados ("grupos vulneráveis") possam integrar-se à coletividade. Postura mais ativa, por meio, por exemplo, de políticas sociais dirigidas à diversidade; à discriminação positiva na reserva legal de mercado: à imposição de cotas para contratação em empresas e para admissão no serviço público; a cotas para o acesso ao ensino superior; e ao estabelecimento de vantagens fiscais.

III – Correta.

O art. 5º, inciso XLI, do Texto Constitucional preceitua que a lei punirá qualquer discriminação atentatória dos direitos e liberdades fundamentais.

O art. 1º da Lei nº 9.029/1995 proíbe a adoção de qualquer prática discriminatória e limitativa para efeito de acesso à relação de emprego, ou sua manutenção, por motivo de sexo, origem, raça, cor, estado civil, situação familiar ou idade, ressalvadas, neste caso, as hipóteses de proteção ao menor, previstas no inciso XXXIII do art. 7º da Constituição da República.

Nos termos do art. 4º, *caput* e incisos I e II, da Lei nº 9.029/1995, o rompimento da relação de trabalho por ato discriminatório faculta ao empregado optar entre a readmissão com ressarcimento integral de todo o período de afastamento, mediante pagamento das remunerações devidas, corrigidas monetariamente, acrescidas dos juros legais, ou a percepção, em dobro, da remuneração do período de afastamento, corrigida monetariamente e acrescida dos juros legais.

Assim sendo, constitui evidente abuso do Direito Potestativo de Resilição Contratual do empregador a utilização do ato de dispensa sem justa causa, para encobrir efetiva conduta discriminatória expressamente vedada pela lei.

O princípio da primazia da realidade deve ser aplicado, para que incidam os efeitos jurídicos decorrentes da realidade objetiva evidenciada nos fatos, em sobreposição a qualquer formalização em sentido contrário.

IV – Correta.

Os contratantes devem atuar com boa-fé e lealdade entre si, quando da celebração do contrato e do cumprimento de seus respectivos direitos e deveres. É o que a doutrina também chama de "boa-fé-lealdade".

Gabarito: B

60. **(XII Concurso do Ministério Público do Trabalho) De acordo com a jurisprudência uniforme do Tribunal Superior do Trabalho, assinale a alternativa CORRETA.**
   I. **O advogado empregado de banco, pelo simples exercício da advocacia, não exerce cargo de confiança.**
   II. **Beneficiam-se do regime legal relativo aos bancários os empregados de estabelecimento de crédito pertencentes a categorias profissionais diferenciadas.**
   III. **Quanto ao gerente-geral de agência bancária, presume-se o exercício de encargo de gestão, não tendo direito ao pagamento de horas extras.**
   IV. **A ajuda alimentação prevista em norma coletiva em decorrência de prestação de horas extras tem natureza indenizatória e, por isso, não integra o salário do empregado bancário.**
   a) Apenas a assertiva II está incorreta.
   b) Apenas as assertivas II e IV estão incorretas.
   c) Apenas as assertivas I e III estão corretas.
   d) Todas estão corretas.
   e) Não respondida.

Comentários:

I – Correta.

Segundo o entendimento contido na Súmula nº 102, item V, do C. TST, o advogado empregado de banco, pelo simples exercício da advocacia, não exerce cargo de confiança, não se enquadrando, portanto, na hipótese do § 2º do art. 224 da CLT.

II – Incorreta.

Nos termos do posicionamento contido na Súmula nº 55 do C. TST, as empresas de crédito, financiamento ou investimento, também denominadas financeiras, equiparam-se aos estabelecimentos bancários para os efeitos do art. 224 da CLT.

Todavia, não se beneficiam do regime legal relativo aos bancários os empregados de estabelecimento de crédito pertencentes a categorias profissionais diferenciadas. Neste sentido, a Súmula nº 117 do C. TST.

III – Correta.

Nos moldes da jurisprudência cristalizada na Súmula nº 287 do C. TST, a jornada de trabalho do empregado de banco gerente de agência é regida pelo art. 224, § 2º, da CLT. Quanto ao gerente-geral de agência bancária, presume-se o exercício de encargo de gestão, aplicando-se-lhe o art. 62 da CLT.

IV – Correta.

De acordo com o posicionamento contido na OJ nº 123 da SBDI-1 do C. TST: "A ajuda-alimentação prevista em norma coletiva em decorrência de prestação de horas extras tem natureza indenizatória e, por isso, não integra o salário do empregado bancário."

Gabarito: A

61. **(XII Concurso do Ministério Público do Trabalho) Assinale a alternativa CORRETA.**
   I. A União encontra-se autorizada por força de lei a conceder auxílio financeiro ao prestador do serviço voluntário, com idade de 16 (dezesseis) a 24 (vinte e quatro) anos, integrante de família com renda mensal *per capita* de até meio salário mínimo.
   II. A lei exige que a representação comercial autônoma seja sempre exercida por pessoa jurídica cujos sócios estejam devidamente registrados no respectivo Conselho Regional dos Representantes Comerciais.
   III. No contrato de estágio previsto em lei, é facultado o recebimento de bolsa ou outra forma de contraprestação, sendo-lhe, contudo, obrigatório o seguro de acidentes pessoais e a interveniência da instituição de ensino.
   IV. Em sendo nulo o contrato civil de representação, estágio ou voluntário, e estando presentes os requisitos da relação de emprego, haverá conversão negocial que é justamente o aproveitamento do suporte fático do contrato nulo destinado a concretizar outro válido. No caso particular, aplicar-se-á a substituição legal, instituto sucedâneo da conversão negocial em que a própria lei, sem considerar a hipotética vontade das partes, substitui o que eles queriam pelo que a ela pareceu melhor.
   a) Apenas a assertiva II está incorreta.
   b) Apenas as assertivas II e III estão incorretas.
   c) Apenas as assertivas III e IV estão corretas.
   d) Todas estão corretas.
   e) Não respondida.

Comentários:

I – Correta.

Dispunha, à época, o comando contido no art. 3º-A, *caput*, da Lei nº 9.608/1998: *"Fica a União autorizada a conceder auxílio financeiro ao prestador de serviço voluntário com idade de dezesseis a vinte e quatro anos integrante de família com renda mensal* per capita *de até meio salário mínimo."*

Todavia, esse dispositivo legal foi revogado pelo art. 24, inciso I, da Lei nº 11.692/2008, que dispõe sobre o Programa Nacional de Inclusão de Jovens – Projovem.

II – Incorreta.

Estabelece a norma prevista no art. 1º, *caput*, da Lei nº 4.886/1965:

> Exerce a representação comercial autônoma a pessoa jurídica ou pessoa física, sem relação de emprego, que desempenha, em caráter não eventual por conta de uma ou mais pessoas, a mediação para a realização de negócios mercantis, agenciando propostas ou pedidos, para transmiti-los aos representados, praticando ou não atos relacionados com a execução dos negócios.

III – Correta.

À época da elaboração desta questão encontrava-se em vigência a Lei nº 6.494/1977, cujo art. 3º, *caput*, dispunha que a realização do estágio dar-se-á mediante termo de compromisso celebrado entre o estudante e a parte concedente, como interveniência obrigatória da instituição de ensino.

Por sua vez, o art. 4º da Lei nº 6.494/1977 estabelecia que o estágio não cria vínculo empregatício de qualquer natureza e o estagiário poderá receber bolsa, ou outra forma de contraprestação que venha a ser acordada, ressalvado o que dispuser a legislação previdenciária, devendo o estudante, em qualquer hipótese, estar segurado contra acidentes pessoais.

Atualmente, a Lei nº 11.788/2008 dispõe sobre o estágio de estudantes, o qual é conceituado no art. 1º como sendo o ato educativo escolar supervisionado, desenvolvido no ambiente de trabalho, que visa à preparação para o trabalho produtivo de educandos que estejam frequentando o ensino regular em instituições de educação superior, de educação profissional, de ensino médio, de educação especial e dos anos finais do ensino fundamental, na modalidade profissional da educação de jovens e adultos.

Segundo a norma prevista no art. 3º, *caput*, e incisos I a III, da Lei nº 11.788/2008, o estágio não cria vínculo empregatício de qualquer natureza, observados os seguintes requisitos:

> I – matrícula e frequência regular do educando em curso de educação superior, de educação profissional, de ensino médio, da educação especial e nos anos finais do ensino fundamental, na modalidade profissional da educação de jovens e adultos e atestados pela instituição de ensino;
> II – celebração de termo de compromisso entre o educando, a parte concedente do estágio e a instituição de ensino;
> III – compatibilidade entre as atividades desenvolvidas no estágio e aquelas previstas no termo de compromisso.

O descumprimento de qualquer desses requisitos ou de qualquer obrigação contida no termo de compromisso caracteriza vínculo de emprego do educando com a parte concedente do estágio para todos os fins da legislação trabalhista e previdenciária (art. 3º, § 2º).

Entre as obrigações atribuídas à parte concedente do estágio, destaca-se a contratação em favor do estagiário de seguro contra acidentes pessoais, cuja apólice seja compatível com valores de mercado, conforme fique estabelecido no termo de compromisso (art. 9º, IV).

O estagiário poderá receber bolsa ou outra forma de contraprestação que venha a ser acordada, sendo compulsória a sua concessão, bem como a do auxílio-transporte, na hipótese de estágio não obrigatório (art. 12).

É assegurado ao estagiário, sempre que o estágio tenha duração igual ou superior a 1 (um) ano, período de recesso de 30 (trinta) dias, a ser gozado preferencialmente durante suas férias escolares (art. 13).

IV – Correta.

A nulidade desses contratos, quando presentes os requisitos da relação de emprego, encontra suporte no art. 9º da CLT, em aplicação do princípio da primazia da realidade, substituindo-se, de forma automática, a hipotética vontade das partes (formalizada nesses respectivos ajustes) pela vontade expressa da lei, no sentido de se ver reconhecida a formalização de um contrato de trabalho subordinado.

Gabarito: A

62. (XII Concurso do Ministério Público do Trabalho) No que tange ao Direito Ambiental do Trabalho é CORRETO afirmar que:
   a) O Brasil ratificou a Convenção da Organização Internacional do Trabalho na qual preceitua-se que o trabalhador tem direito de se recusar a prestar serviços em local que, em caráter contínuo, apresente um perigo grave ou iminente para sua saúde ou vida.
   b) A proteção ao meio ambiente do trabalho não é prevista expressamente na Constituição da República.
   c) A proteção ao meio ambiente do trabalho é prevista expressamente na Constituição da República, no capítulo pertinente ao meio ambiente em geral.
   d) A colaboração na proteção ao meio ambiente do trabalho não é, expressamente, uma competência do Sistema Único de Saúde.
   e) Não respondida.

Comentários:

a) Correta.

Nos termos do art. 13 da Convenção nº 155 da OIT, ao trabalhador fica assegurado o direito de deixar o lugar onde trabalha, se houver "um motivo razoável de pensar que ali existe um perigo iminente e grave para sua vida ou saúde".

b) Incorreta.

A proteção ao meio ambiente do trabalho é prevista expressamente na Constituição da República, quando preconiza, no inciso VIII do seu art. 200: "*Ao sistema único de saúde compete, além de outras atribuições, nos termos da lei: (...) VIII – colaborar na proteção do meio ambiente, nele compreendido o do trabalho.*"

c) Incorreta.

É previsto no capítulo pertinente à Seguridade Social (art. 200, inciso VIII, da CF/1988).

d) Incorreta.

É atribuição prevista expressamente no art. 200, inciso VIII, da CF/1988.
Gabarito: A

63. **(Concurso XII do Ministério Público do Trabalho) Assinale a alternativa CORRETA.**
   a) A exclusão do trabalhador da duração normal do trabalho não alcança aqueles que têm jornada estabelecida por outros dispositivos próprios e específicos como, por exemplo, os bancários, que são regidos pelas suas respectivas normas.
   b) À Justiça do Trabalho é vedado conceder liminar proibindo o empregador de realizar a transferência de empregado seu, por estar no âmbito exclusivo do poder potestativo empresarial e em face do direito de ampla gestão sobre os seus próprios negócios e quebra do princípio da livre-iniciativa.
   c) Em qualquer hipótese de transferência, ainda que abusiva, deverão ser custeadas ao trabalhador todas as despesas necessárias para prática desse ato, tanto na ida quanto no seu retorno.
   d) A quantidade de cigarros entregue pelo empregador ao empregado, juntamente com o salário, todos os meses, desde a admissão, será considerada salário-utilidade se corresponder, no mercado, a valor igual ou superior a 50% do salário que o trabalhador recebe mensalmente.
   e) Não respondida.

Comentários:

a) Incorreta.

A hipótese de exclusão do empregado da duração normal do trabalho prevista no art. 62, inciso II, da CLT, alcança também os trabalhadores regidos por normas especiais, como o bancário.

Nesse sentido, o entendimento contido na Súmula nº 287 do C. TST: *"A jornada de trabalho do empregado de banco gerente de agência é regida pelo art. 224, § 2º, da CLT. Quanto ao gerente-geral de agência bancária, presume-se o exercício de encargo de gestão, aplicando-se-lhe o art. 62 da CLT."*

b) Incorreta.

O art. 659, inciso IX, da CLT atribui competência ao juiz do Trabalho para conceder medida liminar, até decisão final do processo em reclamações trabalhistas que visem a tornar sem efeito transferência disciplinada pelos parágrafos do art. 469 da CLT.

c) Correta.

De acordo com o art. 470 da CLT, todas as despesas resultantes da transferência correrão por conta do empregador.

CAMPUS   **Capítulo 5:** Contrato de Trabalho e Temas Correlatos   97

d) Incorreta.

Nos termos do art. 458, *caput*, segunda parte, da CLT, em caso algum será permitido o pagamento de salário com bebidas alcoólicas ou drogas nocivas.

Dessa forma, o cigarro não se considera salário-utilidade, em face de sua nocividade à saúde. É o posicionamento contido no item II da Súmula nº 367 do C. TST.

Gabarito: C

64. **(XII Concurso do Ministério Público do Trabalho) Empregado e empregador firmam contrato de trabalho por prazo determinado, restando estabelecida possibilidade de afastamento. Poucos dias antes do termo final da avença, o empregado sofre grave acidente de trabalho, perdurando o tratamento por quase três meses. No entanto, o empregador rescinde o contrato no término do prazo contratado. A atitude do empregador é:**
   a) correta, pois o contrato a prazo não é compatível com qualquer forma de suspensão ou interrupção, encerrando-se rigorosamente no prazo convencionado;
   b) incorreta, pois o contrato a prazo não é compatível com qualquer forma de suspensão ou interrupção, encerrando-se rigorosamente no prazo convencionado, salvo nas hipóteses de acidente de trabalho;
   c) incorreta, eis que deveria romper o contrato no décimo sexto dia após o acidente de trabalho, já que o trabalhador estava sob a responsabilidade do INSS;
   d) incorreta, por tratar-se de acidente de trabalho, bem como diante da previsão contratual de afastamento, perfeitamente amparada em norma insculpida na CLT;
   e) não respondida.

Comentários:

Em conformidade com a disposição contida no art. 472, § 2º, da CLT, nos contratos por prazo determinado, o tempo de afastamento, se assim acordarem as partes interessadas, não será computado na contagem do prazo para a respectiva terminação.

Dessa forma, na questão ora analisada, tendo ocorrido o afastamento do empregado em razão de acidente de trabalho por quase três meses, esses períodos de interrupção (os primeiros 15 dias de afastamento) e de suspensão (a partir do décimo sexto dia de afastamento, quando passa a ser devido o benefício previdenciário do auxílio-doença acidentário) não devem ser computados na contagem do prazo do contrato de trabalho, configurando-se incorreta a atitude do empregador de promover o rompimento contratual.

Gabarito: D

65. **(XII Concurso do Ministério Público do Trabalho) Sobre saúde e segurança no trabalho, observe as assertivas seguintes e assinale a alternativa CORRETA.**
   I. **É de responsabilidade das empresas a instrução dos empregados quanto às normas de saúde e segurança no trabalho, inclusive quanto à utilização dos EPIs, sendo certo que é considerado ato faltoso do empregado a recusa, qualquer que seja o caso, em utilizar tais equipamentos.**
   II. **Ocorrendo a interdição de estabelecimento ou setor de serviço, e até mesmo de máquina, ou ainda, restando embargada a obra, tudo isso na forma da**

lei, por decisão da autoridade competente, qualquer que seja a hipótese, permanece a responsabilidade do empregador com seus empregados, sendo devido o pagamento dos salários enquanto durar a paralisação.

III. Na forma da lei e da regulamentação específica do Ministério do Trabalho e Emprego, é obrigatória a constituição de Cipas em todas as empresas privadas, públicas, sociedades de economia mista e órgãos da Administração direta e indireta. Porém, em todas as empresas e instituições com menos de 50 empregados, a Comissão Interna de Prevenção de Acidentes terá apenas dois "cipeiros", representando, respectivamente, empregados e empregadores.

IV. É obrigatória a instituição de PCMSO em todas as empresas e instituições que admitam trabalhadores como empregados. Havendo terceirização, deve a tomadora informar os riscos existentes, assim como auxiliar a empresa fornecedora de mão de obra na elaboração e implementação do plano.

a) Todas as assertivas estão corretas.
b) Somente as assertivas I, II e III estão corretas.
c) Somente as assertivas III e IV estão corretas.
d) Somente as assertivas II e IV estão corretas.
e) Não respondida.

Comentários:

I – Incorreta.

Nos termos do art. 157, inciso II, da CLT cabe às empresas instruir os empregados, por meio de ordens de serviço, quanto às precauções a tomar no sentido de evitar acidentes do trabalho ou doenças ocupacionais. Contudo, somente constitui ato faltoso do empregado a recusa injustificada, em qualquer que seja o caso, ao uso dos equipamentos de proteção individual fornecidos pela empresa. (CLT, art. 158, parágrafo único, *b*)

II – Correta.

Conforme regra contida no art. 161, § 6º, da CLT, durante a paralisação dos serviços, em decorrência da interdição ou embargo, os empregados receberão os salários como se estivessem em efetivo exercício.

III – Incorreta.

Segundo a norma do art. 163 da CLT, será obrigatória a constituição de Comissão Interna de Prevenção de Acidentes – Cipa, de conformidade com instruções expedidas pelo Ministério do Trabalho e Emprego, nos estabelecimentos ou locais de obra nelas especificados.

O Ministério do Trabalho e Emprego, em cumprimento ao comando do parágrafo único do art. 163 da CLT, regulamentou as atribuições, a composição e o funcionamento das Cipas na NR-5 da Portaria nº 3.214/1978.

O item 5.1. da NR-5 estabelece que a Comissão Interna de Prevenção de Acidentes – Cipa tem como objetivo a prevenção de acidentes e doenças decorrentes do trabalho, de modo a tornar compatível permanentemente o trabalho com a preservação da vida e a promoção da saúde do trabalhador.

O item 5.2 desta Norma Regulamentadora dispõe que devem constituir Cipa, por estabelecimento, e mantê-la em regular funcionamento as empresas privadas, públicas, sociedades de economia mista, órgãos da Administração direta e indireta, instituições beneficentes, associações recreativas, cooperativas, bem como outras instituições que admitam trabalhadores como empregados.

De acordo com o item 5.6, a Cipa será composta de representantes do empregador e dos empregados, de acordo com o dimensionamento previsto no Quadro I da NR-5, ressalvadas as alterações disciplinadas em atos normativos para setores econômicos específicos.

Verifica-se do quadro de dimensionamento de Cipa anexado à NR-5 que o número de componentes efetivos e suplentes depende de correlação existente entre o número total de empregados da empresa e do agrupamento de setor econômico a que esta se vincula.

IV – Correta.

O item 7.1.1 da NR-7 da Portaria nº 3.214/1978 do Ministério do Trabalho e Emprego dispõe que esta norma regulamentadora estabelece a obrigatoriedade de elaboração e implementação, por parte de todos os empregadores e instituições que admitam trabalhadores como empregados, do Programa de Controle Médico de Saúde Ocupacional – PCMSO, com o objetivo de promoção e preservação da saúde do conjunto dos seus trabalhadores.

Nos termos do item 7.1.3, caberá à empresa contratante de mão de obra prestadora de serviços informar à empresa contratada sobre os riscos existentes e auxiliar na elaboração e implementação do PCMSO nos locais de trabalho onde os serviços estão sendo prestados.

Gabarito: D

66. **(XII Concurso do Ministério Público do Trabalho) A respeito do trabalho prestado em condição análoga à de escravo, é CORRETO dizer:**
    I. **Tem como uma de suas características a utilização do sistema conhecido como *truck system*, fato que contribui para a identificação do trabalho forçado, diante da servidão por dívida e consequente cerceio da liberdade individual do trabalhador.**
    II. **Caracteriza-se, também, pelas condições degradantes de trabalho, assim entendidas como aquelas em que se violenta a dignidade do trabalhador, negando-lhe acesso a um ambiente saudável e seguro, chegando a transformar o homem em coisa.**
    III. **Normalmente tem, em sua origem, o recrutamento ou aliciamento de trabalhadores. Assim, seduzidos com falsas promessas e levados para prestar serviços, em regra, em locais diversos das cidades de origem, costumam perder completamente o vínculo com as famílias.**
    IV. **A legislação brasileira, trabalhista e penal, expressamente, não admite tal prática, responsabilizando o empregador e eximindo seus prepostos, inclusive os chamados "gatos", pois agem sempre em cumprimento às ordens patronais.**

a) somente as assertivas I, II e III estão corretas;
b) somente as assertivas I, II e IV estão corretas;
c) somente as assertivas I e II estão corretas;
d) todas as assertivas estão corretas;
e) não respondida.

Comentários:
I – Correta.

O sistema do *truck system*, que consiste no regime de servidão por dívidas, é uma das características principais do trabalho forçado, posto que cerceia a liberdade de locomoção (ir e vir) e de autodeterminação do trabalhador.

Trata-se de modalidade de coação moral na qual o tomador dos serviços, valendo-se da pouca instrução e do senso de honra pessoal dos trabalhadores, geralmente pessoas pobres e sem escolaridade, submete estes a elevadas dívidas, constituídas fraudulentamente com a finalidade de impossibilitar o desligamento do obreiro. Corresponde ao endividamento ilícito de trabalhadores como mecanismo de inviabilizar o rompimento da relação de trabalho.

Nos termos do art. 462, § 3º, da CLT, sempre que não for possível o acesso dos empregados a armazéns ou serviços não mantidos pela empresa, é lícito à autoridade competente determinar a adoção de medidas adequadas, visando a que as mercadorias sejam vendidas e os serviços prestados a preços razoáveis, sem intuito de lucro e sempre em benefício dos empregados.

Por sua vez, o § 4º do mesmo art. 462 da CLT dispõe ser vedado às empresas limitar, por qualquer forma, a liberdade dos empregados de dispor do seu salário.

II – Correta.

O trabalho em condições análogas às de escravo, que compreende o trabalho forçado e o trabalho degradante, pode ser conceituado como o exercício do trabalho humano em que há restrição, em qualquer forma, à liberdade do trabalhador e/ou quando não asseguradas as condições mínimas de higiene, saúde e segurança inerentes ao resguardo da dignidade do prestador dos serviços.

III – Correta.

O aliciamento é a origem de todo o processo que desencadeia o trabalho forçado, quando os tomadores, diretamente, ou através dos chamados "gatos" (aliciadores e intermediadores de mão de obra), fazem falsas promessas ao trabalhador, notadamente no que concerne ao pagamento de salários e às condições de moradia, alimentação e de trabalho.

IV – Incorreta.

O art. 462, § 2º, da CLT veda à empresa que mantiver armazém para venda de mercadorias aos empregados ou serviços estimados a proporcionar-lhes prestações *in natura* exercer qualquer coação ou induzimento no sentido de que os empregados se utilizem do armazém ou dos serviços.

Na esfera criminal, o art. 149 do Código Penal tipifica o crime de redução à condição análoga à de escravo: *"Reduzir alguém a condição análoga à de escravo, quer submetendo-o a trabalhos forçados ou a jornada exaustiva, quer sujeitando-o a condições degradantes de trabalho, quer restringindo, por qualquer meio, sua locomoção em razão de dívida contraída com o empregador ou preposto."*

Incorre na mesma pena quem: *"I – cerceia o uso de qualquer meio de transporte por parte do trabalhador, com o fim de retê-lo no local de trabalho; II – mantém vigilância ostensiva no local de trabalho ou se apodera de documentos ou objetos pessoais do trabalhador, com o fim de retê-lo no local de trabalho"*. (CP, art. 149, § 1º)

O art. 203 do Código Penal também dispõe sobre o crime de frustração de direito assegurado por lei trabalhista: *"Frustrar, mediante fraude ou violência, direito assegurado pela legislação do trabalho."*

Por sua vez, o art. 203, § 1º, incisos I e II, do Código Penal preceitua que, na mesma pena incorre quem: *"I – obriga ou coage alguém a usar mercadorias de determinado estabelecimento, para impossibilitar o desligamento do serviço em virtude de dívida; II – impede alguém de se desligar de serviços de qualquer natureza, mediante coação ou por meio da retenção de seus documentos pessoais ou contratuais".*

O aliciamento de trabalhadores de um local para outro do território nacional também é crime previsto no art. 207 do Código Penal, *in litteris*: *"Aliciar trabalhadores, com o fim de levá-los de uma para outra localidade do território nacional."*

Na mesma pena, incorre quem recrutar trabalhadores fora da localidade de execução do trabalho, dentro do território nacional, mediante fraude ou cobrança de qualquer quantia do trabalhador, ou, ainda, não assegurar condições do seu retorno ao local de origem. (CP, art. 207, § 1º)

Dessa forma, não somente os empregadores, mas também os "gatos" ou outros prepostos respondem por essa prática ilícita atentatória à dignidade da pessoa do trabalhador.

De acordo com a definição contida no art. 2º da Convenção nº 29 da OIT: "(...) *a expressão trabalho escravo ou obrigatório compreenderá todo trabalho ou serviço exigido de uma pessoa sob a ameaça de sanção e para o qual não se tenha oferecido espontaneamente"*.

Todavia, para caracterização do trabalho forçado ou obrigatório, faz-se necessário que o trabalhador seja coagido a permanecer prestando serviços, de forma a restar impossibilitado ou dificultado o seu desligamento voluntário.

Ao contrário do que parece literalmente preconizar o art. 2º da Convenção nº 29 da OIT, o fato de o trabalhador ter aceitado espontaneamente a oferta de trabalho não descaracteriza o trabalho escravo. Isso porque são usuais as falsas promessas, como forma de aliciamento desses trabalhadores.

A coação pode ser moral (submissão do trabalhador a elevadas dívidas, aproveitando-se da falta de instrução e do elevado senso de honra dessa classe); psicológica (ameaça à integridade física, ou até mesmo, em alguns casos, de abandono do trabalhador à sua própria sorte, quando inóspito e distante o local da prestação dos serviços); e física (violência à integridade física do trabalhador, sendo vários os casos de mortes e abuso sexual).

Quando, muito embora constatadas as péssimas condições de trabalho e de remuneração, for assegurada ao trabalhador a sua liberdade de locomoção e autodeterminação, facultando-lhe, a qualquer tempo, a cessação da prestação dos serviços, não estaremos diante de um trabalho forçado, mas de uma das formas degradantes de trabalho.

Atualmente, a redução à condição análoga à de escravo é considerada gênero do qual são espécies os trabalhos forçado e degradante, nos exatos termos da nova redação conferida ao art. 149 do Código Penal. Isso porque em ambas as hipóteses o bem jurídico lesado é a dignidade da pessoa humana do trabalhador. (CF/1988, art. 1º, III)

Gabarito: A

67. (IX Concurso do Ministério Público do Trabalho) Relativamente à forma do contrato individual do trabalho é INCORRETO afirmar:
   a) pode ser acordado tácita ou expressamente;
   b) por escrito;
   c) admite-se a forma verbal;
   d) quanto ao prazo, pode ser predeterminado ou não;
   e) todas as alternativas anteriores estão incorretas;
   f) não sei.

Comentários:

Segundo a norma prevista no art. 443, *caput*, da CLT, o contrato individual de trabalho poderá ser acordado tácita ou expressamente, verbalmente ou por escrito e por prazo determinado ou indeterminado.

Assim, as alternativas A, B, C e D estão corretas.

Gabarito: E

68. (VIII Concurso do Ministério Público do Trabalho) Não é característica do contrato de trabalho ser:
   a) consensual;
   b) *intuitu personae*;
   c) sinalagmático;
   d) oneroso;
   e) nenhuma das alternativas anteriores;
   f) não sei.

Comentários:

A forma consiste no instrumento de exteriorização de um ato jurídico. O contrato de trabalho é consensual, informal ou não solene, posto que, em regra, independe de forma previamente estabelecida, podendo, inclusive, ser acordado tacitamente, nos termos dos arts. 442 e 443 da CLT.

Dessa forma, assim como no Direito Civil (art. 107), a informalidade é a regra na seara trabalhista. Existem, contudo, contratos de trabalho solenes, os quais constituem exceção no Direito do Trabalho. Como exemplos, podemos citar o contrato de trabalho do atleta profissional de futebol e do artista profissional, além do contrato de trabalho temporário (Lei nº 6.019/1974), em que se exige a forma escrita.

O contrato de trabalho também é bilateral, sinalagmático e oneroso, posto que envolve um conjunto de prestações e contraprestações recíprocas entre as partes, economicamente mensuráveis.

À disponibilidade da força de trabalho ao empregador deve corresponder uma contrapartida econômica em benefício do empregado, consubstanciada no complexo salarial.

Outra característica é o fato de ser *intuitu personae* (pessoalidade) em relação apenas ao empregado.

Para a configuração da relação de emprego é preciso que a prestação dos serviços, pela pessoa física, tenha efetivo caráter de infungibilidade em relação ao trabalhador.

O trabalho deve ser *intuitu personae* com referência ao trabalhador, o qual não poderá se fazer substituir de forma intermitente por outro obreiro durante a prestação dos serviços.

Por ser personalíssima a obrigação de prestar os serviços, esta não se transmite aos herdeiros e sucessores. O falecimento do empregado acarreta a extinção do contrato de trabalho.

A pessoalidade é pressuposto inerente apenas ao empregado. No Direito do Trabalho, vigora o princípio da despersonificação da figura do empregador. (CLT, art. 2º)

A possibilidade de ocorrência de alteração subjetiva contratual se restringe apenas ao empregador, sem que, nesta hipótese, sejam afetados os contratos de trabalho dos respectivos empregados, nem tampouco os direitos por estes adquiridos. (Aplicação dos arts. 10 e 448 da CLT)

Gabarito: E

69. **(Cespe/UnB – TRT/RJ – Analista Judiciário – 2008) Assinale a opção CORRETA, a respeito de férias, contrato individual de trabalho e trabalho noturno:**
    a) a indenização pelo não deferimento das férias no tempo oportuno será calculada com base na remuneração devida ao empregado na época da reclamação ou, se for o caso, na da extinção do contrato;
    b) reconhecida a culpa recíproca na rescisão do contrato de trabalho (art. 484 da CLT), o empregado tem direito a 50% do valor do aviso prévio e do décimo terceiro salário, não lhe sendo devidas férias proporcionais;
    c) as faltas ou ausências decorrentes de acidente de trabalho são consideradas para efeitos de duração de férias e cálculo da gratificação natalina;
    d) a transferência para o período diurno de trabalho não implica a perda do direito ao adicional noturno;
    e) após cada período de 12 meses de vigência de contrato de trabalho, o empregado terá direito a férias de 12 dias consecutivos, quando houver tido de 15 a 23 faltas.

Comentários:

a) Correta.

Segundo a jurisprudência cristalizada na Súmula nº 07 do C. TST: "A indenização pelo não deferimento das férias no tempo oportuno será calculada com base na remuneração devida ao empregado na época da reclamação ou, se for o caso, na da extinção do contrato."

b) Incorreta.

De acordo com o posicionamento contido na Súmula nº 14 do C. TST: "Reconhecida a culpa recíproca na rescisão do contrato de trabalho (art. 484 da CLT), o empregado tem direito a 50% (cinquenta por cento) do valor do aviso prévio, do décimo terceiro salário e das férias proporcionais."

c) Incorreta.

Dispõe a Súmula nº 46 do C. TST: "As faltas ou ausências decorrentes de acidente de trabalho não são consideradas para os efeitos de duração de férias e cálculo da gratificação natalina."

d) Incorreta.

Preceitua a Súmula nº 265 do C. TST: "A transferência para o período diurno de trabalho implica a perda do direito ao adicional noturno."

e) Incorreta.

Nos termos do art. 130, *caput*, inciso III, da CLT, após cada período de 12 (doze) meses de vigência do contrato de trabalho, o empregado terá direito a férias, na seguinte proporção: 18 (dezoito) dias corridos, quando houver tido de 15 (quinze) a 23 (vinte e três) faltas.

Gabarito: A

70. **(Esaf – Auditor-Fiscal do Trabalho – 2003) Tendo em vista a jurisprudência sumulada do Colendo TST, aponte a opção CORRETA.**
    a) O simples fornecimento do aparelho de proteção pelo empregador não o exime do pagamento do adicional de insalubridade, cabendo-lhe tomar as medidas que conduzam à diminuição ou à eliminação da nocividade, dentre as quais as relativas ao uso efetivo do equipamento pelo empregado.
    b) O simples fornecimento do aparelho de proteção pelo empregador exime-o do pagamento do adicional de insalubridade, cabendo-lhe tomar as medidas que conduzam à diminuição ou eliminação da nocividade, dentre as quais as relativas ao uso efetivo do equipamento pelo empregado.
    c) O simples fornecimento do aparelho de proteção pelo empregador não o exime do pagamento do adicional de insalubridade, cabendo-lhe tomar as medidas que conduzam à diminuição ou eliminação da nocividade, dentre as quais não se inserem as relativas ao uso efetivo do equipamento pelo empregado.

d) O simples fornecimento do aparelho de proteção pelo empregador não o exime do pagamento do adicional de insalubridade, cabendo-lhe tomar as medidas que conduzam somente à eliminação total da nocividade.
e) O simples fornecimento do aparelho de proteção pelo empregador não o exime do pagamento do adicional de insalubridade, cabendo-lhe tomar as medidas que conduzam à diminuição ou eliminação da periculosidade, entre as quais as relativas ao uso efetivo do equipamento pelo empregado.

Comentários:

Nos moldes do entendimento consubstanciado na Súmula nº 289 do C. TST, o simples fornecimento do aparelho de proteção pelo empregador não o exime do pagamento do adicional de insalubridade. Cabe-lhe tomar as medidas que conduzam à diminuição ou à eliminação da nocividade, entre as quais as relativas ao uso efetivo do equipamento pelo empregado.

Gabarito: A

Capítulo 6

Nulidades no Direito do Trabalho

• • •

71. (NCE/UFRJ – TRT/ES – Analista Judiciário – 1999) Verificada a prática de determinado ato cujo objetivo é desvirtuar, impedir ou fraudar a aplicação da Consolidação das Leis do Trabalho a uma relação entre empregado e empregador, este ato será:
   a) nulo de pleno direito;
   b) válido, diante da teoria da flexibilização das normas trabalhistas;
   c) nulo, desde que uma das partes seja menor ou incapaz;
   d) válido, desde que o empregador seja pessoa física, ou pequeno empresário;
   e) válido, desde que as partes tenham ajustado expressamente a não aplicação da CLT à relação de emprego estabelecida.

Comentários:

Nos termos do art. 9º da CLT: *"Serão nulos de pleno direito os atos praticados com o objetivo de desvirtuar, impedir ou fraudar a aplicação dos preceitos contidos na presente Consolidação."*

Esse dispositivo legal concretiza o princípio da primazia da realidade, que assegura a prevalência da realidade objetiva evidenciada dos fatos com relação ao que restar documentado (formalizado). Desse modo, qualquer ato que vise a burlar as leis de proteção ao trabalho será considerado nulo de pleno direito, prevalecendo o reconhecimento dos fatos que ocorreram no campo da realidade.

Gabarito: A

72. (XI Concurso do Ministério Público do Trabalho) Em termos de contrato individual do trabalho, pode-se afirmar:
   I. Não há diferença conceitual entre trabalho ilícito e trabalho proibido, para fins de apreciação da validade do contrato de trabalho.
   II. Segundo predomina na doutrina, a forma escrita é requisito essencial para validade dos contratos por prazo determinado.
   III. O contrato individual do trabalho é nulo de pleno direito, não produzindo qualquer efeito, quando não respeitada a solenidade da forma escrita, quando a lei assim o exigir.
   IV. A origem contratual da relação de emprego explica-se pela situação de que a vontade expressa das partes é essencial para a formação desta relação jurídica.

A partir das afirmações supra, responda:
a) somente as afirmações I e III estão corretas;
b) somente as afirmações II e IV estão erradas;
c) todas estão erradas;
d) somente a afirmação IV está correta;
e) não respondida.

Comentários:
I – Incorreta.
Trabalho ilícito é o que compõe um tipo penal (crime ou contravenção) ou concorre diretamente para ele. É inválido, em razão da ilicitude de seu objeto, não gerando quaisquer efeitos. A nulidade é absoluta. Exemplo: contrato de trabalho entre o apontador do jogo do bicho e o bicheiro (OJ nº 199 da SBDI-1 do C. TST) ou entre a prostituta e o rufião.

O desconhecimento por parte do empregado do fim ilícito da prestação de seus serviços, assim como a dissociação entre o trabalho prestado e o núcleo da atividade ilícita são hipóteses em que a doutrina vem autorizando a produção de efeitos trabalhistas.

Existe doutrina que destaca três situações que se relacionam ao conhecimento do trabalhador acerca da ilicitude do objeto mediato do contrato de trabalho:

a) O empregado não tem conhecimento de que seu trabalho está sendo utilizado para fim ilícito. Neste caso, nenhuma retroação deve ser considerada para prejudicá-lo. Declaração de nulidade com efeitos *ex nunc*.
b) O empregado tem conhecimento do fim ilícito da empresa sem que sua energia contribua diretamente para realizá-la. Na hipótese, deve preservar-se do efeito retroativo da declaração apenas a contraprestação estritamente salarial, correspondente à energia utilizada pelo empregador, em vista de ter sido passiva a postura do empregado, não contribuindo diretamente para o resultado ilícito do empreendimento.
c) O empregado tem conhecimento da ilicitude e contribui diretamente com sua energia na realização deste objeto. Aplicar-se-á inteiramente a teoria civil da nulidade, com a retroação da declaração da invalidade, em razão de o empregado ter assumido uma postura ativa e contribuído diretamente com sua energia para o resultado ilícito do empreendimento. Declaração de nulidade com efeitos *ex tunc*.

O trabalho irregular ou proibido é o vedado pela lei, em razão da pessoa e/ou de circunstâncias envolventes à prestação dos serviços. Exemplo: trabalho de menores de 16 (dezesseis) anos ou trabalho noturno, perigoso ou insalubre para menores de 18 (dezoito) anos (art. 7º, inciso XXXIII, da CF/1988).

O Direito do Trabalho confere efeitos plenos ao trabalho irregular, desde que a irregularidade também não se confunda com um tipo legal criminal. Diante da impossibilidade de se retornar ao *status quo ante* (dispêndio da energia laboral do trabalhador), a nulidade passa a acarretar efeitos *ex nunc*.

Alguns autores, com relação ao trabalho proibido ou irregular, entendem pela aplicação do art. 593 do Código Civil, assim como da norma prevista no art. 606 do mesmo diploma: *"Se o serviço for prestado por quem não possua título de habilitação, ou não satisfaça requisitos outros estabelecidos em lei, não poderá quem os prestou cobrar a retribuição, normalmente correspondente ao trabalho executado. Mas se resultar benefício para a outra parte, o juiz atribuirá a quem o prestou uma compensação razoável, desde que tenha agido com boa-fé."* A compensação razoável teria como parâmetro a retribuição devida a um trabalhador autônomo.

O reconhecimento de efeitos trabalhistas aos contratos irregulares não elimina a necessidade de correção do vício ou de extinção do contrato.

Em suma, no trabalho ilícito, o contrato não produz qualquer efeito, pois o negócio jurídico é reprovado pelo Direito, tendo como valor tutelado a realização da ordem pública. Já, no trabalho proibido, o contrato produz efeitos, sendo a tutela da ordem pública realizada de modo mediato, prevalecendo o interesse do trabalhador.

II – Incorreta.

Apesar de considerados exceções no Direito do Trabalho, os contratos a prazo não são necessariamente formais ou solenes, ou seja, submetidos a uma formalidade essencial à sua existência no plano jurídico. A importância da forma escrita se limitaria a aspectos meramente probatórios.

Logo, existem contratos a termo que são apenas consensuais, podendo se provar por qualquer meio probatório admissível em Juízo. Exemplo: contrato de safra (art. 14 da Lei nº 5.889/1973) e a maior parte dos contratos firmados com base nas alíneas *a* e *b* do art. 443 da CLT.

Há, contudo, contratos a termo realmente solenes, sendo imprescindível a celebração por meio de instrumentos escritos. Ex: contratos do atleta profissional (art. 3º da Lei nº 6.354/1976), do artista profissional (art. 9º da Lei nº 6.533/1978), do trabalho temporário (art. 11 da Lei nº 6.019/1974), dentre outros.

Nestes casos, porém, a omissão da forma escrita, quando exigida pela legislação trabalhista, não gera a nulidade contratual, mas a presunção de duração indeterminada do contrato, em razão da aplicação do princípio da continuidade da relação de emprego.

III – Incorreta.

O contrato de trabalho é, por essência, informal ou não solene.

Consoante a regra do art. 443, *caput*, da CLT, o contrato individual de trabalho poderá ser acordado tácita ou expressamente, verbalmente ou por escrito.

Mesmo nos contratos solenes trabalhistas, a ausência de fiel observância à solenidade prescrita em lei não elimina por inteiro os efeitos trabalhistas do pacto estabelecido, em virtude das peculiaridades inerentes à teoria geral das nulidades no Direito do Trabalho. Isso porque resta impossibilitada a restituição da força de trabalho despendida pelo trabalhador.

IV – Incorreta.

Vide o disposto no art. 443, *caput*, da CLT. O contrato de trabalho pode ser acordado de forma tácita, não sendo a vontade expressa das partes essencial à formação da referida relação jurídica. A regra é a informalidade.

Gabarito: C

73. **(FCC – TRT/SE – Analista Judiciário – 2002) A contratação irregular de trabalhador por meio de empresa interposta não gera vínculo de emprego com os órgãos da Administração Pública direta, indireta ou fundacional, porque:**
    a) não existe vínculo empregatício com esses órgãos;
    b) não se caracteriza a culpa *in eligendo* do órgão da Administração;
    c) há anuência do trabalhador;
    d) a empresa interposta não tem poderes de contratação;
    e) a investidura em cargo ou emprego público depende de aprovação prévia em concurso.

Comentários:

A contratação por empresa interposta é vedada pelo nosso ordenamento jurídico, ressalvado o trabalho temporário disciplinado pela Lei nº 6.019/1974. Neste sentido, a Súmula nº 331, item I, do C. TST.

Configurada a intermediação de mão de obra, como acontece nos casos de terceirização ilícita, deve ser reconhecido o vínculo de emprego entre o obreiro e o tomador dos serviços.

Porém, se o tomador dos respectivos serviços for órgão ou entidade da Administração Pública direta ou indireta, o reconhecimento do vínculo de emprego encontra óbice no princípio do concurso público, previsto no art. 37, inciso II, da Constituição da República.

É o entendimento contido na Súmula nº 331, item II, do C. TST: "A contratação irregular de trabalhador, mediante empresa interposta, não gera vínculo de emprego com os órgãos da *Administração Pública* direta, indireta ou fundacional (art. 37, II, da CF/1988)."

Gabarito: E

74. **(XIX Concurso da Magistratura – TRT/PR) Analisadas as assertivas a seguir, assinale a alternativa CORRETA.**
    I. **JOANA ALCÂNTARA, menor, 13 anos, trabalhou, com a permissão dos pais, como doméstica, de 20/2/2003 a 20/1/2004, no Município de Guaratuba-PR, para INÊS HONN e família. Despedida sem justa causa, não tem direitos às verbas rescisórias, nem aos salários, em face da nulidade absoluta do contrato de trabalho. A nulidade, na presente situação, gera efeitos retroativos.**
    II. **PEDRO CARMINO trabalhou de boa-fé para o Município de Ponta Grossa-PR, sem prévia aprovação em concurso público, pelo período de dois anos, tendo sido despedido sem justa causa. Não tem direito ao aviso prévio nem à multa de 40% do FGTS. Segundo a jurisprudência sumulada do Colendo TST, em face da contratação encontrar óbice no art. 37, II e § 2º da Constituição, tem direito somente ao pagamento da contraprestação pactuada, em relação ao número de horas trabalhadas, respeitado o valor da hora do salário mínimo, e dos valores referentes aos depósitos do FGTS.**

III. Sendo nula uma das cláusulas do contrato de trabalho lícito, porque contrária à lei, não subsiste a vontade das partes, nem se reputa nulo o contrato, ficando substituída a referida cláusula pela lei.

a) Todas as proposições são incorretas.
b) Todas as proposições são corretas.
c) A proposição III é a única correta.
d) A proposição II é a única correta.
e) As proposições II e III são as únicas corretas.

Comentários:

I – Incorreta.

A questão trata do chamado "trabalho proibido" ou "trabalho irregular", posto ser vedado qualquer trabalho ao menor de 16 (dezesseis) anos, salvo na condição de aprendiz, a partir dos 14 (quatorze) anos, nos termos do art. 7º, inciso XXXIII, da CF/1988.

O trabalho proibido é o vedado pela lei, em razão da prestação de serviços em determinadas circunstâncias específicas e/ou envolvendo certos tipos de trabalhadores, como, no caso, do trabalho infantil.

Não obstante a incapacidade absoluta do menor, o Direito do Trabalho confere efeitos plenos ao trabalho irregular, desde que a irregularidade também não se confunda com um tipo legal criminal. A nulidade, no caso, teria efeito *ex nunc*.

O reconhecimento de efeitos trabalhistas aos contratos irregulares não elimina a necessidade de correção do vício ou de extinção do contrato.

II – Correta.

De acordo com a jurisprudência cristalizada na Súmula nº 363 do C. TST: "A contratação de servidor público, após a CF/1988, sem prévia aprovação em concurso público, encontra óbice no respectivo art. 37, II e § 2º, somente lhe conferindo direito ao pagamento da contraprestação pactuada, em relação ao número de horas trabalhadas, respeitado o valor da hora do salário mínimo, e dos valores referentes aos depósitos do FGTS."

III – Correta.

A maior parte das normas trabalhistas é de natureza cogente ou de ordem pública, sendo inderrogáveis pela vontade das partes.

Diante do desequilíbrio econômico existente entre as partes contratantes, o Estado intervém instituindo o chamado "contrato mínimo legal", que consiste num patamar mínimo de direitos de proteção ao trabalho, como forma de compensar a hipossuficiência do empregado.

Na hipótese de pactuação de cláusula que estabeleça direito abaixo desse patamar mínimo legal de proteção ao trabalhador, esta é considerada como não escrita, sendo automaticamente substituída pela garantia mínima da lei. A este fenômeno, alguns doutrinadores denominam de princípio da tutela jurídica perfeita ou da aderência automática.

Gabarito: E

75. (X Concurso do Ministério Público do Trabalho) Com referência aos empregados de sociedade de economia mista, segundo jurisprudência dominante no âmbito do Tribunal Superior do Trabalho:

a) podem ser admitidos e despedidos normalmente como um empregado de empresa puramente privada, como decorre do art. 173 da Constituição;
b) podem ser admitidos por concurso público e, nesta hipótese, a despedida deve ocorrer motivadamente;
c) a admissão e despedida podem ser amplamente objeto de negociação coletiva;
d) a dispensa do concurso público para a admissão pode ser autorizada por lei complementar;
e) a contratação obrigatoriamente se processa por concurso público, mas a despedida obedecerá apenas o previsto na consolidação das leis do trabalho;
f) não sei.

Comentários:

Conforme o disposto no art. 37, inciso II, da CF/1988, a investidura em cargo ou emprego público depende de aprovação prévia em concurso público de provas ou de provas e títulos, de acordo com a natureza e a complexidade do cargo ou emprego, na forma prevista em lei, ressalvadas as nomeações para cargo em comissão declarado em lei de livre nomeação e exoneração.

A não observância do princípio do concurso público implica a nulidade do ato de investidura, nos termos do art. 37, § 2º, da CF/1988.

Logo, a contratação de empregados públicos de empresas públicas e sociedades de economia mista deve ser precedida de aprovação em certame, sob pena de nulidade do ato.

Por sua vez, é considerada válida a dispensa imotivada do empregado de empresa pública ou sociedade de economia mista, em razão de adotarem o regime próprio à iniciativa privada (art. 173, § 1º, inciso II, da CF/1988), o que assegura ao empregador o exercício do Direito Potestativo de Resilição Contratual.

Neste sentido, a OJ nº 247, item I, da SBDI-1 do C. TST: "A despedida de empregados de empresa pública e de sociedade de economia mista, mesmo admitidos por concurso público, independe de ato motivado para sua validade."

Segundo esse entendimento o ato de dispensa não se enquadraria em típico ato administrativo, a justificar a aplicação do princípio da motivação, mas mero ato da Administração Pública. Isso porque, quando contrata, a Administração Pública se equipara ao mero empregador, não sendo titular da relação de emprego com seu poder de império.

Exceção a essa regra é a Empresa Brasileira de Correios e Telégrafos – EBCT, embora possua a natureza de empresa pública federal, segundo o item II da OJ nº 247 da SBDI-1 do C. TST: "A validade do ato de despedida do empregado da Empresa Brasileira de Correios e Telégrafos (ECT) está condicionada à motivação, por gozar a empresa do mesmo tratamento destinado à Fazenda Pública em relação à imunidade tributária e à execução por precatório, além das prerrogativas de foro, prazos e custas processuais."

Gabarito: E

Capítulo 7

Alteração do Contrato de Trabalho

• • •

76. **(XI Concurso do Ministério Público do Trabalho) No que se refere às alterações do contrato de trabalho, é CORRETO afirmar:**
   a) as alterações bilaterais das condições de trabalho somente serão válidas se delas não resultar, direta ou indiretamente, prejuízos para o empregador;
   b) o *jus variandi* é o poder do empregador de punir o empregado, alterando alguma condição de trabalho, unilateralmente;
   c) o empregado pode resistir à ordem de seu superior hierárquico que extrapole os limites do poder diretivo conferido ao empregador;
   d) conforme prevê a legislação trabalhista, transferência é a alteração do local de trabalho, que não acarretar, necessariamente, a mudança de domicílio do empregado;
   e) não respondida.

Comentários:

a) Incorreta.

Segundo a regra contida no art. 468 da CLT: *"Nos contratos individuais de trabalho só é lícita a alteração das respectivas condições por mútuo consentimento, e ainda assim desde que não resultem, direta ou indiretamente, prejuízos ao empregado, sob pena de nulidade da cláusula infringente desta garantia."*

Esta norma exterioriza o princípio da inalterabilidade contratual lesiva ao empregado.

b) Incorreta.

São poderes do empregador: o poder diretivo, o poder regulamentar, o poder fiscalizatório e o poder disciplinar.

O *jus variandi* é corolário do poder diretivo ou de comando. É o conjunto de prerrogativas empresariais de, ordinariamente (*jus variandi ordinário*), ajustar, adequar e até mesmo alterar as circunstâncias e critérios de prestação dos serviços, desde que não haja afronta à lei ou ao contrato, ou, extraordinariamente (*jus variandi extraordinário*), em face de permissão normativa, modificar cláusula do próprio contrato de trabalho.

c) Correta.

Trata-se do *jus resistentiae*. Informa a prerrogativa de o empregado opor-se, validamente, a determinações ilícitas oriundas do empregador no contexto da prestação laborativa. Deriva do uso irregular do poder diretivo patronal.

d) Incorreta.

Estabelece a norma contida no art. 469 da CLT: *"Ao empregador é vedado transferir o empregado, sem a sua anuência, para localidade diversa da que resultar do contrato, não se considerando transferência a que não acarretar necessariamente a mudança do seu domicílio."*

Gabarito: C

77. **(FCC – TRT/MS – Analista Judiciário – 2004) O empregador que determina ao empregado em domicílio que passe a trabalhar na sede da empresa pratica ato:**
    a) lícito, desde que haja concordância prévia do empregado;
    b) lícito, desde que alteração não acarrete na mudança de domicílio do empregado e o empregador pague as despesas de locomoção;
    c) lícito, tendo em vista seu poder de comando, uma vez que regra prevalente estatui que a obrigação de fazer do empregado deve ser cumprida na sede da empresa;
    d) ilícito, que enseja a rescisão do contrato de trabalho, facultado, antes, ao empregado, o direito de pleitear o restabelecimento da cláusula infringida;
    e) ilícito, tendo em vista que a habitualidade se incorpora ao contrato de trabalho.

Comentários:

O empregador, no exercício do seu *ius variandi*, como corolário do poder diretivo ou de comando, pode determinar ao empregado em domicílio que passe a trabalhar na sede da empresa, desde que não acarrete a mudança de domicílio.

Qualquer alteração do local da prestação de serviços que implique a mudança de domicílio do empregado será nula se não contar com sua expressa anuência, nos termos do art. 469, *caput*, da CLT.

Como regra geral, a ordem jurídica trabalhista veda a alteração do local de trabalho que importe mudança de residência do empregado (transferência ou remoção relevante) sem sua prévia anuência.

Por sua vez, são consideradas lícitas as alterações de local de trabalho que não provoquem a mudança de residência do empregado (remoções não relevantes), pois situada dentro do *jus variandi* empresarial. No caso, porém, caberá ao empregador complementar as despesas com transporte. Neste sentido, a jurisprudência uniformizada na Súmula nº 29 do C. TST: *"Empregado transferido, por ato unilateral do empregador, para local mais distante de sua residência, tem direito a suplemento salarial correspondente ao acréscimo da despesa de transporte."*

Gabarito: B

78. **(FCC – TRT/MS – Analista Judiciário – 2003) A transferência do empregado para localidade diversa da que resultar do contrato de trabalho:**
   a) pode ser determinada em caso de necessidade de serviço, independentemente de qualquer pagamento suplementar;
   b) depende exclusivamente do empregador, se a possibilidade de transferência estiver prevista no contrato;
   c) pode ser determinada em caso de necessidade de serviço, ficando o empregador sujeito a um pagamento suplementar mínimo de 25% dos salários do empregado, enquanto durar a transferência;
   d) é lícita quando ocorrer desativação de parte do estabelecimento em que trabalhar o empregado;
   e) não pode ser determinada para detentores de cargo de confiança.

Comentários:

Nos termos do art. 469, *caput*, da CLT, ao empregador é vedado transferir o empregado, sem a sua anuência, para localidade diversa da que resultar do contrato, não se considerando transferência a que não acarretar necessariamente a mudança do seu domicílio.

Como regra geral, a ordem jurídica trabalhista veda a alteração do local de trabalho que importe mudança de residência do empregado (transferência ou remoção relevante) sem sua prévia anuência.

Em razão da mitigação da vontade obreira no contexto da relação de emprego, há entendimento no sentido de que a "anuência" a que se reporta o preceito legal refere-se ao atendimento de interesse pessoal do empregado.

Por sua vez, são consideradas lícitas as alterações de local de trabalho que não provoquem a mudança de residência do empregado (remoções não relevantes), pois situada dentro do *jus variandi* empresarial. Nesse caso, porém, caberá ao empregador complementar as despesas com transporte (Súmula nº 29 do C. TST).

Por sua vez, conforme o disposto no art. 469, § 1º, da CLT, não estão compreendidos na proibição deste artigo os empregados que exerçam cargo de confiança e aqueles cujos contratos tenham como condição, implícita ou explícita, a transferência, quando esta decorra de real necessidade de serviço.

Apesar de a validade da transferência destes empregados específicos não estar condicionada à sua prévia anuência, faz-se necessário que essa alteração do local de trabalho decorra de real necessidade de serviço. É o entendimento contido na Súmula nº 43 do C. TST: "Presume-se abusiva a transferência de que trata o § 1º do art. 469 da CLT, sem comprovação da necessidade do serviço."

O art. 469, § 2º, da CLT preconiza, outrossim, ser lícita a transferência quando ocorrer extinção do estabelecimento em que trabalhar o empregado.

Quanto ao adicional de transferência, este é previsto no art. 469, § 3º, da CLT, quando dispõe *in verbis*: "Em caso de necessidade de serviço o empregador poderá transferir o empregado para localidade diversa da que resultar do contrato, não obstante as restrições do artigo anterior, mas, nesse caso, ficará obrigado a um pagamento suplementar, nunca inferior a 25% (vinte e cinco por cento) dos salários que o empregado percebia naquela localidade, enquanto durar essa situação."

Por sua vez, conforme o entendimento consubstanciado na OJ nº 113 da SBDI-1 do C. TST, o fato de o empregado exercer cargo de confiança ou a existência de previsão de transferência no contrato de trabalho não exclui o direito ao adicional. O pressuposto legal apto a legitimar a percepção do mencionado adicional é a transferência provisória. Isso porque, como se infere da disposição contida no art. 469, § 3º, da CLT, a percepção do adicional será devida "*enquanto durar a situação*", atribuindo, dessa forma, como fator condicionante, o caráter provisório da transferência.

Por fim, o art. 470 da CLT estabelece que as despesas resultantes da transferência correrão por conta do empregador. Trata-se de ajuda de custo, de nítido caráter indenizatório, que não se integra ao salário contratual do empregado transferido.

Gabarito: C

79. **(Concurso da Magistratura – TRT/RJ – 2004) No contrato de trabalho, escrito, há cláusula que permite ao empregador transferir o empregado para outros locais. Assinale a opção CORRETA.**
   a) É devido, em qualquer hipótese, o adicional de transferência.
   b) Ao empregador é lícita a transferência, posto que o empregado desde a admissão já conhecia esta condição, mas deverá comprovar a efetiva necessidade.
   c) A cláusula não é válida, em qualquer hipótese, porque viola texto literal de lei, sendo nula qualquer modificação do local de trabalho do empregado.
   d) Feita a transferência, o empregado tem direito ao adicional de transferência, somente se não comprovada a real necessidade da transferência.
   e) As transferências são válidas somente para os empregados que exerçam cargos de confiança, assim, se este não for o caso do empregado, nula a transferência, independente de ser necessária ou não.

Comentários:

O art. 469, *caput*, da CLT estabelece que ao empregador é vedado transferir o empregado, sem a sua anuência, para localidade diversa da que resultar do contrato, não se considerando transferência a que não acarretar necessariamente a mudança do seu domicílio.

Todavia, não estão compreendidos na proibição deste artigo: os empregados que exerçam cargo de confiança e aqueles cujos contratos tenham como condição, implícita ou explícita, a transferência, quando esta decorra de real necessidade de serviço (CLT, art. 469, § 1º).

Em caso de necessidade de serviço o empregador poderá transferir o empregado para localidade diversa da que resultar do contrato, não obstante as restrições do artigo anterior, mas, nesse caso, ficará obrigado a um pagamento suplementar, nunca inferior a 25% (vinte e cinco por cento) dos salários que o empregado percebia naquela localidade, enquanto durar essa situação (CLT, art. 469, § 3º).

Presume-se abusiva a transferência de que trata o § 1º do art. 469 da CLT, sem comprovação da necessidade do serviço (Súmula nº 43 do C. TST).

O fato de o empregado exercer cargo de confiança ou a existência de previsão de transferência no contrato de trabalho não exclui o direito ao adicional. O pressuposto legal apto a legitimar a percepção do mencionado adicional é a transferência provisória (OJ nº 113 da SBDI-1 do C. TST).

Gabarito: B

80. **(NCE/UFRJ – TRT/PR – Analista Judiciário – 1998) A mudança da sede da empresa, dentro dos limites do município em que tem o seu domicílio:**
   a) configura transferência provisória, acarretando a obrigação por parte do empregador de remunerar o empregado com adicional de transferência nunca inferior ao mínimo de 25% (vinte e cinco por cento);
   b) estabelece uma transferência definitiva, ensejando o pagamento de ajuda de custo aos empregados;
   c) exige do empregador o pagamento de diárias aos empregados;
   d) somente pode ocorrer mediante acordo sindical, sob pena de caracterizar ilícito trabalhista;
   e) constitui legítimo exercício do poder diretivo do empregador, não configurando alteração contratual vedada pela lei.

Comentários:

A mudança da sede da empresa, dentro dos limites do município em que tem o seu domicílio, constitui legítimo exercício do *ius variandi* do empregador, como corolário do seu poder diretivo ou de comando, uma vez que não acarreta necessariamente a alteração da residência do empregado, conforme se extrai da inteligência do art. 469, *caput*, da CLT. Nesse caso, porém, caberá ao empregador complementar as despesas com transporte (Súmula nº 29 do C. TST).

Gabarito: E

81. **(FCC – TRT/RN – Analista Judiciário – 2003) Um empregado foi contratado para exercer as funções de cobrador. Dois anos após a admissão, seu empregador o nomeou para o cargo de confiança de diretor de cobrança, com uma gratificação correspondente. Seis meses mais tarde, o empregador determinou que ele voltasse a ocupar a antiga função de cobrador. Nesta hipótese:**
   a) é nula a determinação do empregador, que está legalmente impedido de alterar de forma unilateral o contrato de trabalho;
   b) a alteração somente será válida se o empregador garantir ao empregado as mesmas vantagens econômicas do cargo de diretor;
   c) a perda da função de diretor implica a rescisão indireta do contrato de trabalho;
   d) é válida a determinação do empregador para que o empregado reverta ao cargo efetivo;
   e) o empregador poderá determinar ao empregado que reverta à função primitiva desde que faça incorporar a gratificação percebida na remuneração, na proporção de 1/12 por mês efetivo de serviço.

Comentários:

Não se considera alteração unilateral a determinação do empregador para que o respectivo empregado reverta ao cargo efetivo, anteriormente ocupado, deixando o exercício de função de confiança (CLT, art. 468, parágrafo único).

Percebida a gratificação de função por dez ou mais anos pelo empregado, se o empregador, sem justo motivo, revertê-lo a seu cargo efetivo, não poderá retirar-lhe a gratificação, tendo em vista o princípio da estabilidade financeira (Súmula nº 372, item I, do C. TST).

O retorno ao cargo efetivo de empregado ocupante de cargo ou função de confiança denomina-se "reversão". Trata-se de exemplo típico do exercício do *jus variandi* extraordinário do empregador, constituindo alteração funcional lícita, nos termos do art. 468, parágrafo único, da CLT.

Por sua vez, o retorno ao cargo efetivo anterior de empregado ocupante de cargo efetivo superior denomina-se "retrocessão". Por se tratar de alteração funcional lesiva ao empregado, sem autorização normativa, é considerada ilícita.

Por fim, o retorno ao cargo efetivo anterior de empregado ocupante de cargo efetivo superior, determinado com intuito punitivo, denomina-se "rebaixamento". Trata-se de penalidade ilícita, em razão da falta de previsão legal específica, além de consistir em alteração contratual lesiva ao empregado.

Gabarito: D

82. **(III Concurso da Magistratura – TRT/RJ – 2004) Determinado empregado dirigiu-se, espontaneamente, ao empregador, para requerer sua transferência para outra área de trabalho da mesma empresa, alteração esta que não lhe acarretou nenhum prejuízo, em que pese tenha havido alteração da categoria. O empregador procedeu à transferência do empregado, conforme solicitação deste. Passado um ano da mencionada alteração, a categoria a que pertencia o autor obteve reajuste superior àquela a que passou a pertencer, em virtude da mudança de área. Sobre essa situação, é correto afirmar que:**
    a) a alteração contratual é nula, de pleno direito, uma vez que importou manifesto e imprevisível prejuízo para o empregado.
    b) o prejuízo do empregado, decorrente da alteração contratual, não precisa ser atual para determinar a nulidade desta.
    c) a alteração contratual e o prejuízo do trabalhador devem ser contemporâneos, de modo que aquela seja considerada nula.
    d) a alteração contratual não é nula, mas o empregado faz jus às diferenças salariais.
    e) a alteração contratual é nula porque o empregado não pode renunciar a direitos que já integravam o seu patrimônio jurídico.

Comentários:

Nos moldes, do art. 468, *caput*, da CLT: *"Nos contratos individuais de trabalho só é lícita a alteração das respectivas condições por mútuo consentimento, e ainda assim desde que não resultem, direta ou indiretamente, prejuízos ao empregado, sob pena de nulidade da cláusula infringente desta garantia."*

Na questão em foco, houve alteração contratual por mútuo consentimento sem prejuízos imediatos ao empregado. O prejuízo ao obreiro deve ser contemporâneo à alteração contratual promovida.

Gabarito: C

83. **(XII Concurso do Ministério Público do Trabalho) Assinale a alternativa CORRETA.**
    I. **Pode-se dizer que a lesão prevista no Código Civil pressupõe a prova subjetiva do vício de consentimento para gerar a invalidade do contrato civil, enquanto que na esfera do contrato de trabalho a lesão é capaz de gerar a nulidade do ato pela simples constatação objetiva de prejuízo ao empregado quando da novação contratual.**
    II. **Percebida a gratificação de função de confiança por dez ou mais anos pelo empregado, se o empregador, sem justo motivo, revertê-lo a seu cargo efetivo, não poderá retirar-lhe a gratificação tendo em vista o princípio da estabilidade financeira.**
    III. **Na substituição de colega de trabalho em gozo de férias, o empregado substituto fará jus ao salário contratual do substituído.**
    IV. **O fato de o empregador exercer cargo de confiança ou a existência de previsão de transferência no contrato de trabalho não exclui o direito ao respectivo adicional, cujo pressuposto legal é a transferência provisória.**
    a) Apenas a assertiva III está incorreta.
    b) Apenas as assertivas I e II estão incorretas.
    c) Apenas as assertivas I e IV estão incorretas.
    d) Todas as alternativas estão corretas.
    e) Não respondida.

Comentários:

I – Correta.

No Direito Civil, em face da presumida igualdade existente entre as partes contratantes, somente quando comprovado o efetivo vício de consentimento, por erro ou ignorância, dolo ou coação, é que se verificará a anulação do negócio jurídico (arts. 138 e seguintes do Código Civil).

No Direito do Trabalho, o art. 468 da CLT, como projeção do princípio da condição mais benéfica ao empregado, veda a alteração unilateral do contrato de trabalho, ou ainda por mútuo consentimento, desde que acarrete prejuízo ao trabalhador. Nestes termos, a constatação objetiva de prejuízo ao obreiro importará a nulidade da alteração contratual efetivada.

O princípio da condição mais benéfica assegura a prevalência das condições mais vantajosas ao empregado ajustadas no contrato de trabalho ou resultantes do regulamento de empresa.

Devem prevalecer as condições mais benéficas ao empregado, ainda que sobrevenha norma jurídica imperativa que prescreva menor nível de proteção, desde que com esta não sejam incompatíveis.

Desse princípio decorre a impossibilidade de alteração contratual prejudicial ao empregado, ainda que bilateral (art. 468 da CLT).

Outras aplicações:

Súmula nº 51, item I, do C. TST: "As cláusulas regulamentares, que revoguem ou alterem vantagens deferidas anteriormente, só atingirão os trabalhadores admitidos após a revogação ou alteração do regulamento."

Súmula nº 288 do C. TST: "A complementação dos proventos da aposentadoria é regida pelas normas em vigor na data da admissão do empregado, observando-se as alterações posteriores desde que mais favoráveis ao beneficiário do direito."

II – Correta.

De acordo com o parágrafo único do art. 468 da CLT, não se considera alteração unilateral a determinação do empregador para que o respectivo empregado reverta ao cargo efetivo, anteriormente ocupado, deixando o exercício de função de confiança.

Contudo, a jurisprudência uniforme do C. TST, cristalizada no item I da Súmula nº 372, posiciona-se no sentido de que: "Percebida a gratificação de função por dez ou mais anos pelo empregado, se o empregador, sem justo motivo, revertê-lo a seu cargo efetivo, não poderá retirar-lhe a gratificação tendo em vista o princípio da estabilidade financeira."

III – Correta.

De acordo com o entendimento contido na Súmula nº 159, item I, do C. TST: "Enquanto perdurar a substituição que não tenha caráter meramente eventual, inclusive nas férias, o empregado substituto fará jus ao salário contratual do substituído."

IV – Correta.

O fato de o empregado ocupar cargo de confiança ou a existência de previsão de transferência no contrato de trabalho permite que se opere a respectiva transferência, desde que comprovada a real necessidade de serviço. É o que se extrai da interpretação do art. 469, *caput* e § 1º, da CLT e do posicionamento contido na Súmula nº 43 do C. TST: "Presume-se abusiva a transferência de que trata o § 1º do art. 469 da CLT, sem comprovação da necessidade do serviço."

Por sua vez, a norma prevista no § 3º do art. 469 da CLT, ao dispor sobre o adicional de transferência, estabelece o seu pagamento *"enquanto durar esta situação"*, acarretando a ideia de transitoriedade.

Por fim, a jurisprudência uniforme do C. TST, consubstanciada na OJ nº 113 da SBDI-1, enuncia neste mesmo sentido: "O fato de o empregado exercer cargo de confiança ou a existência de previsão de transferência no contrato de trabalho não exclui o direito ao adicional. O pressuposto legal apto a legitimar a percepção do mencionado adicional é a transferência provisória."

Gabarito: D

84. **(Cespe/UnB – TRT/RJ – Técnico Judiciário – 2008) Um vendedor, após determinado tempo, foi promovido a gerente de vendas, cargo de confiança que lhe assegurou aumento na remuneração. Após ele ocupar a nova função por seis meses, o empregador concluiu que as expectativas de desempenho no cargo não tinham sido atendidas e determinou-lhe o retorno à função anterior, a de vendedor.**
    Acerca dessa situação, assinale a opção CORRETA.
    a) Irregularidade inexiste na mencionada reversão ao cargo anteriormente ocupado.
    b) A referida alteração atende ao prescrito no art. 468 da CLT, desde que tenha sido assegurado ao trabalhador o pagamento da gratificação de gerente.
    c) Com base no princípio da continuidade do contrato de trabalho, não há que se falar em retorno ao cargo anteriormente ocupado.
    d) Trata-se de situação que configura rescisão indireta, segundo o prescrito no art. 483 da CLT.
    e) A situação descrita constituiu alteração unilateral do contrato de trabalho e, portanto, foi nula, nos termos do art. 468 da CLT.

Comentários:

A reversão do empregado ocupante de cargo de confiança ao cargo efetivo de origem é alteração contratual autorizada pelo art. 468, parágrafo único, da CLT, traduzindo-se no *ius variandi* extraordinário do empregador.

Conforme o entendimento consubstanciado no item I da Súmula nº 372 do C. Tribunal Superior do Trabalho: "Percebida a gratificação de função por dez ou mais anos pelo empregado, se o empregador, sem justo motivo, revertê-lo a seu cargo efetivo, não poderá retirar-lhe a gratificação tendo em vista o princípio da estabilidade financeira."

Gabarito: A

85. **(XXIV Concurso da Magistratura – TRT/Campinas) Determinado empregado exerce função comissionada há dez anos e onze meses. Na conformidade da jurisprudência do C. TST, responda:**
    a) o empregador não pode reverter esse empregado ao cargo efetivo;
    b) o empregador não pode exigir desse empregado a realização de horas extras;
    c) ainda que o empregador reverta o empregado ao cargo anterior, não poderá suprir o pagamento da gratificação de função sem justo motivo;
    d) o empregador não pode dispensar, sem motivo, esse empregado;
    e) o empregador pode reverter esse empregado ao cargo efetivo, pagando-lhe metade da gratificação de função.

Comentários:

Em conformidade com a disposição contida no art. 468, *caput*, da CLT, nos contratos individuais de trabalho só é lícita a alteração das respectivas condições por mútuo consentimento, e ainda assim desde que não resultem, direta ou indiretamente, prejuízos ao empregado, sob pena de nulidade da cláusula infringente dessa garantia.

Não se considera alteração unilateral a determinação do empregador para que o respectivo empregado reverta ao cargo efetivo, anteriormente ocupado, deixando o exercício de função de confiança (CLT, art. 468, parágrafo único).

Por sua vez, de acordo com a jurisprudência uniformizada no item I da Súmula nº 372 do C. TST, percebida a gratificação de função por dez ou mais anos pelo empregado, se o empregador, sem justo motivo, revertê-lo a seu cargo efetivo, não poderá retirar-lhe a gratificação tendo em vista o princípio da estabilidade financeira.

Logo, na questão em exame, o empregado poderá ser revertido ao cargo efetivo de origem. Porém, não poderá ser retirada a sua gratificação de função.

Gabarito: C

Capítulo 8

Interrupção e Suspensão do Contrato de Trabalho

• • •

86. (Analista Judiciário – TRT/MS – 2004 – FCC) É causa de suspensão de contrato de trabalho:
   a) afastamento por até 15 dias com percepção do auxílio-doença;
   b) ausência por até 3 dias consecutivos em virtude de casamento;
   c) prestação de serviço militar obrigatório;
   d) aposentadoria por invalidez;
   e) exercício de mandato sindical.

Comentários:

A interrupção e a suspensão do contrato de trabalho são institutos que implicam a sustação provisória restrita ou ampliada dos efeitos das cláusulas de um contrato de trabalho.

Na interrupção do contrato de trabalho ocorre a sustação provisória da principal obrigação do empregado no contexto da relação de emprego, concernente à prestação de serviços e à disponibilidade ao empregador. Trata-se de sustação restrita e unilateral dos efeitos contratuais trabalhistas. Não há prestação de serviços pelo empregado, mas permanece a obrigação do empregador de proceder à contraprestação do trabalho. No entanto, o período de interrupção é computado no tempo de serviço do empregado, ou seja, o contrato de trabalho permanece vigendo.

Na suspensão do contrato de trabalho ocorre a sustação provisória dos principais efeitos do contrato de trabalho, em virtude de um fato juridicamente relevante. Trata-se de sustação ampliada e recíproca dos efeitos contratuais trabalhistas. Não há prestação de serviços, mas também o empregador se exime da obrigação de remunerar. Ademais, esse período não é computado como tempo de serviço, ou seja, é sustada a vigência do contrato de trabalho.

Os primeiros 15 dias de afastamento do empregado, seja por enfermidade, ou em decorrência de acidente de trabalho, devem ser remunerados pelo empregador, computando-se o período no tempo de serviço do empregado, por se tratar de interrupção do contrato de trabalho.

É o que se extrai do art. 75, *caput*, do Decreto nº 3.048/1999: *"Durante os primeiros 15 dias consecutivos de afastamento da atividade por motivo de doença, incumbe à empresa pagar ao segurado empregado o seu salário."*

A ausência por 3 (três) dias consecutivos, em virtude de casamento, consiste em hipótese de interrupção do contrato de trabalho, nos termos do art. 473, inciso II, da CLT.

O afastamento para cumprimento do serviço militar obrigatório implica a suspensão do contrato de trabalho. No entanto, computar-se-ão, na contagem de tempo de serviço, para efeito de indenização e estabilidade, os períodos em que o empregado estiver afastado do trabalho prestando serviço militar e por motivo de acidente de trabalho, por força do parágrafo único do art. 4º da CLT.

Por sua vez, segundo o art. 472, *caput*, da CLT, o afastamento do empregado em virtude das exigências do serviço militar, ou de outro encargo público, não constituirá motivo para alteração ou rescisão do contrato de trabalho por parte do empregador.

A aposentadoria por invalidez também é hipótese de suspensão do contrato de trabalho, nos termos do art. 475, *caput*, da CLT: *"O empregado que for aposentado por invalidez terá suspenso o seu contrato de trabalho durante o prazo fixado pelas leis de previdência social para a efetivação do benefício."*

Dessa forma, tanto o afastamento para cumprimento do serviço militar obrigatório quanto a aposentadoria são espécies de suspensão do contrato de trabalho, o que deveria ter implicado a anulação da questão. Todavia, no gabarito oficial consta a letra **D** (aposentadoria por invalidez).

Por fim, o exercício de mandato sindical assegura a garantia provisória de emprego ao respectivo dirigente, desde o registro da candidatura até um ano após o término do respectivo mandato, nos moldes dos arts. 543, § 3º, da CLT e 8º, inciso VIII, da Constituição da República, não constituindo hipótese de interrupção ou de suspensão do contrato de trabalho.

Ressalte-se, porém, que o art. 543, § 2º, da CLT estabelece que se considera licença não remunerada, salvo assentimento da empresa ou cláusula contratual, o tempo em que o empregado se ausentar do trabalho no desempenho das funções de dirigente sindical. Logo, durante este período de ausência, se não houver estipulação em contrário, o contrato ficará suspenso.

Gabarito: D

87. (NCE/UFRJ – TRT/PR – Analista Judiciário – 1998) O afastamento do empregado em virtude de serviço militar obrigatório:
   a) dá ensejo à cessação do contrato de trabalho, por força maior;
   b) importa em motivo justo ao empregador para rescindir o contrato de trabalho, sem o pagamento de indenização;

c) não constitui motivo para alteração ou rescisão do contrato de trabalho por parte do empregador;
d) dá direito ao empregador de rescindir o contrato, todavia com o pagamento do aviso prévio e indenização prevista em lei;
e) é caso de rescisão contratual por iniciativa do empregador, todavia, como se trata de ato de império do estado (serviço militar), a indenização é devida pela metade.

Comentários:

Nos termos do art. 472, *caput*, da CLT, o afastamento do empregado em virtude das exigências do serviço militar, ou de outro encargo público, não constituirá motivo para alteração ou rescisão do contrato de trabalho por parte do empregador.

Gabarito: C

88. **(FJPF – TRT/RJ – Analista Judiciário – 2004) O afastamento do empregado em virtude das exigências do serviço militar não constituirá motivo para alteração do contrato de trabalho por parte do empregador. Mas, para que o empregado tenha direito a voltar a exercer o cargo do qual se afastou, é indispensável que a forma de notificação e o seu prazo máximo, em dias contados a partir da data em que se verificou a baixa, sejam:**
   a) telegrama – 30 dias;
   b) carta registrada – 15 dias;
   c) ofício do ministério do exército – 20 dias;
   d) citação do ministério público do trabalho – 15 dias;
   e) aviso do sindicato profissional a que for filiado – 20 dias.

Comentários:

De acordo com a norma contida no art. 472, § 1º, da CLT:

> Para que o empregado tenha direito a voltar a exercer o cargo do qual se afastou em virtude de exigências do serviço militar ou de encargo público, é indispensável que notifique o empregador dessa intenção, por telegrama ou carta registrada, dentro do prazo máximo de 30 (trinta) dias, contados da data em que se verificar a respectiva baixa ou a terminação do encargo a que estava obrigado.

Gabarito: A

89. **(III Concurso da Magistratura – TRT/RJ – 2004) Determinado empregado é eleito para ocupar o cargo de diretor-órgão de sociedade anônima. Passou a exercer a direção da sociedade anônima de forma efetiva, funcionando como seu representante legal. Diante da situação narrada e considerando os termos do Enunciado nº 269 do C. TST, é possível afirmar que:**
   I. O período em que o empregado efetivamente ocupou o cargo de diretor de sociedade anônima não será computado ao seu tempo de serviço, por se tratar de modalidade de interrupção de contrato.

II. O período em que o empregado efetivamente ocupou o cargo de diretor de sociedade anônima não será computado ao tempo de serviço, por se tratar de modalidade de suspensão de contrato, salvo se houver disposição autorizando tal cômputo em Regulamento Interno.

III. O período em que o empregado efetivamente ocupou o cargo de diretor de sociedade anônima será computado como tempo de serviço porque o diretor-órgão, representante legal, equipara-se a um mero mandatário.

IV. O empregado que efetivamente ocupou o cargo de diretor de sociedade anônima adquiriu poder de comando e, portanto, viu afastada a subordinação jurídica, elemento característico do contrato de emprego.

V. O empregado que efetivamente ocupou o cargo de diretor de sociedade anônima não poderá ter esse período computado em seu tempo de serviço através de disposição constante do Regulamento Interno, diante do princípio da primazia da realidade.

a) as assertivas I e IV estão corretas;
b) as assertivas II e IV estão corretas;
c) as assertivas III e IV estão corretas;
d) as assertivas I e II estão corretas;
e) as assertivas I e V estão corretas.

Comentários:

Conforme o entendimento consubstanciado na Súmula nº 269 do C. TST: "O empregado eleito para ocupar cargo de diretor tem o respectivo contrato de trabalho suspenso, não se computando o tempo de serviço desse período, salvo se permanecer a subordinação jurídica inerente à relação de emprego."

Gabarito: B

90. (II Concurso da Magistratura – TRT/RJ – 2004) É uma das hipóteses legais de suspensão do contrato de trabalho:
   a) o afastamento do empregado nos dias em que estiver comprovadamente realizando provas de exame vestibular para ingresso em estabelecimento de ensino superior;
   b) o afastamento pelo tempo necessário ao comparecimento em juízo;
   c) o afastamento para gozo das férias;
   d) o afastamento por motivo de doença, até o limite de 15 (quinze) dias consecutivos;
   e) o afastamento decorrente de aposentadoria por invalidez.

Comentários:

a) Incorreta.

Hipótese de interrupção do contrato de trabalho, nos termos do art. 473, inciso VII, da CLT.

b) Incorreta.

Hipótese de interrupção do contrato de trabalho, nos moldes do art. 473, inciso VIII, da CLT.

c) Incorreta.

Hipótese de interrupção do contrato de trabalho, na forma do art. 129 da CLT: "*Todo empregado terá direito anualmente ao gozo de um período de férias, sem prejuízo da remuneração.*"

d) Incorreta.

Hipótese de interrupção do contrato de trabalho, de acordo com o art. 60, § 3º, da Lei nº 8.213/1991: "*Durante os primeiros 15 dias consecutivos ao do afastamento da atividade por motivo de doença, incumbirá à empresa pagar ao segurado empregado o seu salário integral.*"

e) Correta.

Segundo o comando previsto no art. 475, *caput*, da CLT, o empregado que for aposentado por invalidez terá suspenso o seu contrato de trabalho durante o prazo fixado pelas leis de Previdência Social para a efetivação do benefício.

Gabarito: E

91. **(XI Concurso do Ministério Público do Trabalho) Quanto à suspensão e à interrupção do contrato de trabalho, é CORRETO afirmar:**
   a) a interrupção do contrato de trabalho por mais de 30 (trinta) dias consecutivos importa dispensa sem justa causa do empregado;
   b) durante o período em que a empregada estiver afastada do trabalho, recebendo licença-maternidade, deve o empregador recolher o FGTS;
   c) restará suspenso o contrato de trabalho, nos dias em que o empregado estiver comprovadamente realizando provas de exame vestibular, para ingresso em estabelecimento de ensino superior;
   d) não ocorre suspensão do contrato de trabalho do empregado que for aposentado por invalidez;
   e) não respondida.

Comentários:

a) Incorreta.

O art. 474 da CLT dispõe que a suspensão do empregado por mais de 30 (trinta) dias consecutivos importa a rescisão injusta do contrato de trabalho.

b) Correta.

Conforme a regra estabelecida no art. 28, inciso IV, do Decreto nº 99.684/1990 (Regulamento do FGTS): "*O depósito na conta vinculada do FGTS é obrigatório também nos casos de interrupção do contrato de trabalho prevista em lei, tais como: (...) IV – licença à gestante.*"

c) Incorreta.

Reza o art. 473, inciso VII, da CLT: "*O empregado poderá deixar de comparecer ao serviço sem prejuízo do salário: (...) VII – nos dias em que estiver comprovadamente realizando provas de exame vestibular para ingresso em estabelecimento de ensino superior.*"

d) Incorreta.

Segundo a norma do art. 475, *caput*, da CLT: *"O empregado que for aposentado por invalidez terá suspenso o seu contrato de trabalho durante o prazo fixado pelas leis de previdência social para a efetivação do benefício."*

Gabarito: B

92. **(Cespe/UnB – TRT/RJ – Analista Judiciário – 2008) Diante do posicionamento da Organização Mundial da Saúde (OMS), que catalogou o alcoolismo como doença no Código Internacional de Doenças (CID), sob o título de síndrome de dependência do álcool (referência F-10.2), impõe-se a revisão do disciplinamento contido no art. 482, letra *f*, da CLT, de modo a impedir a dispensa por justa causa do trabalhador alcoólatra (embriaguez habitual), aplicando-se, tão somente, a suspensão de seu contrato de trabalho, para que ele possa ser submetido a tratamento médico ou mesmo possa se aposentar por invalidez. [Proc. nº TST-AIRR e RR-813281/2001.6, Min. Relator: José Luciano de Castilho Pereira.]**
    Com base no entendimento expresso no texto, assinale a opção CORRETA.
    a) O empregado afastado para tratamento de embriaguez habitual não presta serviços, mas recebe salários e tem o período de afastamento contado como tempo de serviço.
    b) Na situação apresentada, o empregado afastado não presta serviços, não recebe salários, mas o período de afastamento é computado como tempo de serviço.
    c) A suspensão tem início desde o primeiro dia do afastamento para tratamento do alcoolismo.
    d) Quanto aos seus efeitos, a situação apresentada se assemelha à suspensão.
    e) Quanto aos seus efeitos, a situação descrita se assemelha ao afastamento devido a acidente de trabalho.

Comentários:

Trata-se de hipótese de afastamento previdenciário por enfermidade, implicando a suspensão do contrato de trabalho, a partir do 16º (décimo sexto) dia de afastamento, não havendo prestação de serviços, nem o pagamento de salário e tampouco a contagem do tempo de serviço. O trabalhador encontrar-se-ia em gozo de benefício previdenciário (auxílio-doença enfermidade).

Nestes termos, o art. 476 da CLT: *"Em caso de seguro-doença ou auxílio-enfermidade, o empregado é considerado em licença não remunerada, durante o prazo desse benefício."*

Gabarito: D

93. **(Cespe/UnB – TRT/RJ – Técnico Judiciário – 2008) No decorrer de determinado contrato de trabalho, o empregado sofreu acidente de trabalho e ficou afastado de suas funções por mais de oito meses, percebendo, mensalmente, o benefício correspondente.**
    Na situação acima descrita:
    a) tem-se um caso de interrupção do contrato de trabalho porque haverá, no tempo de serviço, cômputo do período do afastamento;
    b) ocorre a suspensão do contrato de trabalho porque não haverá, no tempo de serviço, cômputo do período do afastamento;
    c) o período aquisitivo de férias não será alterado porque houve acidente de trabalho;

d) o contrato de trabalho é considerado suspenso e há cômputo, no tempo de serviço, do período do afastamento;
e) verifica-se interrupção do contrato de trabalho e não há cômputo, no tempo de serviço, do período do afastamento.

Comentários:

Na ocorrência de acidente de trabalho, os 15 primeiros dias de afastamento configuram interrupção do contrato de trabalho. A partir do décimo sexto dia, o empregado passa a gozar do benefício previdenciário do auxílio-doença acidentário, operando-se a suspensão do contrato de trabalho.

Todavia, ainda que se opere a suspensão do contrato de trabalho, o art. 4º, parágrafo único, da CLT assegura o cômputo, na contagem de tempo de serviço, para efeito de indenização e estabilidade, do período em que o empregado estiver afastado do trabalho por motivo de acidente de trabalho.

Gabarito: D

94. (XXIV Concurso da Magistratura – TRT/Campinas) O empregado tem direito ao salário integral quando se ausentar do trabalho:
   a) por dois dias consecutivos, para se alistar eleitor;
   b) por estar comprovadamente realizando provas de exame vestibular para ingresso em estabelecimento de ensino médio público profissionalizante;
   c) por até dois dias a cada 12 meses de trabalho, para doar sangue;
   d) por um dia, exclusivamente, na primeira semana após o nascimento da criança, para registrar filho no competente cartório;
   e) pelo período de licença remunerada prevista na norma coletiva, desde que tenham sido implementadas as condições de gozo do direito nela previstas, prescrições estas que não comportam interpretação ampliativa.

Comentários:

a) Incorreta.

O empregado poderá deixar de comparecer ao serviço sem prejuízo do salário por até 2 (dois) dias consecutivos ou não, para o fim de se alistar eleitor, nos termos da lei respectiva (CLT, art. 473, V).

b) Incorreta.

O empregado poderá deixar de comparecer ao serviço sem prejuízo do salário nos dias em que estiver comprovadamente realizando provas de exame vestibular para ingresso em estabelecimento de ensino superior (CLT, art. 473, VII).

c) Incorreta.

O empregado poderá deixar de comparecer ao serviço sem prejuízo do salário por um dia, em cada 12 (doze) meses de trabalho, em caso de doação voluntária de sangue devidamente comprovada (CLT, art. 473, IV).

d) Incorreta.

O art. 473, inciso III, da CLT dispõe que o empregado poderá deixar de comparecer ao serviço sem prejuízo do salário por um dia, em caso de nascimento de filho no decorrer da primeira semana.

Contudo, a norma do § 1º do art. 10 do ADCT da Constituição da República destaca que até que a lei venha a disciplinar o disposto no inciso XIX do art. 7º do Texto Constitucional, o prazo da licença-paternidade é de cinco dias.

Para a doutrina majoritária, a regra do art. 473, inciso III, da CLT não teria sido recepcionada pela Carta Magna, o que amplia, nesse caso, a interrupção do contrato de trabalho para o prazo de cinco dias.

e) Correta.

Em razão do reconhecimento dos acordos e convenções coletivos de trabalho como fontes formais autônomas do Direito do Trabalho (CF/1988, art. 7º, XXVI), a licença remunerada prevista em instrumento coletivo deve ser observada nas relações individuais de trabalho que se encontram sob a sua regência, uma vez implementadas as condições nele previstas, as quais não comportam interpretação extensiva ou ampliativa, já que encerram preceito de caráter restritivo.

Gabarito: E

Capítulo

9

Extinção do Contrato de Trabalho

• • •

95. (FCC – TRT/MS – Analista Judiciário – 2003) De acordo com a previsão legal, extingue-se a relação de emprego:
   a) na venda do estabelecimento comercial;
   b) na aposentadoria espontânea;
   c) no fechamento de uma filial;
   d) na hipótese de falecimento do sócio-gerente da empregadora;
   e) na privatização de empresa pública.

Comentários:

À época da realização desse concurso, a jurisprudência uniforme do C. Tribunal Superior do Trabalho, com fulcro no art. 453 da CLT e §§ 1º e 2º, e cristalizada na OJ nº 177 da SBDI-1, assim dispunha: "A aposentadoria espontânea extingue o contrato de trabalho, mesmo quando o empregado continua a trabalhar na empresa após a concessão do benefício previdenciário. Assim sendo, indevida a multa de 40% do FGTS em relação ao período anterior à aposentadoria."

Todavia, o E. Supremo Tribunal Federal passou a esposar, em sede de controle de constitucionalidade, entendimento no sentido de que a aposentadoria espontânea não extingue o contrato de trabalho, se o empregado permanece prestando serviços ao empregador, afirmando que a relação previdenciária não se confunde com a de emprego.

Diante do posicionamento da E. Suprema Corte, o C. Tribunal Superior do Trabalho cancelou a OJ nº 177 da SBDI-1 (DJ 30/10/06) e, posteriormente, editou a OJ nº 361 da SBDI-1 (DJ 20, 21, e 23/05/2008), nos seguintes termos: "A aposentadoria espontânea não é causa de extinção do contrato de trabalho se o empregado permanece prestando serviços ao empregador após a jubilação. Assim, por ocasião da sua dispensa imotivada, o empregado tem direito à multa de 40% do FGTS sobre a totalidade dos depósitos efetuados no curso do pacto laboral."

Gabarito: B

Capítulo 9: Extinção do Contrato de Trabalho   131

96. (FCC – TRT/RN – Analista Judiciário – 2003) Para efeito de configuração da falta grave, o descumprimento de ordens gerais denomina-se:
a) negligência;
b) insubordinação;
c) incontinência de conduta;
d) indisciplina;
e) ato de improbidade.

Comentários:
Enquanto a indisciplina implica o descumprimento de ordens gerais por parte do empregado, a insubordinação consiste no descumprimento de ordens individuais. Ambas as hipóteses configuram faltas graves que podem acarretar a resolução unilateral do contrato de trabalho por culpa do empregado (dispensa por justa causa ou motivada), nos termos do art. 482, alínea *h*, da CLT.

Gabarito: D

97. (X Concurso do Ministério Público do Trabalho) Assinale a alternativa INCORRETA. Constituem justa causa para a rescisão do contrato individual de trabalho pelo empregador:
a) a condenação criminal do empregado, com pena alternativa de prestação de serviços à comunidade;
b) ato de improbidade;
c) embriaguez habitual ou em serviço;
d) violação de segredo da empresa;
e) jogar constantemente no bicho;
f) não sei.

Comentários:
a) Incorreta.
Constitui justa causa para a rescisão do contrato individual de trabalho pelo empregador a condenação criminal do empregado, passada em julgado, caso não tenha havido suspensão da execução da pena (CLT, art. 482, *d*).

b) Correta.
Com fundamento no art. 482, alínea *a*, da CLT.

c) Correta.
Nos termos do art. 482, alínea *f*, da CLT.

d) Correta.
Conforme a norma do art. 482, alínea *g*, da CLT.

e) Correta.

De acordo com o comando do art. 482, alínea l, da CLT ("*prática constante de jogos de azar*").

Gabarito: A

98. **(FCC – TRT/SE – Analista Judiciário – 2002) Um empregado pediu demissão logo após ter retornado das férias. No entanto, por ocasião das férias, recebeu adiantamento da primeira parcela do 13º salário. Nesse caso, o empregador, com relação a esse adiantamento:**
    a) poderá compensá-lo com o 13º salário devido e, se não bastar, com outro crédito de natureza trabalhista;
    b) não poderá compensá-lo;
    c) poderá compensá-lo apenas com o 13º salário devido;
    d) poderá compensá-lo com o 13º salário devido, se as férias forem concedidas no mês de janeiro;
    e) poderá compensá-lo com o 13º salário devido, se o pedido de demissão for efetuado no primeiro semestre.

Comentários:

No caso em análise, o empregado poderá deduzir do décimo terceiro salário a ser pago o adiantamento da primeira parcela recebido nas férias e, caso não baste, poderá efetuar compensação com outro crédito de natureza trabalhista.

Enquanto a dedução compreende parcelas de idêntico título, cuja aplicação independe de requerimento da parte interessada, sendo cabível, inclusive, de ofício, a compensação é matéria de defesa, devendo ser suscitada em contestação (art. 767 da CLT e Súmula nº 48 do C. TST), e somente pode compreender verbas de natureza trabalhista (Súmula nº 18 do C. TST).

Registre, ainda, que qualquer compensação no pagamento a ser feito no ato da homologação da rescisão contratual não poderá exceder o equivalente a um mês de remuneração, nos termos do § 5º do art. 477 da CLT.

Gabarito: A

99. **(FCC – TRT/SE – Analista Judiciário – 2002) Empregada doméstica, incluída facultativamente no regime do FGTS, foi dispensada sem justa causa. Nesse caso, além das demais verbas rescisórias, a empregada:**
    a) terá direito somente ao seguro-desemprego, se preencher as condições para a percepção desse benefício;
    b) não terá direito ao levantamento dos depósitos do FGTS, mas terá direito à indenização de 40% e ao seguro-desemprego, se preencher as condições para a percepção desse benefício;
    c) terá direito ao levantamento dos depósitos do FGTS, à indenização de 40% e ao seguro-desemprego, se preencher as condições para a percepção desse benefício;
    d) terá direito ao levantamento dos depósitos do FGTS e à indenização de 40%, se preencher as condições para a percepção desse benefício, mas não terá direito ao seguro-desemprego;

e) terá direito ao levantamento dos depósitos do FGTS e ao seguro-desemprego se preencher as condições para a percepção desse benefício, mas não terá direito à indenização de 40%.

Comentários:

Nos termos do art. 3º-A da Lei nº 5.859/1972, é facultada a inclusão do empregado doméstico no Fundo de Garantia do Tempo de Serviço – FGTS de que trata a Lei nº 8.036, de 11 de maio de 1990, mediante requerimento do empregador, na forma do regulamento.

Por sua vez, o art. 18, § 1º, da Lei nº 8.036/1990 estabelece que, na hipótese de despedida pelo empregador sem justa causa, depositará este, na conta vinculada do trabalhador no FGTS, importância igual a 40% do montante de todos os depósitos realizados na conta vinculada durante a vigência do contrato de trabalho, atualizados monetariamente e acrescidos dos respectivos juros.

A movimentação dos depósitos do FGTS, no caso de dispensa injusta do empregado, encontra assento no art. 20, inciso I, da Lei nº 8.036/1990, quando dispõe: *"A conta vinculada do trabalhador no FGTS poderá ser movimentada nas seguintes situações: I – despedida sem justa causa, inclusive a indireta, de culpa recíproca e de força maior."*

O empregado doméstico que for dispensado sem justa causa fará jus ao benefício do seguro-desemprego, de que trata a Lei nº 7.998, de 11 de janeiro de 1990, no valor de um salário mínimo, por um período máximo de três meses, de forma contínua ou alternada (art. 6º-A da Lei nº 5.859/1972).

O benefício será concedido ao empregado inscrito no FGTS que tiver trabalhado como doméstico por um período mínimo de 15 meses nos últimos 24 meses contados da dispensa sem justa causa (art. 6º-A, § 1º, da Lei nº 5.859/1972).

Gabarito: C

100. (Fundec – TRT/BA – Analista Judiciário – 2003) A indenização no percentual de 20% sobre o montante de todos os depósitos realizados na conta vinculada durante o contrato de trabalho é devida em caso de:
a) rescisão do contrato de trabalho por iniciativa do empregador;
b) despedida indireta reconhecida pela Justiça do Trabalho;
c) despedida por justa causa;
d) dispensa em término do contrato a prazo;
e) despedida por culpa recíproca ou força maior, reconhecida pela Justiça do Trabalho.

Comentários:

Conforme a disposição do art. 18, § 2º, da Lei nº 8.036/1990: *"Quando ocorrer despedida por culpa recíproca ou força maior, reconhecida pela Justiça do Trabalho, o percentual de que trata o § 1º será de 20 (vinte) por cento."*

Gabarito: E

101. (Fundec– TRT/BA – Analista Judiciário – 2003) Na hipótese de extinção do contrato de trabalho pela ocorrência do *factum principis*:
a) a indenização devida pela rescisão do contrato de trabalho será paga pelo empregador;
b) a indenização devida pela rescisão do contrato de trabalho será paga pelo governo responsável;
c) nenhuma indenização será devida ao empregado;
d) a indenização será reduzida à metade e será paga pelo empregador;
e) a indenização devida pela rescisão do contrato de trabalho será paga pelo Governo Federal.

Comentários:

Nos termos do art. 486, *caput*, da CLT: *"No caso de paralisação temporária ou definitiva do trabalho, motivada por ato de autoridade municipal, estadual ou federal, ou pela promulgação de lei ou resolução que impossibilite a continuação da atividade, prevalecerá o pagamento da indenização, que ficará a cargo do governo responsável."*

Configura-se *factum principis* quando a Administração Pública, ao praticar ato que vise à satisfação do interesse público, prejudica a atividade ou lesiona bens do particular, que não é obrigado a arcar sozinho com os danos decorrentes de atividade que irá beneficiar a coletividade.

No âmbito trabalhista, a Administração Pública, seja federal, estadual ou municipal, que ensejar a paralisação temporária ou definitiva das atividades do empregador será responsável pelo pagamento de indenização, nos termos do art. 486, *caput*, da CLT.

Como condição para que o fato do príncipe transfira a obrigação de indenizar para o governo do qual emanou o ato de autoridade, necessário se torna que se reúnam os mesmos requisitos da força maior, isto é: imprevisibilidade do evento; sua irresistibilidade; inexistência de concurso direto ou indireto do empregador no acontecimento; necessidade de que o evento afete ou seja suscetível de afetar substancialmente a situação econômico-financeira da empresa.

Não se confunde, entretanto, o fato do príncipe com a hipótese de força maior. Nesta, a indenização não é devida para os não estáveis, e é devida pela metade para os estáveis (CLT, art. 502, I e II), responsabilidade que recai nos ombros do empregador, detentor dos riscos do negócio, enquanto que naquele, a responsabilidade é em parte do Estado, porque passa ele a ser devedor da indenização.

Registre-se, todavia, que a culpa do empregador, ainda que indireta (art. 501, da CLT), impede a aplicação do art. 486 da CLT, como também o fato de a ordem ou medida governamental tornar, apenas, mais onerosa ou mais difícil a execução do contrato.

Como visto, a Administração Pública não pode causar dano ou prejuízo a terceiros, mesmo que seja no interesse da comunidade. Se assim procede, deve ser chamada a figurar no processo (CLT, art. 486, § 1º).

Gabarito: B

102. (Fundec – TRT/BA – Analista Judiciário – 2003) José prestou serviços domésticos a Maria do Carmo no período de 25/11/1994 a 25/11/2000, tendo sido demitido sem justa causa e sem o pagamento das verbas relativas a aviso prévio e décimo terceiro salário de todo o período. Diante dessa situação, eventual reclamação trabalhista que viesse a ser promovida por José, no ano corrente, em face de Maria do Carmo, seria julgada:
   a) improcedente, porque a Constituição não assegura aviso prévio nem décimo terceiro salário ao trabalhador doméstico;
   b) procedente apenas em relação ao décimo terceiro salário, pois a Constituição não assegura aviso prévio ao trabalhador doméstico;
   c) procedente apenas em relação ao aviso prévio, pois a Constituição não assegura décimo terceiro salário ao trabalhador doméstico;
   d) improcedente, em função do decurso do prazo prescricional previsto na Constituição para o ajuizamento de reclamação trabalhista;
   e) procedente quanto a aviso prévio e décimo terceiro salário, mas apenas em relação aos cinco últimos anos do contrato de trabalho de José.

Comentários:

Considerando que o contrato de trabalho se extinguiu em 25/11/2000, e tendo a reclamação trabalhista sido ajuizada no ano de 2003, a pretensão já teria se tornado inexigível, em razão da incidência de prescrição bienal, com fundamento no art. 7º, inciso XXIX, da Constituição da República. E, na forma do art. 269, inciso IV, do CPC, a pronúncia da prescrição implica a extinção do processo com resolução do mérito.

Gabarito: D

103. (XIX Concurso da Magistratura – TRT/PR) Rompido o contrato de trabalho celebrado por prazo indeterminado, a pedido do empregado quando contava com 6 meses e 18 dias de trabalho, segundo a orientação sumulada do Colendo TST, é correto afirmar que ele tem direito:
   a) somente às férias proporcionais;
   b) somente ao 13º salário proporcional;
   c) ao 13º salário proporcional, aviso prévio e liberação do FGTS acrescido de 40%;
   d) às férias proporcionais e ao 13º salário proporcional;
   e) somente ao aviso prévio

Comentários:

De acordo com o entendimento consubstanciado na Súmula nº 157 do C. TST: "A gratificação instituída pela Lei nº 4.090, de 13/07/1962 é devida na resilição contratual de iniciativa do empregado."

Por sua vez, dispõe a Súmula nº 171 do C. TST: "Salvo na hipótese de dispensa do empregado por justa causa, a extinção do contrato de trabalho sujeita o empregador ao pagamento da remuneração das férias proporcionais, ainda que incompleto o período aquisitivo de 12 (doze) meses (art. 147 da CLT). Ex-prejulgado nº 51."

Gabarito: D

104. (XI Concurso da Magistratura – TRT/SC) Leia atentamente e escolha a alternativa **INCORRETA**, levando-se em conta as orientações jurisprudenciais da Seção de Dissídios Individuais do TST:
a) é de dez dias o prazo para pagamento de verbas rescisórias quando o aviso prévio é cumprido em casa;
b) aplica-se a regra do art. 125 do Código Civil à contagem do prazo do aviso prévio;
c) não é aplicável à massa falida a multa por atraso no pagamento das verbas rescisórias, prevista no art. 477 da CLT;
d) não é aplicável à pessoa jurídica de Direito Público a multa por atraso no pagamento das verbas rescisórias, prevista no art. 477 da CLT;
e) n.d.a.

Comentários:

a) Correta.

Segundo a jurisprudência cristalizada na OJ nº 14 da SBDI-1 do C. TST: "Em caso de aviso prévio cumprido em casa, o prazo para pagamento das verbas rescisórias é até o décimo dia da notificação de despedida."

b) Correta.

Em conformidade com a Súmula nº 380 do C. TST: "Aplica-se a regra prevista no *caput* do art. 132 do Código Civil de 2002 à contagem do prazo do aviso prévio, excluindo-se o dia do começo e incluindo o do vencimento."

Houve a conversão da OJ nº 122 da SBDI-1 na Súmula nº 380.

O art. 132, *caput*, do Código Civil de 2002 corresponde ao art. 125 do Código Civil de 1916.

c) Correta.

A Súmula nº 388 do C. TST assim dispõe: "A Massa Falida não se sujeita à penalidade do art. 467 e nem à multa do § 8º do art. 477, ambos da CLT."

Houve a conversão das OJs nº 201 e 314 da SBDI-1 na Súmula nº 388.

d) Incorreta.

Estabelece a OJ nº 238 da SBDI-1 do C. TST: "Submete-se à multa do art. 477 da CLT a pessoa jurídica de *Direito Público* que não observa o prazo para pagamento das verbas rescisórias, pois nivela-se a qualquer particular, em direitos e obrigações, despojando-se do *jus imperii* ao celebrar um contrato de emprego."

Gabarito: D

105. (V Concurso da Magistratura – TRT/SE) Considerando a jurisprudência prevalecente, pode-se afirmar que:
I. É ilegal o desconto promovido no salário do frentista de posto de gasolina referente ao cheque sem fundo que tiver recebido, ainda que o dito empre-

gado não tenha observado as recomendações previstas em instrumento coletivo para o recebimento de cheque, porque o tal desconto viola o disposto no art. 462, da CLT, e transfere para o empregado o risco da atividade econômica, que, segundo dispõe o art. 2º, da CLT, é do empregador.

II. O conceito de "mesma localidade", de que trata o art. 461, da CLT, refere-se ao mesmo município, ao passo que, cuidando-se de municípios distintos, não há possibilidade de aplicação do referido dispositivo legal para efeito do reconhecimento do direito à isonomia salarial.

III. A cessação da atividade da empresa, observado o pagamento da indenização acaso devida, de forma simples ou em dobro, por si só, exclui o direito do empregado ao aviso prévio.

Marque:
a) as proposições I e II são corretas e a III, incorreta;
b) a proposição I é a única correta;
c) a proposição III é a única correta;
d) a proposição II é a única correta;
e) todas as proposições são incorretas.

Comentários:

I – Incorreta.

Consoante o posicionamento contido na OJ nº 251 da SBDI-1 do C. TST: "É lícito o desconto salarial referente à devolução de cheques sem fundos, quando o frentista não observar as recomendações previstas em instrumento coletivo."

II – Incorreta.

A Súmula nº 06, item X, do C. TST dispõe: "O conceito de 'mesma localidade' de que trata o art. 461 da CLT refere-se, em princípio, ao mesmo município, ou a municípios distintos que, comprovadamente, pertençam à mesma região metropolitana."

III – Incorreta.

De acordo com a jurisprudência uniforme da Súmula nº 44 do C. TST: "A cessação da atividade da empresa, com o pagamento da indenização, simples ou em dobro, não exclui, por si só, o direito do empregado ao aviso prévio."

Gabarito: E

106. **(XI Concurso do Ministério Público do Trabalho) Quanto à cessação do contrato de trabalho, é INCORRETO afirmar:**
a) a falência não gera, por si só, a cessação dos contratos de trabalho;
b) aos contratos de trabalho por prazo determinado, com cláusula assecuratória do direito recíproco de rescisão, aplicam-se, quando exercido tal direito, as regras previstas para os contratos por prazo indeterminado;
c) a dispensa arbitrária define-se como a dispensa não embasada em motivo disciplinar, técnico, econômico ou financeiro;

d) nos termos expressos da lei, as verbas rescisórias incontroversas devem ser pagas pelo empregador na data de seu comparecimento à Justiça do Trabalho, sob pena de pagá-las com acréscimo de 50%, ainda que o empregador seja ente público;
e) não respondida.

Comentários:

a) Correta.

Nos termos do art. 449 da CLT: "*Os direitos oriundos da existência do contrato de trabalho subsistirão em caso de falência, concordata ou dissolução da empresa.*"

b) Correta.

Preconiza o art. 481 da CLT: "*Aos contratos por prazo determinado, que contiverem cláusula asseguratória do direito recíproco de rescisão antes de expirado o termo ajustado, aplicam-se, caso seja exercido tal direito por qualquer das partes, os princípios que regem a rescisão dos contratos por prazo indeterminado.*"

c) Correta.

Segundo a norma prevista no art. 165, *caput*, da CLT: "*Os titulares da representação dos empregados nas Cipa(s) não poderão sofrer despedida arbitrária, entendendo-se como tal a que não se fundar em motivo disciplinar, técnico, econômico ou financeiro.*"

d) Incorreta.

Em caso de rescisão de contrato de trabalho, havendo controvérsia sobre o montante das verbas rescisórias, o empregador é obrigado a pagar ao trabalhador, à data do comparecimento à Justiça do Trabalho, a parte incontroversa dessas verbas, sob pena de pagá-las acrescidas de cinquenta por cento (art. 467, *caput*, da CLT).

Nos moldes do art. 467, parágrafo único, da CLT, o disposto no *caput* não se aplica à União, aos Estados, ao Distrito Federal, aos Municípios e às suas autarquias e fundações públicas.

Daí, a inaplicabilidade da multa aos entes integrantes da Administração Pública direta, autárquica e fundacional.

Gabarito: D

107. **(XII Concurso do Ministério Público do Trabalho) Assinale a alternativa INCORRETA.**
   a) A partir da ratificação da Convenção nº 132 da OIT, o Tribunal Superior do Trabalho passou a entender que o empregado que se demite antes de completar 12 (doze) anos de serviço tem direito a férias proporcionais.
   b) Segundo orientação jurisprudencial do Tribunal Superior do Trabalho, a prescrição começa a fluir no final da data do término do aviso prévio, devendo ser também esta a data de saída a ser anotada na CTPS, ainda que o aviso prévio seja indenizado.
   c) Nos contratos de trabalho, a resolução por justa causa se distingue da resolução por força maior porque nesta é impossível prosseguir a execução do contrato, enquanto

que naquela o prosseguimento é indesejável pelo empregador em face da inadimplência contratual do empregado.
d) Reconhecida a culpa recíproca na rescisão do contrato de trabalho, o empregado tem direito ao valor integral do aviso prévio e 20% de multa sobre o total dos depósitos do FGTS.
e) Não respondida.

Comentários:

a) Correta.

Conforme a jurisprudência cristalizada na Súmula nº 171 do C. TST: "Salvo na hipótese de dispensa do empregado por justa causa, a extinção do contrato de trabalho sujeita o empregador ao pagamento da remuneração das férias proporcionais, ainda que incompleto o período aquisitivo de 12 (doze) meses (art. 147 da CLT)."

b) Correta.

Segundo o posicionamento contido na OJ nº 82 da SBDI-1 do C. TST: "A data de saída a ser anotada na CTPS deve corresponder à do término do prazo do aviso prévio, ainda que indenizado."

Por sua vez, estabelece a OJ nº 83 da SBDI-1 do C. TST: "A prescrição começa a fluir no final da data do término do aviso prévio. Art. 487, § 1º, CLT."

c) Correta.

A resolução contratual por justa causa decorre da prática de ato faltoso pelo empregado (art. 482 da CLT).

Entende-se por força maior todo o acontecimento inevitável, em relação à vontade do empregador, e para realização do qual este não concorreu, direta ou indiretamente (art. 501 da CLT), que, em certos casos, pode, inclusive, inviabilizar a execução do contrato de trabalho.

d) Incorreta.

Nos termos do art. 484 da CLT, em havendo culpa recíproca no ato que determinou a rescisão do contrato de trabalho, o Tribunal do Trabalho reduzirá a indenização à que seria devida em caso de culpa exclusiva do empregador, por metade.

Assim sendo, reconhecida a culpa recíproca, o empregado terá direito à metade do valor correspondente ao aviso prévio, ao décimo terceiro salário e às férias proporcionais (Súmula nº 14 do C. TST), além de 20% (vinte por cento) da indenização compensatória incidente sobre os depósitos do FGTS (art. 18, § 2º, da Lei nº 8.036/1990).

Gabarito: D

108. (Cespe/UnB – TRT/RJ – Técnico Judiciário – 2008) Considerando que, no decorrer de um contrato de trabalho, o empregador esteja descumprindo suas obrigações contratuais, assinale a opção CORRETA.
   a) A rescisão cabível, nesse caso, é a justa causa, consoante estipulado no art. 482 da CLT.
   b) Deverá o trabalhador permanecer no serviço até que seja rescindido o contrato.
   c) A situação considerada caracteriza culpa recíproca para a rescisão contratual, assegurando indenização por metade ao obreiro.
   d) Independentemente da forma de rompimento contratual, será devido o aviso prévio.
   e) Findo o contrato de trabalho por despedida indireta, será devido o aviso prévio.

Comentários:

O descumprimento das obrigações contratuais patronais implica a resolução unilateral do contrato de trabalho por culpa do empregador, denominada "rescisão indireta", com fundamento no art. 483, alínea *d*, da CLT.

Nessa hipótese, nos termos do art. 483, § 3º, da CLT, poderá o empregado pleitear a resolução de seu contrato de trabalho e o pagamento das respectivas indenizações, permanecendo ou não no serviço até final decisão do processo.

O aviso prévio é devido por força do art. 487, § 4º, da CLT.

Gabarito: E

109. (Concurso da Magistratura – TRT/RJ – 2008) Assinale a opção INCORRETA.
   a) O pedido de demissão ou recibo de quitação de rescisão do contrato de trabalho, firmado por empregado com mais de 1 (um) ano de serviço, só será válido quando feito com assistência do respectivo sindicato ou perante autoridade do Ministério do Trabalho.
   b) Quando não existir na localidade sindicato ou autoridade do Ministério do Trabalho, a assistência para validade do pedido de demissão ou recibo de quitação de rescisão do contrato de trabalho, firmado por empregado com mais de 1 (um) ano de serviço, será prestada pelo representante do Ministério Público ou, onde houver, pelo defensor público e, na falta destes, pelo Juiz de Paz.
   c) O instrumento de rescisão ou recibo de quitação, qualquer que seja a causa ou forma de dissolução do contrato, deve ter especificada a natureza de cada parcela paga ao empregado e discriminado o seu valor, sendo válida a quitação, apenas, relativamente às mesmas parcelas.
   d) Qualquer compensação no pagamento das parcelas do instrumento de rescisão ou recibo de quitação não poderá exceder o equivalente a um mês de salário do empregado.
   e) O ato de assistência na rescisão contratual será sem ônus para o trabalhador e o empregador.

Comentários:

a) Correta.

Nos termos do § 1º do art. 477 da CLT, o pedido de demissão ou recibo de quitação de rescisão, do contrato de trabalho, firmado por empregado com mais de 1 (um) ano de serviço, só será válido quando feito com a assistência do respectivo sindicato ou perante a autoridade do Ministério do Trabalho.

b) Correta.

Quando não existir na localidade nenhum dos órgãos previstos no art. 477, § 1º, da CLT, a assistência será prestada pelo represente do Ministério Público ou, onde houver, pelo defensor público e, na falta ou impedimento deste, pelo Juiz de Paz (CLT, art. 477, § 3º).

c) Correta.

Aplicação do art. 477, § 2º, da CLT: *"O instrumento de rescisão ou recibo de quitação, qualquer que seja a causa ou forma de dissolução do contrato, deve ter especificada a natureza de cada parcela paga ao empregado e discriminado o seu valor, sendo válida a quitação, apenas, relativamente às mesmas parcelas."*

d) Incorreta.

Qualquer compensação no pagamento de que trata o parágrafo anterior não poderá exceder o equivalente a um mês de remuneração do empregado (CLT, art. 477, § 5º).

e) Correta.

Conforme a regra do § 7º do art. 477 da CLT, o ato da assistência na rescisão contratual será sem ônus para o trabalhador e empregador.

Gabarito: D

110. (XV Concurso do Ministério Público do Trabalho) Analise as assertivas abaixo:
  I. A jurisprudência dominante do TST considera que a não redução da jornada de trabalho durante o aviso prévio retira a eficácia respectiva, sendo ilegal a adoção de tal prática.
  II. O empregado que cometer falta grave no curso do aviso prévio não fará jus ao restante do aviso, além de perder o direito às verbas rescisórias de natureza indenizatória, salvo no caso de abandono de emprego.
  III. De acordo com a jurisprudência atual do TST, reconhecida a culpa recíproca, o empregado tem direito a 50% (cinquenta por cento) do valor do aviso prévio, além do décimo terceiro salário e das férias proporcionais.
  IV. De acordo com o princípio da alteridade, os riscos da atividade econômica pertencem única e exclusivamente ao empregador; por consequência, extinta a empresa, serão devidas ao obreiro todas as verbas atinentes à dispensa imotivada, além do respectivo aviso prévio.

Assinale a alternativa CORRETA.
  a) Todas as alternativas são incorretas.
  b) Apenas a alternativa I é incorreta.
  c) Apenas as alternativas II e III são corretas.
  d) Todas as alternativas são corretas.
  e) Não respondida.

Comentários:

I – Correta.

De acordo com a Súmula nº 230 do C. TST, é ilegal substituir o período que se reduz da jornada de trabalho, no aviso prévio, pelo pagamento das horas correspondentes.

II – Correta.

Segundo o art. 491 da CLT, o empregado que, durante o prazo do aviso prévio, cometer qualquer das faltas consideradas pela lei como justas para a rescisão, perde o direito ao restante do respectivo prazo.

Por sua vez, o entendimento consubstanciado na Súmula nº 73 do C. TST dispõe que a ocorrência de justa causa, salvo a de abandono de emprego, no decurso do prazo do aviso prévio dado pelo empregador, retira do empregado qualquer direito às verbas rescisórias de natureza indenizatória.

III – Correta.

Súmula nº 14 do C. TST: "Reconhecida a culpa recíproca na rescisão do contrato de trabalho (art. 484 da CLT), o empregado tem direito a 50% (cinquenta por cento) do valor do aviso prévio, do décimo terceiro salário e das férias proporcionais."

IV – Correta.

Este fator extintivo do contrato de trabalho tem recebido tratamento semelhante à dispensa injusta, por considerar que esta decisão se coloca dentro do âmbito do poder diretivo do empregador, sendo inerente ao risco do empreendimento (art. 2º da CLT).

Súmula nº 44 do TST: "A cessação da atividade da empresa, com o pagamento da indenização, simples ou em dobro, não exclui, por si só, o direito do empregado ao aviso prévio."

Neste contexto, a extinção da empresa ou do estabelecimento acarreta o pagamento das verbas rescisórias típicas à resilição unilateral por ato do empregador.

Gabarito: D

111. (XIV Concurso do Ministério Público do Trabalho) Complete com a opção CORRETA.
Na hipótese de rescisão do contrato de trabalho sem que tenha havido a compensação integral da jornada extraordinária, fará o trabalhador jus ao pagamento das horas extras não compensadas, calculadas sobre o valor _____ na data da rescisão.
   a) da hora normal
   b) do salário
   c) da remuneração
   d) da globalidade salarial
   e) não respondida.

Comentários:

Em conformidade com a disposição contida no § 3º do art. 59 da CLT, na hipótese de rescisão do contrato de trabalho, sem que tenha havido a compensação integral da jornada extraordinária, fará o trabalhador jus ao pagamento das horas extras não compensadas, calculadas sobre o valor da remuneração na data da rescisão.

Gabarito: C

112. (XXIV Concurso da Magistratura – TRT/Campinas) A massa falida não se sujeita ao pagamento de:
   a) aviso prévio ao empregado dispensado após a falência;
   b) horas extras ao empregado que continua trabalhando após a falência;
   c) indenização prevista em favor do empregado no § 8º do art. 477 da CLT, ao trabalhador dispensado após a falência;
   d) indenização de 40% sobre o montante depositado no FGTS ao empregado dispensado antes da falência;
   e) de auxílio-alimentação previsto em Convenção Coletiva ao empregado que continua trabalhando após a falência.

Comentários:

Conforme o entendimento consubstanciado na Súmula nº 388 do C. TST, a Massa Falida não se sujeita à penalidade do art. 467 e nem à multa do § 8º do art. 477, ambos da CLT.

Gabarito: C

Capítulo 10

Duração do Trabalho

• • •

113. (Esaf – TRT/CE – Analista Judiciário – 2003) Considerando as regras legais que informam a jornada de trabalho, aponte a opção INCORRETA:
   a) A jornada de 8 horas diárias e 44 horas semanais, prevista para os empregados não submetidos a regime especial, pode ser alterada mediante regime de prorrogação e compensação de jornada estabelecido em norma coletiva de trabalho.
   b) Como forma de compensar os desgastes impostos ao trabalhador, o labor executado em turnos ininterruptos de revezamento deve observar o limite diário máximo de seis horas, salvo havendo norma coletiva dispondo em contrário.
   c) Cumprida jornada de trabalho com duração superior a seis horas, o empregador deve conceder o intervalo mínimo de 1 hora para refeição e descanso.
   d) A jornada cumprida em turnos ininterruptos de revezamento tem como limite máximo a jornada de seis horas, salvo demonstrada a concessão do intervalo mínimo de 1 hora para refeição e descanso.
   e) Entre o término de uma jornada e o início de outra deve haver um intervalo mínimo de 11 horas.

Comentários:
a) Correta.

O art. 7º, inciso XIII, da Constituição da República assegura que a duração do trabalho normal não seja superior a 8 horas diárias e 44 semanais, facultada a compensação de horários e a redução da jornada, mediante Acordo ou Convenção Coletiva de Trabalho. E, com base no entendimento cristalizado na Súmula nº 85, item I, do C. TST, a compensação de jornada de trabalho deve ser ajustada por acordo individual escrito, Acordo Coletivo ou Convenção Coletiva.

Quanto à prorrogação da jornada de trabalho, a norma prevista no art. 59, *caput*, da CLT, possibilita que a duração normal do trabalho seja acrescida de horas suplementares, em número não excedente de 2 (duas), mediante acordo escrito entre empregador e empregado, ou mediante contrato coletivo de trabalho.

b) Correta.

O art. 7º, inciso XIV, da CF/1988 prevê como direito do trabalhador urbano e rural a *"jornada de 6 (seis) horas para o trabalho realizado em turnos ininterruptos de revezamento, salvo negociação coletiva"*.

c) Correta.

Nos termos do art. 71, *caput*, da CLT, em qualquer trabalho contínuo, cuja duração exceda de 6 (seis) horas, é obrigatória a concessão de um intervalo para repouso ou alimentação, o qual será, no mínimo, de 1 (uma) hora e, salvo acordo escrito ou contrato coletivo em contrário, não poderá exceder de 2 (duas) horas.

d) Incorreta.

Conforme o posicionamento contido na Súmula nº 360 do C. TST: "A interrupção do trabalho destinada a repouso e alimentação, dentro de cada turno, ou o intervalo para repouso semanal, não descaracteriza o turno de revezamento com jornada de 6 (seis) horas previsto no art. 7º, XIV, da CF/1988."

e) Correta.

Estabelece o art. 66 da CLT: *"Entre 2 (duas) jornadas de trabalho haverá um período mínimo de 11 (onze) horas consecutivas para descanso."*

Gabarito: D

114. (X Concurso do Ministério Público do Trabalho) Segundo a Jurisprudência assentada pelo Tribunal Superior do Trabalho, a compensação de jornada:
   a) somente pode ser estabelecida por negociação coletiva, face à obrigatoriedade da participação sindical;
   b) somente pode ser ajustada por acordo individual;
   c) pode ser ajustada por acordo individual, salvo se existir norma coletiva em sentido contrário;
   d) ficou proibida diante da jornada rígida estabelecida pela Constituição.
   e) pode ser objeto de sentença normativa, mas não pode ser fixada em Convenção Coletiva de Trabalho;
   f) não sei.

Comentários:

Aplicação da Súmula nº 85 do C. TST:

> I – A compensação de jornada de trabalho deve ser ajustada por acordo individual escrito, Acordo Coletivo ou Convenção Coletiva.
>
> II – O acordo individual para compensação de horas é válido, salvo se houver norma coletiva em sentido contrário.
>
> III – O mero não atendimento das exigências legais para a compensação de jornada, inclusive quando encetada mediante acordo tácito, não implica a repetição do

pagamento das horas excedentes à jornada normal diária, se não dilatada a jornada máxima semanal, sendo devido apenas o respectivo adicional.

IV – A prestação de horas extras habituais descaracteriza o acordo de compensação de jornada. Nesta hipótese, as horas que ultrapassarem a jornada semanal normal deverão ser pagas como horas extraordinárias e, quanto àquelas destinadas à compensação, deverá ser pago a mais apenas o adicional por trabalho extraordinário.

Gabarito: C

115. (FCC – TRT/MS – Analista Judiciário – 2004) Quanto à duração do trabalho é correto afirmar que:
a) o limite legal do intervalo intrajornada pode ser elasticado, a critério do empregador, desde que respeitada a jornada diária de 8 horas de trabalho efetivo;
b) o direito à hora noturna reduzida não se aplica ao vigia;
c) o limite mínimo de intervalo de uma hora, para jornada que exceda 6 horas, pode ser reduzido, por ato do ministro do trabalho, se o estabelecimento atender às exigências relativas a refeitórios e quando os empregados não estiverem sob o regime de prorrogação de jornada;
d) nas atividades insalubres e perigosas, quaisquer prorrogações de jornada só poderão ser acordadas mediante licença prévia das autoridades competentes em matéria de medicina do trabalho;
e) o divisor, para cálculo do empregado que trabalha em regime de 6 horas é de 220.

Comentários:

a) Incorreta.

O intervalo intrajornada, para os empregados que possuam jornada superior a 6 (seis) horas diárias, deve ser, no mínimo, de 1 (uma) hora e, salvo acordo escrito ou contrato coletivo em contrário, não poderá exceder de 2 (duas) horas, nos termos do art. 71, *caput*, da CLT.

b) Incorreta.

O direito a hora noturna reduzida se aplica ao vigia, computando-se 1 (uma) hora noturna como 52 (cinquenta e dois) minutos e 30 (trinta) segundos da hora diurna, nos termos do art. 73, § 1º, da CLT.

Neste sentido, a Súmula nº 65 do C. TST: "O direito à hora reduzida de 52 minutos e 30 segundos aplica-se ao vigia noturno."

c) Correta.

Preconiza o art. 71, § 3º, da CLT:

> O limite mínimo de uma hora para repouso ou refeição poderá ser reduzido por ato do Ministro do Trabalho, Indústria e Comércio, quando ouvido o Serviço de Alimentação de Previdência Social, se verificar que o estabelecimento atende integralmente às exigências concernentes à organização dos refeitórios, e quando os respectivos empregados não estiverem sob regime de trabalho prorrogado a horas suplementares.

d) Incorreta.

Conforme o comando do art. 60 da CLT:

> Nas atividades insalubres, assim consideradas as constantes dos quadros mencionados no capítulo Da Segurança e da Medicina do Trabalho, ou que neles venham a ser incluídas por ato do Ministro do Trabalho, Indústria e Comercio, quaisquer prorrogações só poderão ser acordadas mediante licença prévia das autoridades competentes em matéria de higiene do trabalho, as quais, para esse efeito, procederão aos necessários exames locais e à verificação dos métodos e processos de trabalho, quer diretamente, quer por intermédio de autoridades sanitárias federais, estaduais e municipais, com quem entrarão em entendimento para tal fim.

Somente nas atividades insalubres as prorrogações de jornada devem ser acordadas mediante licença prévia das autoridades competentes em matéria de medicina do trabalho.

e) Incorreta.

O divisor, para cálculo do empregado que trabalha em regime de 6 horas é de 180. Aplicação da Súmula nº 124 do C. TST: "Para o cálculo do valor do salário-hora do bancário mensalista, o divisor a ser adotado é 180 (cento e oitenta)."

Gabarito: C

116. **(FCC – TRT/MS – Analista Judiciário – 2003) Uma empresa requereu ao ministro do Trabalho autorização para reduzir o intervalo para refeição e descanso de seus empregados para menos de 1 hora por dia, comprovando que atende integralmente às exigências concernentes à organização dos refeitórios e que seus empregados não estão sob regime de prorrogação extraordinária de trabalho. O pedido poderá ser:**
   a) deferido depois de ouvida a Secretaria de Segurança e Medicina do Trabalho do Ministério do Trabalho;
   b) deferido depois de ouvido o Ministério Público do Trabalho.
   c) indeferido porque em nenhuma hipótese o intervalo para refeição e descanso poderá ser inferior a 1 hora.
   d) indeferido porque a redução do intervalo intrajornada depende da celebração de acordo ou Convenção Coletiva de Trabalho.
   e) indeferido porque a redução do intervalo intrajornada depende de lei especial.

Comentários:

Nos termos do art. 71, § 3º, da CLT:

> O limite mínimo de uma hora para repouso ou refeição poderá ser reduzido por ato do Ministro do Trabalho, Indústria e Comércio, quando ouvido o Serviço de Alimentação de Previdência Social, se verificar que o estabelecimento atende integralmente às exigências concernentes à organização dos refeitórios, e quando os respectivos empregados não estiverem sob regime de trabalho prorrogado a horas suplementares.

Gabarito: A

117. (NCE/UFRJ – TRT/PR – Analista Judiciário – 1998) Nos moldes da CLT, o período mínimo de descanso do empregado entre duas jornadas de trabalho é de:
   a) 10 horas para aqueles cuja jornada contratual seja de 8 horas diárias;
   b) 11 horas, em quaisquer circunstâncias;
   c) 15 horas, quando o trabalho é realizado em condições perigosas;
   d) 9 horas para aqueles cuja jornada diária não exceda a seis horas;
   e) 19 horas para aqueles que prestam serviços em horário noturno.

Comentários:

O art. 66 da CLT assim dispõe: *"Entre 2 (duas) jornadas de trabalho haverá um período mínimo de 11 (onze) horas consecutivas para descanso."*

A alternativa mais correta seria a de letra B. No entanto, em razão da dubiedade da alternativa, por não se reportar a onze horas consecutivas, a questão foi anulada.

Gabarito: ANULADA

118. (FJPF – TRT/RJ – Analista Judiciário – 2004) Um empregado de empresa de financiamento trabalha no posto de atendimento recepcionando os interessados. Considerando a natureza de sua contratação, a alternativa que indica a carga horária diária e o adicional mínimo pelas horas extras é:
   a) 6 horas – 1/3 pelas horas extras;
   b) 6 horas – 50% pelas horas extras;
   c) 7 horas – 1/3 pelas horas extras;
   d) 8 horas – 40% pelas horas extras;
   e) 8 horas – 50% pelas horas extras.

Comentários:

Conforme o entendimento consubstanciado na Súmula nº 55 do C. TST, as empresas de crédito, financiamento ou investimento, também denominadas financeiras, equiparam-se aos estabelecimentos bancários para os efeitos do art. 224 da CLT. Em suma, aplica-se aos empregados a jornada reduzida de 6 horas diárias.

Por sua vez, conforme preconiza o art. 7º, inciso XVI, da CF/1988, a remuneração do serviço extraordinário deve ser superior, no mínimo, em 50% (cinquenta por cento) à do normal.

Gabarito: B

119. (FJPF – TRT/RJ – Analista Judiciário – 2004) A jornada de trabalho dos vigias é classificada como:
   a) a tempo parcial;
   b) descontínua;
   c) intermitente;
   d) ilimitada;
   e) contínua.

Comentários:
No contexto de classificação da jornada de trabalho, a do vigia é limitada e contínua.
Gabarito: E

120. **(FJPF – TRT/RJ – Analista Judiciário – 2004) Considere uma mecanógrafa da empresa gráfica X. A alternativa que indica o intervalo de sua intrajornada e o período de trabalho em que ele ocorre é:**
   a) 20 minutos – após 180 de trabalho;
   b) 15 minutos – após 90 de trabalho;
   c) 15 minutos – após 120 de trabalho;
   d) 10 minutos – após 60 de trabalho;
   e) 10 minutos – após 90 de trabalho.

Comentários:
Aplicação da norma prevista no art. 72 da CLT: *"Nos serviços permanentes de mecanografia (datilografia, escrituração ou cálculo), a cada período de 90 (noventa) minutos de trabalho consecutivo corresponderá um repouso de 10 (dez) minutos não deduzidos da duração normal de trabalho."*
Gabarito: E

121. **(FJPF – TRT/RJ – Analista Judiciário – 2004) Certo empregado, cabineiro de elevadores, celebrou contrato de trabalho com um condomínio, admitindo a prorrogação de até três horas em sua jornada de trabalho diária. A caracterização dessa prorrogação na referida atividade profissional e a respectiva razão estão indicadas em:**
   a) válida – é permitida a prorrogação de, no máximo, 4 horas na jornada diária;
   b) inválida – é permitida a prorrogação de, no máximo, 2 horas na jornada diária;
   c) válida – é permitida a prorrogação de, no máximo, 3 horas na jornada diária;
   d) inválida – não é permitida a fixação de prorrogação de horas na jornada diária;
   e) válida – é permitida a livre fixação de prorrogação de horas na jornada diária.

Comentários:
Nos moldes do art. 59, *caput*, da CLT: *"A duração normal do trabalho poderá ser acrescida de horas suplementares, em número não excedente de 2 (duas), mediante acordo escrito entre empregador e empregado, ou mediante contrato coletivo de trabalho."*
Gabarito: B

122. **(FCC – TRT/RN – Analista Judiciário – 2003) No capítulo da CLT que trata da duração da jornada de trabalho não estão compreendidos os empregados que:**
   a) recebem participação nos lucros distribuídos pela empresa;
   b) trabalham em local de difícil acesso ou não servido por transporte público;
   c) exercem atividade externa incompatível com a fixação de horário e com o registro explícito desta condição na CTPS;
   d) trabalham em horário noturno ou em turnos de revezamento;
   e) executam serviços permanentes de mecanografia (datilografia, escrituração ou cálculo).

Comentários:

Aplicação do art. 62, inciso I, da CLT: *"Não são abrangidos pelo regime previsto neste capítulo: I – os empregados que exercem atividade externa incompatível com a fixação de horário de trabalho, devendo tal condição ser anotada na Carteira de Trabalho e Previdência Social e no registro de empregados."*

Gabarito: C

123. (Fundec – TRT/BA – Analista Judiciário – 2003) A duração do trabalho em regime de tempo parcial será de, no máximo:
 a) 3 horas diárias;
 b) 4 horas diárias;
 c) 20 horas semanais;
 d) 25 horas semanais;
 e) 30 horas semanais.

Comentários:

Incidência do art. 58-A, *caput*, da CLT: *"Considera-se trabalho em regime de tempo parcial aquele cuja duração não exceda a 25 (vinte e cinco) horas semanais."*

Gabarito: D

124. (FCC – TRT/SE – Analista Judiciário – 2002) Nos termos da lei, são características do trabalho em regime de tempo parcial:
 a) duração não excedente a 25 horas semanais, salário proporcional à jornada e proibição de prestação de horas extras;
 b) duração não excedente a 25 horas semanais, salário proporcional à jornada e opção manifestada perante a empresa, independentemente de previsão do instrumento decorrente de negociação coletiva;
 c) jornada reduzida, salário proporcional à jornada e opção manifestada perante a empresa, na forma prevista em instrumento decorrente de negociação coletiva;
 d) jornada reduzida, salário proporcional à jornada e proibição de prestação de horas extras;
 e) duração não excedente a 4 horas diárias, salário proporcional à jornada e opção manifestada perante a empresa, na forma prevista de instrumento decorrente de negociação coletiva.

Comentários:

Considera-se trabalho em regime de tempo parcial aquele cuja duração não exceda a 25 (vinte e cinco) horas semanais (CLT, art. 58-A, *caput*).

O salário a ser pago aos empregados sob o regime de tempo parcial será proporcional à sua jornada, em relação aos empregados que cumprem, nas mesmas funções, tempo integral (CLT, art. 58-A, § 1º).

Os empregados sob o regime de tempo parcial não poderão prestar horas extras (CLT, art. 58-A, § 4º).

Gabarito: A

125. (II Concurso da Magistratura – TRT/RJ – 2004) Assinale a opção CORRETA.
   a) Conforme estabelece o art. 58-A CLT, introduzido pela Medida Provisória 2164-41, considera-se trabalho em regime de tempo parcial aquele cuja duração não exceda a 30 (trinta) horas semanais.
   b) Na modalidade do regime de tempo parcial de que trata o art. 58-A CLT um empregado sujeito à carga de 20 (vinte) horas semanais de trabalho, e que tenha 7 (sete) faltas injustificadas ao longo do período aquisitivo, terá direito a férias de 12 (dias) após cada período de doze meses de contrato de trabalho.
   c) Na modalidade do regime de tempo parcial de que trata o art. 58-A CLT um empregado sujeito à carga de 10 (dez) horas semanais de trabalho, e que tenha 8 (oito) faltas injustificadas ao longo do período aquisitivo, terá direito a férias de 10 (dez) dias após cada período de doze meses de contrato de trabalho.
   d) Na modalidade do regime de tempo parcial de que trata o art. 58-A CLT um empregado sujeito à carga horária de 4 (quatro) horas semanais de trabalho, e que tenha 9 (nove) faltas injustificadas ao longo do período aquisitivo, terá direito a férias de 5 (cinco) dias após cada período de doze meses de contrato de trabalho.
   e) Na modalidade do regime de tempo parcial de que trata o art. 58-A CLT um empregado sujeito à carga horária de 2 (duas) horas semanais de trabalho, e que tenha 6 (seis) faltas injustificadas ao longo do período aquisitivo, terá direito a férias de 8 (oito) dias após cada período de doze meses de contrato de trabalho.

Comentários:

O art. 58-A, *caput*, da CLT dispõe: *"Considera-se trabalho em regime de tempo parcial aquele cuja duração não exceda a vinte e cinco horas semanais."*

Por sua vez, estabelece o art. 130-A da CLT:

Na modalidade do regime de tempo parcial, após cada período de doze meses de vigência do contrato de trabalho, o empregado terá direito a férias, na seguinte proporção: I – dezoito dias, para a duração do trabalho semanal superior a vinte e duas horas, até vinte e cinco horas; II – dezesseis dias, para a duração do trabalho semanal superior a vinte horas, até vinte e duas horas; III – quatorze dias, para a duração do trabalho semanal superior a quinze horas, até vinte horas; IV – doze dias, para a duração do trabalho semanal superior a dez horas, até quinze horas; V – dez dias, para a duração do trabalho semanal superior a cinco horas, até dez horas; VI – oito dias, para a duração do trabalho semanal igual ou inferior a cinco horas.

Por fim, o empregado contratado sob o regime de tempo parcial, que tiver mais de sete faltas injustificadas ao longo do período aquisitivo terá o seu período de férias reduzido à metade (CLT, art. 130-A, parágrafo único).

Gabarito: E

126. (XIX Concurso da Magistratura – TRT/PR) Em relação ao trabalhador rural, assinale a alternativa CORRETA:
   a) Em qualquer trabalho contínuo de duração superior a 6 horas, será obrigatória a concessão de um intervalo para repouso e alimentação, no mínimo de 1 hora.
   b) Em qualquer trabalho contínuo de duração superior a 6 horas, será obrigatória a concessão de um intervalo para repouso e alimentação, no mínimo, de 1 hora e, no máximo de 2 horas.

c) Em qualquer trabalho contínuo de duração superior a 6 horas, será obrigatória a concessão de um intervalo para repouso e alimentação, no mínimo, de 2 horas.
d) Em qualquer trabalho contínuo de duração superior a 6 horas, será obrigatória a concessão de um intervalo para repouso e alimentação, observados os usos e costumes da região, não se computando este intervalo na duração do trabalho.
e) Em qualquer trabalho contínuo de duração superior a 6 horas, será obrigatória a concessão de um intervalo para repouso e alimentação, observados os usos e costumes da região, computando-se este intervalo na duração do trabalho.

Comentários:

De acordo com a disposição contida no art. 5º da Lei nº 5.889/1973, em qualquer trabalho contínuo de duração superior a 6 horas, será obrigatória a concessão de um intervalo para repouso ou alimentação observados os usos e costumes da região, não se computando este intervalo na duração do trabalho. Entre duas jornadas de trabalho haverá um período mínimo de 11 horas consecutivas para descanso.

Gabarito: D

127. **(XIX Concurso da Magistratura – TRT/PR) Assinale a alternativa CORRETA, considerando a assertiva que segue:**
Em relação ao serviço ferroviário, considera-se de "sobreaviso":
a) o empregado efetivo que permanecer na empresa aguardando a qualquer momento o chamado para o serviço;
b) o empregado efetivo que permanecer em sua própria casa aguardando a qualquer momento o chamado para o serviço;
c) o empregado efetivo que não pode se ausentar do local de trabalho pelo período de 24 (vinte e quatro) horas;
d) o empregado efetivo que não pode se ausentar do local de trabalho pelo período de 36 (trinta e seis) horas;
e) o empregado efetivo que não pode se ausentar do local de trabalho pelo período de 48 (quarenta e oito) horas.

Comentários:

Considera-se de sobreaviso o empregado efetivo que permanecer em sua própria casa aguardando a qualquer momento o chamado para o serviço. Cada escala de **sobreaviso** será, no máximo, de 24 horas. As horas de **sobreaviso**, para todos os efeitos, serão contadas à razão de 1/3 (um terço) do salário normal (CLT, art. 244, § 2º).

Gabarito: B

128. **(XIX Concurso da Magistratura – TRT/PR) Quanto à escala de "sobreaviso" e "prontidão", respectivamente, em relação ao serviço ferroviário, é correto afirmar que:**
a) será, no máximo, de 24 (vinte e quatro) e de 12 (doze) horas;
b) será, no máximo, de 12 (doze) e de 6 (seis) horas;
c) será, no máximo, de 36 (trinta e seis) e de 8 (oito) horas;
d) será, no máximo, de 48 (quarenta e oito) e de 24 (vinte e quatro) horas;
e) será, no máximo, de 18 (dezoito) e de 16 (dezesseis) horas.

Comentários:

Aplicação do art. 244, § 2º, da CLT: *"Considera-se de 'sobreaviso' o empregado efetivo, que permanecer em sua própria casa, aguardando a qualquer momento o chamado para o serviço. Cada escala de 'sobreaviso' será, no máximo, de 24 horas. As horas de 'sobreaviso', para todos os efeitos, serão contadas à razão de 1/3 (um terço) do salário normal."*

Incidência do art. 244, § 3º, da CLT: *"Considera-se de 'prontidão' o empregado que ficar nas dependências da estrada, aguardando ordens. A escala de prontidão será, no máximo, de 12 horas. As horas de prontidão serão, para todos os efeitos, contadas à razão de 2/3 (dois terços) do salário-hora normal."*

Gabarito: A

129. (XIX Concurso da Magistratura – TRT/PR) Assinale a alternativa CORRETA, com base na proposição a seguir:

Em relação aos jornalistas profissionais, a duração normal do trabalho:
   a) não deverá exceder a 6 (seis) horas, tanto de dia como à noite, se não houver acordo escrito prevendo outra jornada, e nem motivo de força maior;
   b) não deverá exceder a 5 (cinco) horas, tanto de dia como à noite, se não houver acordo escrito prevendo outra jornada, e nem motivo de força maior;
   c) não deverá exceder a 7 (sete) horas, tanto de dia como à noite, se não houver acordo escrito prevendo outra jornada, e nem motivo de força maior;
   d) não deverá exceder a 8 (oito) horas, tanto de dia como à noite, se não houver acordo escrito prevendo outra jornada, e nem motivo de força maior;
   e) não deverá exceder a 9 (nove) horas, tanto de dia como à noite, se não houver acordo escrito prevendo outra jornada, e nem motivo de força maior.

Comentários:

A duração normal do trabalho dos empregados jornalistas profissionais não deverá exceder 5 (cinco) horas, tanto de dia como à noite (CLT, art. 303).

Poderá a duração normal do trabalho ser elevada a 7 (sete) horas, mediante acordo escrito, em que se estipule aumento de ordenado, correspondente ao excesso do tempo de trabalho, em que se fixe um intervalo destinado a repouso ou à refeição (CLT, art. 304, *caput*).

Para atender a motivos de força maior, poderá o empregado prestar serviços por mais tempo do que aquele permitido nessa seção. Em tais casos, porém, o excesso deve ser comunicado à Divisão de Fiscalização do Departamento Nacional do Trabalho ou às Delegacias Regionais do Ministério do Trabalho, dentro de cinco dias, com a indicação expressa dos seus motivos (CLT, art. 304, parágrafo único).

Gabarito: B

130. (XIX Concurso da Magistratura – TRT/PR) Nos serviços permanentes de mecanografia (datilografia, escrituração ou cálculo) é correto afirmar que a CLT assegura:
   a) a cada período de 60 (sessenta) minutos de trabalho consecutivo corresponderá um repouso de 10 (dez) minutos não deduzidos da duração normal de trabalho;
   b) a cada período de 50 (cinquenta) minutos de trabalho consecutivo corresponderá um repouso de 10 (dez) minutos deduzidos da duração normal de trabalho;

c) a cada período de 50 (cinquenta) minutos de trabalho consecutivo corresponderá um repouso de 10 (dez) minutos não deduzidos da duração normal de trabalho;
d) a cada período de 90 (noventa) minutos de trabalho consecutivo corresponderá um repouso de 10 (dez) minutos não deduzidos da duração normal do trabalho;
e) a cada período de 90 (noventa) minutos de trabalho consecutivo corresponderá um repouso de 10 (dez) minutos deduzidos da duração normal de trabalho.

Comentários:

Aplicação do art. 72 da CLT: "*Nos serviços permanentes de mecanografia (datilografia, escrituração ou cálculo), a cada período de 90 (noventa) minutos de trabalho consecutivo corresponderá um repouso de 10 (dez) minutos não deduzidos da duração normal de trabalho.*"

Frise-se, ainda, o entendimento consubstanciado na Súmula nº 346 do C. TST: "Os digitadores, por aplicação analógica do art. 72 da CLT, equiparam-se aos trabalhadores nos serviços de mecanografia (datilografia, escrituração ou cálculo), razão pela qual têm direito a intervalos de descanso de 10 (dez) minutos a cada 90 (noventa) de trabalho consecutivo."

Gabarito: D

131. (XIX Concurso da Magistratura – TRT/PR) Preceitua a CLT em relação ao professor que:
a) num mesmo estabelecimento, não poderá dar, por dia, mais de 4 (quatro) aulas consecutivas, nem mais de 6 (seis) intercaladas e o pagamento far-se-á mensalmente, considerando-se para este efeito cada mês constituído de quatro semanas e meia;
b) num mesmo estabelecimento, não poderá dar, por dia, mais de 6 (seis) aulas consecutivas, nem mais de 8 (oito) intercaladas e o pagamento far-se-á mensalmente, considerando-se para este efeito cada mês constituído de quatro semanas;
c) num mesmo estabelecimento, não poderá dar, por dia, mais de 5 (cinco) aulas consecutivas, nem mais de 6 (seis) intercaladas e o pagamento far-se-á mensalmente, considerando-se para este efeito cada mês constituído de cinco semanas;
d) num mesmo estabelecimento, não poderá dar, por dia, mais de 3 (três) aulas consecutivas, nem mais de 6 (seis) intercaladas e o pagamento far-se-á mensalmente, considerando-se para este efeito cada mês constituído de quatro semanas e meia, e o pagamento far-se-á mensalmente, considerando-se para este efeito cada mês constituído de três semanas e meia;
e) num mesmo estabelecimento, não poderá dar, por dia, mais de 8 (oito) aulas consecutivas e o pagamento far-se-á mensalmente, considerando-se para este efeito cada mês constituído de quatro semanas e meia.

Comentários:

Num mesmo estabelecimento de ensino não poderá o professor dar, por dia, mais de 4 (quatro) aulas consecutivas, nem mais de 6 (seis), intercaladas (CLT, art. 318).

A remuneração dos professores será fixada pelo número de aulas semanais, na conformidade dos horários (CLT, art. 320, *caput*).

O pagamento far-se-á mensalmente, considerando-se para esse efeito cada mês constituído de quatro semanas e meia (CLT, art. 320, § 1º).

Gabarito: A

132. (XIX Concurso da Magistratura – TRT/PR) Analise a proposição a seguir e assinale a alternativa CORRETA:

Em relação aos empregados que trabalham no interior de câmaras frias, prescreve a CLT:

a) será assegurado um intervalo de 10 minutos a cada 90 minutos trabalhados;
b) será assegurado um período de 20 minutos de repouso depois de 1 hora e 40 minutos de trabalho contínuo, computando-se esse intervalo como de trabalho efetivo;
c) será assegurado um período de 20 minutos de repouso depois de 1 hora e 40 minutos de trabalho contínuo, não se computando esse intervalo como de trabalho efetivo;
d) será assegurado um intervalo de quinze minutos a cada 1 hora e 40 minutos de trabalho contínuo;
e) não há previsão de intervalo intrajornada além daqueles previstos para os demais empregados que não trabalham no interior de câmaras.

Comentários:

Aplicação da regra do art. 253, *caput*, da CLT: *"Para os empregados que trabalham no interior das câmaras frigoríficas e para os que movimentam mercadorias do ambiente quente ou normal para o frio e vice-versa, depois de uma hora e quarenta minutos de trabalho contínuo, será assegurado um período de vinte minutos de repouso, computado esse intervalo como de trabalho efetivo."*

Gabarito: B

133. (XI Concurso da Magistratura – TRT/SC) Duração do trabalho. Considere as assertivas abaixo e indique a alternativa CORRETA.

I. No cognominado "banco de horas" a compensação de horas deverá observar o lapso máximo de seis meses.

II. Não descaracteriza o turno ininterrupto de revezamento com jornada de 6 horas, a interrupção do trabalho destinada a repouso e alimentação dentro de cada turno.

III. Prescinde de inspeção prévia da autoridade competente em matéria de higiene do trabalho a validade de Acordo ou Convenção Coletiva com previsão de compensação de jornada de trabalho em atividade insalubre.

IV. Havendo rescisão do contrato de trabalho sem que tenham sido compensadas integralmente as horas relativas ao "banco de horas", fará jus o trabalhador ao pagamento das horas suplementares não compensadas, calculadas sobre o valor da remuneração na data da rescisão.

V. É de no mínimo onze horas o intervalo interjornada.

a) Apenas uma proposição é correta.
b) apenas duas proposições são corretas.
c) Apenas três proposições são corretas.
d) Todas as proposições são corretas.
e) N.d.a.

Comentários:

I – Incorreta.

Incidência do art. 59, § 2º, da CLT:

> Poderá ser dispensado o acréscimo de salário se, por força de acordo ou Convenção Coletiva de Trabalho, o excesso de horas em um dia for compensado pela correspondente diminuição em outro dia, de maneira que não exceda, no prazo máximo de um ano, à soma das jornadas semanais de trabalho previstas, nem seja ultrapassado o limite máximo de dez horas diárias.

II – Correta.

Aplicação da jurisprudência cristalizada na Súmula nº 360 do C. TST: "A interrupção do trabalho destinada a repouso e alimentação, dentro de cada turno, ou o intervalo para repouso semanal, não descaracteriza o turno de revezamento com jornada de 6 (seis) horas previsto no art. 7º, XIV, da CF/1988."

III – Correta.

Posicionamento contido na Súmula nº 349 do C. TST: "A validade de Acordo Coletivo ou Convenção Coletiva de compensação de jornada de trabalho em atividade insalubre prescinde da inspeção prévia da autoridade competente em matéria de higiene do trabalho (art. 7º, XIII, da CF/1988; art. 60 da CLT)."

IV – Correta.

Na hipótese de rescisão do contrato de trabalho sem que tenha havido a compensação integral da jornada extraordinária, na forma do parágrafo anterior, fará o trabalhador jus ao pagamento das horas extras não compensadas, calculadas sobre o valor da remuneração na data da rescisão (CLT, art. 59, § 3º).

V – Correta.

Nos termos do art. 66 da CLT: "*Entre duas jornadas de trabalho haverá um período mínimo de onze horas consecutivas para descanso.*"

Gabarito: E

134. **(XI Concurso do Ministério Público do Trabalho)** Os períodos de descanso são essenciais à preservação da saúde do trabalhador. A respeito desse aspecto, é CORRETO afirmar:
   a) o trabalho habitual em horas extras não interfere na possibilidade do Ministério do Trabalho autorizar a redução do intervalo para refeição e descanso;
   b) as férias serão devidas após 12 meses de efetiva prestação de serviços por parte do empregado, devendo ser concedidas nos doze meses subsequentes;
   c) a lei que cuida do repouso semanal remunerado nega este direito aos empregados domésticos e também o descanso nos feriados civis e religiosos, contrariando, expressamente, nos dois aspectos, a constituição federal;
   d) a Convenção nº 132 da OIT, ratificada pelo brasil, estipula o direito a férias proporcionais para o empregado que não tenha completado o primeiro período aquisitivo;
   e) Não respondida.

Comentários:

a) Incorreta.

Conforme estabelece o art. 71, § 3º, da CLT, o limite mínimo de 1 (uma) hora para repouso ou refeição poderá ser reduzido por ato do ministro do Trabalho e Previdência Social, quando, ouvido o Departamento Nacional de Higiene e Segurança do Trabalho (DNHST), se verificar que o estabelecimento atende integralmente às exigências concernentes à organização dos refeitórios e quando os respectivos empregados não estiverem sob regime de trabalho prorrogado a horas suplementares.

b) Incorreta.

Vide o disposto no art. 130, *caput*, da CLT: *"Após cada período de 12 (doze) meses de vigência do contrato de trabalho, o empregado terá direito a férias (...)"*

As férias são devidas a partir de 12 meses de vigência do contrato de trabalho, não sendo consideradas falta ao serviço, para os efeitos de sua concessão, as hipóteses arroladas no art. 131 da CLT.

c) Incorreta.

O art. 5º, alínea *a*, da Lei nº 605/1949, dispõe não ser aplicável aos empregados domésticos o disposto no referido diploma legal.

Por sua vez, o parágrafo único do art. 7º assegura ao doméstico o repouso semanal remunerado, preferencialmente aos domingos (inciso XV).

Logo, a contrariedade ao disposto no Texto Constitucional se limita ao repouso semanal remunerado, não se estendendo ao repouso nos feriados civis e religiosos.

Registre-se, contudo, que o art. 9º da Lei nº 11.324/2006 revogou expressamente a disposição contida no art. 5º, alínea *a*, da Lei nº 605/1949. Assim, atualmente, aos empregados domésticos assiste o direito ao repouso em feriados civis e religiosos.

d) Correta.

De acordo com o art. 4, item 1, da Convenção nº 132 da OIT, o trabalhador terá direito ao gozo de férias proporcionais, se o seu período de trabalho, em algum ano (preferencialmente ano civil, conforme art. 4º, item 2), for inferior ao exigido para que ele tenha direito a férias integrais.

Frise-se que, no Brasil, o sistema celetista prefere o ano contratual ao ano civil e, dessa forma, as férias não são gozadas proporcionalmente no ano civil não completado.

Incidência do posicionamento contido na Súmula nº 171 do C. TST: *"Salvo na hipótese de dispensa do empregado por justa causa, a extinção do contrato de trabalho sujeita o empregador ao pagamento da remuneração das férias proporcionais, ainda que incompleto o período aquisitivo de 12 (doze) meses (art. 147 da CLT)."*

Gabarito: D

135. (XII Concurso do Ministério Público do Trabalho) Assinale a alternativa CORRETA.

I. Para efeitos de regular e legal compensação de jornada de trabalho, é correto afirmar que o período para zerar o banco de horas é de 120 (cento e vinte) dias, conforme originalmente previsto em lei federal, e não de 1 (um) ano, conforme foi alterado por força de medida provisória que até hoje não restou convertida em lei.

II. Os empregados sob o regime de tempo parcial não poderão prestar horas extras, contudo, se assim as fizer, o empregador deverá remunerá-las na forma da lei, sem prejuízo da multa administrativa a que estará sujeito por descumprimento de norma legal proibitiva.

III. A legislação pátria já regulamentou o consórcio de empregadores no âmbito rural e urbano, implicando responsabilidade solidária de todos os tomadores para fins de crédito trabalhista.

IV. O teletrabalho caracteriza-se pelo trabalho prestado por telefone, a exemplo do operador de telemarketing, o qual não se beneficia da jornada legal reduzida de telefonista, conforme orientação jurisprudencial do Tribunal Superior do Trabalho.

a) apenas a assertiva III está incorreta;
b) apenas as assertivas III e IV estão incorretas;
c) apenas a assertiva II está correta;
d) todas estão incorretas;
e) não respondida.

Comentários:

I – Incorreta.

O prazo é de um ano, conforme a nova redação dada ao § 2º do art. 59 da CLT pela Medida Provisória nº 2.164-41, de 24/08/2001, publicada no DOU 27/08/2001.

Por se tratar de medida provisória editada em data anterior à publicação da Emenda Constitucional nº 32/2001, aplica-se o disposto no seu art. 2º, *in verbis*: *"As medidas provisórias editadas em data anterior à da publicação desta emenda continuam em vigor até que medida provisória ulterior as revogue explicitamente ou até deliberação definitiva do Congresso Nacional."*

II – Correta.

No moldes do art. 59, § 4º, da CLT: *"Os empregados sob o regime de tempo parcial não poderão prestar horas extras."*

Estabelece, por sua vez, o art. 75, *caput*, da CLT, que os infratores dos dispositivos do referido capítulo incorrerão na multa de 3 (três) a 300 (trezentos) valores de referência regionais, segundo a natureza da infração, sua extensão e a intenção de quem a praticou, aplicada em dobro no caso de reincidência e oposição à fiscalização ou desacato à autoridade.

Aplicação da mesma inteligência do entendimento consubstanciado na Súmula nº 376, item I, do C. TST: *"A limitação legal da jornada suplementar a duas horas diárias não exime o empregador de pagar todas as horas trabalhadas."*

III – Incorreta.

Não há regulamentação legal do consórcio de empregadores no âmbito urbano.

De acordo com o art. 25-A da Lei nº 8.212/1991, com a redação dada pela Lei nº 10.256/2001, o Consórcio Simplificado de Empregadores Rurais foi equiparado ao empregador rural pessoa física, para fins previdenciários, sendo formado *"pela união de produtores rurais pessoas físicas, que outorgar a um deles poderes para contratar, gerir e demitir trabalhadores para prestação de serviços, exclusivamente, aos seus integrantes, mediante documento registrado em cartório de títulos e documentos"*.

Preceitua o § 3º do art. 25-A da Lei nº 8.212/1991 que os integrantes do consórcio serão solidariamente responsáveis em relação às obrigações previdenciárias.

A solidariedade é consequência natural da própria indivisibilidade do vínculo empregatício, posto inexistirem tantos contratos de trabalho quantos são os membros do consórcio, mas um único vínculo empregatício com todos estes, conforme a mesma inteligência da Súmula nº 129 do C. TST ("A prestação de serviços a mais de uma empresa do mesmo grupo econômico, durante a mesma jornada de trabalho, não caracteriza a coexistência de mais de um contrato de trabalho, salvo ajuste em contrário."); esta última aplicável ao grupo econômico.

IV – Incorreta.

O teletrabalho não consiste no trabalho prestado por telefone, mas naquele prestado habitualmente fora do estabelecimento empresarial (como, por exemplo, no próprio domicílio do trabalhador ou em unidades satélites), utilizando-se os recursos inerentes à informática e demais tecnologias relacionadas à informação e à comunicação.

O Código do Trabalho de Portugal, editado em 27/08/2003, regula esta nova modalidade de prestação de serviços, conceituando o teletrabalho, em seu art. 233, nos seguintes termos: *"Para efeitos deste Código, considera-se teletrabalho a prestação laboral realizada com subordinação jurídica, habitualmente fora da empresa do empregador, e através do recurso a tecnologias de informação e de comunicação."*

É certo, porém, que o operador de telemarketing não se beneficia da jornada reduzida de telefonista, prevista no art. 227 da CLT, conforme orientação jurisprudencial do C. TST.

> OJ nº 213 da SBDI-1 do C. TST: O operador de telex de empresa, cuja atividade econômica não se identifica com qualquer uma das previstas no art. 227 da CLT, não se beneficia de jornada reduzida.
>
> OJ nº 273 da SBDI-1 do C. TST: A jornada reduzida de que trata o art. 227 da CLT não é aplicável, por analogia, ao operador de televendas, que não exerce suas atividades exclusivamente como telefonista, pois, naquela função, não opera mesa de transmissão, fazendo uso apenas dos telefones comuns para atender e fazer as ligações exigidas no exercício da função.

Gabarito: C

136. (IX Concurso do Ministério Público do Trabalho) O trabalho a tempo parcial constitui um regime distinto do trabalho normal regulado pela Consolidação das Leis do Trabalho, tendo por característica:
a) limite de horário de 25 horas semanais;
b) limite de horário de 20 horas semanais;
c) limite de 1 hora extra por dia, respeitado o limite semanal de 25 horas de trabalho;
d) limite de 1 hora extra por dia, respeitado o limite semanal de 20 horas de trabalho;
e) férias proporcionais à jornada de trabalho, variando de 20 dias para uma jornada semanal de 20 horas, até 7 dias para jornada semanal de 5 horas;
f) não sei.

Comentários:
Considera-se trabalho em regime de tempo parcial aquele cuja duração não exceda a 25 (vinte e cinco) horas semanais (CLT, art. 58-A, *caput*).
Por sua vez, os empregados sob o regime de tempo parcial não poderão prestar horas extras (CLT, art. 59, § 4º).
Por fim, o art. 130-A, *caput* e incisos I a VI, da CLT estabelece férias proporcionais à jornada de trabalho, variando de 18 (dezoito) dias para uma jornada semanal superior a 22 (vinte e duas) horas até 25 (vinte e cinco) horas; e de 8 (oito) dias, para a duração do trabalho semanal igual ou inferior a 5 (cinco) horas.
Gabarito: A

137. (Cespe/UnB – TRT/RJ – Analista Judiciário – 2008) Com respeito à duração do trabalho, julgue os itens subsequentes.
  I. É válida cláusula de Acordo ou Convenção Coletiva de Trabalho que contemple a supressão ou redução do intervalo intrajornada.
  II. A não concessão total ou parcial do intervalo intrajornada mínimo, para repouso e alimentação, implica o pagamento total do período correspondente, com acréscimo de, no mínimo, 50% sobre o valor da remuneração da hora normal de trabalho.
  III. No regime de revezamento, as horas trabalhadas em seguida ao repouso semanal de 24 horas, com prejuízo do intervalo mínimo de 11 horas consecutivas para descanso entre jornadas, devem ser remuneradas como extraordinárias, inclusive com o respectivo adicional.
  IV. Estabelecida jornada superior a 6 horas e limitada a 8 horas, por meio de regular negociação coletiva, os empregados submetidos a turnos ininterruptos de revezamento têm direito ao pagamento da 7ª e 8ª horas como extras.
  V. A interrupção do trabalho destinada a repouso e alimentação, dentro de cada turno, ou o intervalo para repouso semanal, não descaracteriza o turno de revezamento com jornada de 6 horas previsto no art. 7º, XIV, da CF.

Estão certos apenas os itens:
a) I, II e IV;
b) I, II e V;
c) I, III e IV;
d) II, III e V;
e) III, IV e V.

Comentários:
I – Incorreta.

OJ nº 342 da SBDI-1 do C. TST: "É inválida cláusula de Acordo ou Convenção Coletiva de Trabalho contemplando a supressão ou redução do intervalo intrajornada porque este constitui medida de higiene, saúde e segurança do trabalho, garantido por norma de ordem pública (art. 71 da CLT e art. 7º, XXII, da CF/1988), infenso à negociação coletiva."

II – Correta.

OJ nº 307 da SBDI-1 do C. TST: "Após a edição da Lei nº 8.923/1994, a não concessão total ou parcial do intervalo intrajornada mínimo, para repouso e alimentação, implica o pagamento total do período correspondente, com acréscimo de, no mínimo, 50% sobre o valor da remuneração da hora normal de trabalho (art. 71 da CLT)."

III – Correta.

Súmula nº 110 do C. TST: "No regime de revezamento, as horas trabalhadas em seguida ao repouso semanal de 24 horas, com prejuízo do intervalo mínimo de 11 horas consecutivas para descanso entre jornadas, devem ser remuneradas como extraordinárias, inclusive com o respectivo adicional."

IV – Incorreta.

Súmula nº 423 do C. TST: "Estabelecida jornada superior a seis horas e limitada a oito horas por meio de regular negociação coletiva, os empregados submetidos a turnos ininterruptos de revezamento não têm direito ao pagamento da 7ª e 8ª horas como extras."

V – Correta.

Súmula nº 360 do C. TST: "A interrupção do trabalho destinada a repouso e alimentação, dentro de cada turno, ou o intervalo para repouso semanal, não descaracteriza o turno de revezamento com jornada de 6 (seis) horas previsto no art. 7º, XIV, da CF/1988."
Gabarito: D

138. **(Cespe/UnB – TRT/RJ – Analista Judiciário – 2008) À luz do que estabelece a CLT quanto à jornada de trabalho noturna, assinale a opção correta:**
   a) a CLT considera a hora noturna menor que a hora diurna e faz incidir um adicional de 20% sobre a hora diurna;
   b) para a CLT, a jornada noturna urbana compreende o lapso temporal situado entre 21h de um dia até 5h do dia seguinte;
   c) a duração legal da hora de serviço noturno já constitui vantagem suplementar que dispensa o salário adicional;
   d) não é devido adicional de serviço noturno ao empregado sujeito ao regime de revezamento;
   e) o trabalhador transferido para o período diurno de trabalho leva consigo o direito ao adicional noturno.

Comentários:

a) Correta.

Nos termos do disposto no art. 73, *caput*, da CLT, salvo nos casos de revezamento semanal ou quinzenal, o trabalho noturno terá remuneração superior à do diurno e, para esse efeito, sua remuneração terá um acréscimo de 20% (vinte por cento), pelo menos, sobre a hora diurna.

A hora do trabalho noturno será computada como de 52 (cinquenta e dois) minutos e 30 (trinta) segundos (CLT, art. 73, § 1º).

b) Incorreta.

Estabelece o art. 73, § 2º, da CLT: "*Considera-se noturno, para os efeitos deste art., o trabalho executado entre as 22 (vinte e duas) horas de um dia e as 5 (cinco) horas do dia seguinte.*"

c) Incorreta.

De acordo com o entendimento contido na Súmula nº 214 do E. STF: "A duração legal da hora de serviço noturno (52 minutos e 30 segundos) constitui vantagem suplementar, que não dispensa o salário adicional."

d) Incorreta.

A Súmula nº 213 do E. STF assim dispõe: "É devido o adicional de serviço noturno ainda que sujeito o empregado ao regime de revezamento."

e) Incorreta.

Conforme o posicionamento consubstanciado na Súmula nº 265 do C. TST: "A transferência para o período diurno de trabalho implica a perda do direito ao adicional noturno."

O adicional noturno somente é devido quando o empregado prestar serviços em horário noturno, ressalvada a sua prorrogação, nos termos do art. 73, § 5º, da CLT e Súmula nº 60, item II, do C. TST. Trata-se de "salário-condição", somente sendo exigível o seu respectivo pagamento enquanto perdurar a circunstância específica que justificou a sua incidência.

Assim, não há que se falar em incorporação do direito de perceber o adicional noturno ao contrato de trabalho do empregado. Se este for transferido para o horário diurno, cessa o direito a sua percepção.

Gabarito: A

139. (Cespe/UnB – TRT/RJ – Técnico Judiciário – 2008) Segundo o art. 73 da CLT, cumpre jornada de trabalho noturno o trabalhador urbano que labora no período:
   a) de 20h às 5h;
   b) de 22h às 6h;
   c) de 21h às 5h;
   d) de 22h às 5h;
   e) de 23h às 5h.

Comentários:

Art. 73, § 2º, da CLT: *"Considera-se noturno, para os efeitos deste artigo, o trabalho executado entre as 22 (vinte e duas) horas de um dia e as 5 (cinco) horas do dia seguinte."*

Gabarito: D

140. **(Esaf – Auditor-Fiscal do Trabalho – 2003) Tendo em vista a jurisprudência sumulada do Colendo TST, aponte a opção CORRETA:**
   a) No regime de revezamento, as horas trabalhadas em seguida ao repouso semanal de 24 horas, sem prejuízo do intervalo mínimo de 11 horas consecutivas para descanso entre jornadas, devem ser remuneradas como extraordinárias, inclusive com o respectivo adicional.
   b) No regime de revezamento, as horas trabalhadas em seguida ao repouso semanal de 24 horas, com prejuízo do intervalo mínimo de 12 horas consecutivas para descanso entre jornadas, devem ser remuneradas como extraordinárias, inclusive com o respectivo adicional.
   c) No regime de revezamento, as horas trabalhadas em seguida ao repouso semanal de 24 horas, com prejuízo do intervalo mínimo de 11 horas consecutivas para descanso entre jornadas, devem ser remuneradas como extraordinárias, todavia sem o respectivo adicional.
   d) No regime de revezamento, as horas trabalhadas em seguida ao repouso semanal de 24 horas, com prejuízo do intervalo mínimo de 11 horas consecutivas para descanso entre jornadas, devem ser remuneradas como extraordinárias, inclusive com o respectivo adicional.
   e) No regime de revezamento, as horas trabalhadas em seguida ao repouso semanal de 18 horas, com prejuízo do intervalo mínimo de 11 horas consecutivas para descanso entre jornadas, devem ser remuneradas como extraordinárias, inclusive com o respectivo adicional.

Comentários:

Súmula nº 110 do C. TST: *"No regime de revezamento, as horas trabalhadas em seguida ao repouso semanal de 24 horas, com prejuízo do intervalo mínimo de 11 horas consecutivas para descanso entre jornadas, devem ser remuneradas como extraordinárias, inclusive com o respectivo adicional."*

Gabarito: D

141. **(XIII Concurso do Ministério Público do Trabalho) Em relação à duração do trabalho:**
   I. um dos fundamentos para a limitação do tempo de trabalho é de natureza biológica, uma vez que visa a combater os problemas psicofisiológicos oriundos da fadiga;
   II. trabalho em regime de tempo parcial é aquele cuja duração não excede a 25 (vinte e cinco) horas semanais;
   III. a compensação de jornadas, antes restrita à semana, atualmente pode verificar-se no prazo máximo de 90 (noventa) dias.
   Analisando-se as asserções acima, pode-se afirmar que:

a) todas as assertivas estão corretas;
b) apenas as assertivas I e II estão corretas;
c) todas as assertivas estão incorretas;
d) apenas as assertivas II e III estão incorretas;
e) não respondida.

Comentários:

I – Correta.

As normas de duração do trabalho possuem tríplice fundamento:
a) Fundamento fisiológico ou biológico, porque visam à tutela da integridade física do empregado, para evitar-lhe a fadiga.
b) Fundamento econômico, já que asseguram o aumento do rendimento do trabalho e o aprimoramento da produção.
c) Fundamento social, uma vez que buscam a preservação do convívio familiar e social.

II – Correta.

Nos termos do art. 58-A, *caput*, da CLT, considera-se trabalho em regime de tempo parcial aquele cuja duração não exceda a 25 (vinte e cinco) horas semanais.

III – Incorreta.

O art. 59, § 2º, da CLT dispõe: "*Poderá ser dispensado o acréscimo de salário se, por força de Acordo ou Convenção Coletiva de Trabalho, o excesso de horas em um dia for compensado pela correspondente diminuição em outro dia, de maneira que não exceda, no período máximo de um ano, à soma das jornadas semanais de trabalho previstas, nem seja ultrapassado o limite máximo de dez horas diárias.*"

A redação original do art. 59, § 2º, da CLT estabelecia: "*(...) o excesso de horas em um dia for compensado pela correspondente diminuição em outro dia, de maneira que não exceda o horário normal da semana nem seja ultrapassado o limite máximo de dez horas diárias*".

A Lei nº 9.601/1998 reportou-se a período máximo de 120 (cento e vinte) dias, que depois foi ampliado para um ano (MP nº 2.164-41, de 24/08/2001).

Gabarito: B

142. **(XV Concurso do Ministério Público do Trabalho) Analise as assertivas abaixo de acordo com a jurisprudência uniforme do Tribunal Superior do Trabalho.**

   I. A compensação de jornada de trabalho deve ser ajustada por acordo individual escrito, Acordo Coletivo ou Convenção Coletiva. O acordo individual para compensação de horas é válido, salvo se houver norma coletiva em sentido contrário.

   II. A validade de Acordo Coletivo ou Convenção Coletiva de compensação de jornada de trabalho em atividade insalubre não prescinde de inspeção prévia da autoridade competente em matéria de higiene do trabalho.

III. A interrupção do trabalho destinada a repouso e alimentação, dentro de cada turno, ou o intervalo para repouso semanal, não descaracteriza o turno de revezamento com jornada de 6 (seis) horas previsto constitucionalmente.

Assinale a alternativa CORRETA.
a) Todas as assertivas estão corretas.
b) Todas as assertivas estão incorretas.
c) Apenas as assertivas I e III estão corretas.
d) Apenas a assertiva III está incorreta.
e) Não respondida.

Comentários:

I – Correta.

O art. 7º, inciso XIII, da CF/1988 faculta a compensação de horários e a redução da jornada, mediante Acordo ou Convenção Coletiva de Trabalho.

O C. Tribunal Superior do Trabalho uniformizou a matéria por meio da Súmula nº 85, itens I a IV.

> I – A compensação de jornada de trabalho deve ser ajustada por acordo individual escrito, Acordo Coletivo ou Convenção Coletiva.
>
> II – O acordo individual para compensação de horas é válido, salvo se houver norma coletiva em sentido contrário.
>
> III – O mero não atendimento das exigências legais para a compensação de jornada, inclusive quando encetada mediante acordo tácito, não implica a repetição do pagamento das horas excedentes à jornada normal diária, se não dilatada a jornada máxima semanal, sendo devido apenas o respectivo adicional.
>
> IV – A prestação de horas extras habituais descaracteriza o acordo de compensação de jornada. Nesta hipótese, as horas que ultrapassarem a jornada semanal normal deverão ser pagas como horas extraordinárias e, quanto àquelas destinadas à compensação, deverá ser pago a mais apenas o adicional por trabalho extraordinário.

II – Incorreta.

Conforme o entendimento consubstanciado na Súmula nº 349 do C. TST, a validade de Acordo Coletivo ou Convenção Coletiva de compensação de jornada de trabalho em atividade insalubre prescinde da inspeção prévia da autoridade competente em matéria de higiene do trabalho.

III – Correta.

O turno ininterrupto de revezamento pressupõe trabalho em horários com sucessivas modificações, em atividade empresarial contínua.

O Tribunal Superior do Trabalho vem entendendo como turno ininterrupto o trabalho que se alterna em horários diferentes, laborando o empregado nos períodos diurno e noturno.

A redução da jornada de trabalho se impõe, uma vez que a alternância de horário prejudica o metabolismo humano.

Por sua vez, o repouso semanal e os intervalos intrajornadas não descaracterizam, por si só, o turno ininterrupto de revezamento.

Neste sentido, a Súmula nº 360 do TST: "A interrupção do trabalho destinada a repouso e alimentação, dentro de cada turno, ou o intervalo para repouso semanal, não descaracteriza o turno de revezamento com jornada de 6 (seis) horas previsto no art. 7º, XIV, da CF/1988."

Gabarito: C

143. **(XIV Concurso do Ministério Público do Trabalho) Complete com a opção CORRETA.**

Poderá a duração normal do trabalho do jornalista ser elevada a _____ horas, mediante acordo escrito, em que se estipule aumento de ordenado, correspondente ao excesso de tempo de trabalho, em que se fixe um intervalo destinado a repouso ou à refeição (art. 304 da CLT).

a) 7 horas
b) 8 horas
c) 10 horas
d) 12 horas
e) Não respondida.

Comentários:

A duração normal do trabalho dos jornalistas não deverá exceder a 5 horas, tanto de dia como à noite (CLT, art. 303).

Contudo, poderá a duração normal do trabalho ser elevada a 7 (sete) horas, mediante acordo escrito, em que se estipule aumento de ordenado, correspondente ao excesso do tempo de trabalho, em que se fixe um intervalo destinado a repouso ou à refeição (CLT, art. 304).

Gabarito: A

144. **(XIV Concurso do Ministério Público do Trabalho) Complete com a opção CORRETA.**

Em relação ao trabalho em minas no subsolo, em cada período de _____ consecutivas(os) de trabalho, será obrigatória uma pausa de _____ minutos para repouso, a qual será computada na duração normal de trabalho efetivo.

a) 1 hora e 40 minutos – 20
b) 2 horas – 20
c) 3 horas – 15
d) 3 horas – 20
e) Não respondida.

Comentários:

A duração normal do trabalho efetivo para os empregados em minas no subsolo não excederá a 6 horas diárias ou de 36 semanais (CLT, art. 293).

Em cada período de 3 (três) horas consecutivas de trabalho, será obrigatória uma pausa de 15 (quinze) minutos para repouso, a qual será computada na duração normal de trabalho efetivo (CLT, art. 298).
Gabarito: C

145. (XIV Concurso do Ministério Público do Trabalho) Complete com a opção CORRETA.
Os operadores cinematográficos estão sujeitos a ___ horas consecutivas de trabalho em cabina, durante o funcionamento cinematográfico.
   a) 4
   b) 5
   c) 6
   d) 7
   e) Não respondida.

Comentários:
De acordo com a regra do art. 234, *caput*, da CLT: *"A duração normal do trabalho dos operadores cinematográficos e seus ajudantes não excederá de seis horas diárias, assim distribuídas: a) 5 (cinco) horas consecutivas de trabalho em cabina, durante o funcionamento cinematográfico; b) 1 (um) período suplementar, até o máximo de 1 (uma) hora para limpeza, lubrificação dos aparelhos de projeção, ou revisão de filmes."*
Gabarito: B

146. (XIV Concurso do Ministério Público do Trabalho) O horário noturno do advogado é das:
   a) 20 às 4 horas;
   b) 20 às 5 horas;
   c) 21 às 5 horas;
   d) 22 às 5 horas;
   e) não respondida.

Comentários:
A jornada de trabalho do advogado empregado, no exercício da profissão, não poderá exceder à duração diária de 4 horas contínuas e a de 20 horas semanais, salvo Acordo ou Convenção Coletiva, ou em caso de dedicação exclusiva, nos termos do art. 20, *caput*, da Lei nº 8.906/1994.

As horas trabalhadas que excederem à jornada normal são remuneradas por um adicional não inferior a cem por cento sobre o valor da hora normal, mesmo havendo contrato escrito (art. 20, § 1º, da Lei nº 8.906/1994).

O trabalho noturno compreende o período das 20 às 5 horas, com adicional noturno de 25% (art. 20, § 2º, da Lei nº 8.906/1994).
Gabarito: B

147. (XXIV Concurso da Magistratura – TRT/Campinas) No caso de empregados que trabalham com movimentação de mercadorias do ambiente quente ou normal para o frio e vice-versa:
   a) depois de 1 (uma) hora e 30 (trinta) minutos de trabalho contínuo, será assegurado um período de repouso e computado na jornada;
   b) depois de 1 (uma) hora e 30 (trinta) minutos de trabalho contínuo, é assegurado o repouso de 40 (quarenta) minutos, não computado na jornada;
   c) assim como para os empregados que trabalham no interior de câmaras frigoríficas, depois de 1 (uma) hora e 40 (quarenta) minutos de trabalho contínuo, será assegurado repouso ao trabalhador, mas tal período não é computado como trabalho efetivo;
   d) para que o ambiente seja considerado como artificialmente frio, a ensejar a proteção prevista no art. 253 da CLT, é necessário que se verifique, além de sua temperatura, a zona climática onde é desenvolvido;
   e) nenhuma das anteriores.

Comentários:

O art. 253, *caput*, da CLT estabelece que, para os empregados que trabalham no interior das câmaras frigoríficas e para os que movimentam mercadorias do ambiente quente ou normal para o frio e vice-versa, depois de 1 (uma) hora e 40 (quarenta) minutos de trabalho contínuo, será assegurado um período de 20 (vinte) minutos de repouso, computado esse intervalo como de trabalho efetivo.

Por sua vez, o parágrafo único do art. 253 da CLT esclarece que se considera artificialmente frio, o que for inferior, nas primeiras, segunda e terceira zonas climáticas do mapa oficial do Ministério do Trabalho, a 15º (quinze graus), na quarta zona a 12º (doze graus) e nas quinta, sexta e sétima zonas a 10º (dez graus).

Gabarito: D

Capítulo 11

Férias

• • •

148. (FCC – TRT/MS – Analista Judiciário – 2004) O marco inicial da prescrição no tocante à demanda pertinente às férias do trabalhador:
   a) coincide com a data na qual o empregado completou 12 meses de serviço.
   b) ocorre após a cessação do pacto laboral.
   c) coincide com o término do período aquisitivo.
   d) ocorre 2 anos após o término do período concessivo.
   e) verifica-se após o período concessivo.

Comentários:

Assim dispõe o art. 149 da CLT: "*A prescrição do direito de reclamar a concessão das férias ou o pagamento da respectiva remuneração é contada do término do prazo mencionado no art. 134 ou, se for o caso, da cessação do contrato de trabalho.*"

A pretensão passa a ser exigível após o término do período concessivo ou de gozo, iniciando-se, a partir daí, a contagem do prazo prescricional, haja vista a violação de direito subjetivo do empregado.

Gabarito: E

149. (FCC – TRT/MS – Analista Judiciário – 2003) Após cada período de 12 meses de trabalho, o empregado que tiver faltado injustificadamente ao serviço entre 15 e 23 dias, terá direito a férias de:
   a) 7 (sete) dias corridos;
   b) 7 (sete) dias úteis;
   c) 15 (quinze) dias corridos;
   d) 15 (quinze) dias úteis;
   e) 18 (dezoito) dias corridos.

Comentários:

Art. 130, *caput*, da CLT:

Após cada período de 12 (doze) meses de vigência do contrato de trabalho, o empregado terá direito a férias, na seguinte proporção: I – 30 (trinta) dias corridos, quando não houver faltado ao serviço mais de 5 (cinco) vezes; II – 24 (vinte e quatro) dias corridos, quando houver tido de 6 (seis) a 14 (quatorze) faltas; III – 18 (dezoito) dias corridos, quando houver tido de 15 (quinze) a 23 (vinte e três) faltas; IV – 12 (doze) dias corridos, quando houver tido de 24 (vinte e quatro) a 32 (trinta e duas) faltas.

Gabarito: E

150. (FJPF – TRT/RJ – Analista Judiciário – 2004) Um tosador de cães, após completar um ano no seu emprego na Pet Shop, requer o gozo de férias anuais. Verificada sua assiduidade no emprego, o empregador constata que o tosador havia faltado oito vezes durante o período aquisitivo, o que lhe conferia, de férias, o seguinte número de dias corridos:
   a) 30;
   b) 24;
   c) 22;
   d) 18;
   e) 12.

Comentários:
Segundo a disposição contida no art. 130, *caput*, inciso II, da CLT, o empregado terá direito a 24 (vinte e quatro) dias de férias se tiver tido de 6 (seis) a 14 (quatorze) faltas.
Gabarito: B

151. (FCC – TRT/RJ – Analista Judiciário – 2003) As faltas injustificadas no serviço:
   a) autorizam o desconto dos dias respectivos no período de férias;
   b) consistem em hipótese de interrupção do contrato de trabalho;
   c) refletem na gradação alusiva ao período de férias;
   d) uma vez ocorrido o desconto no salário do empregado não repercutem no período de gozo de férias;
   e) comprometem a assiduidade do empregado, justificando, de acordo com a lei, redução de salário.

Comentários:
As faltas injustificadas no serviço refletem na gradação alusiva aos períodos de férias, nos moldes do art. 130, incisos I a IV, da CLT. O direito às férias leva em conta a assiduidade do empregado.

Por sua vez, o art. 130, § 1º, da CLT dispõe ser vedado descontar, do período de férias, as faltas do empregado ao serviço.
Gabarito: C

152. (FCC – TRT/MS – Analista Judiciário – 2003) As férias devem ser pagas em dobro quando:
   a) o empregado permanece 20 meses trabalhando sem gozá-las;
   b) o empregador deixa de conceder as férias no mês subsequente ao período aquisitivo;
   c) o empregador concede as férias nos 12 meses seguintes ao período aquisitivo;
   d) o empregador concede as férias após os 12 meses seguintes ao período aquisitivo;
   e) ocorre a cessação do contrato de trabalho por iniciativa do empregador.

Comentários:

Consoante a regra do art. 137, *caput*, da CLT: *"Sempre que as férias forem concedidas após o prazo de que trata o art. 134, o empregador pagará em dobro a respectiva remuneração."*

Logo, as férias devem ser pagas em dobro sempre que o empregador as conceder após o período concessivo ou de gozo.

Gabarito: D

153. **(FCC – TRT/RN – Analista Judiciário – 2003) Um empregado, depois de ter trabalhado durante 2 anos e 6 meses para o mesmo empregador, sem ter tirado férias, pede demissão. Nesta hipótese, o empregado deverá receber, além de outras verbas:**
   a) férias em dobro relativas ao primeiro período aquisitivo, férias simples relativas ao segundo período aquisitivo e férias proporcionais de 6/12;
   b) dois períodos de férias simples e férias proporcionais de 6/12;
   c) dois períodos de férias em dobro e férias proporcionais de 6/12;
   d) somente dois períodos de férias simples, tendo em vista que as férias proporcionais não são devidas no pedido de demissão;
   e) férias simples relativas ao segundo período aquisitivo e férias proporcionais de 6/12, sendo que o primeiro período aquisitivo já está alcançado pela prescrição.

Comentários:

Considerando que após 12 meses de vigência do contrato de trabalho (período aquisitivo) o empregado tem direito ao gozo de férias nos 12 meses subsequentes (período concessivo ou de gozo), nos exatos termos dos arts. 130 e 134 da CLT, no caso vertente, o obreiro terá direito a férias em dobro relativas ao primeiro período aquisitivo, férias simples integrais relativas ao segundo período aquisitivo e férias proporcionais de 6/12 (seis doze avos), estas últimas, na forma do art. 146, *caput* e § 1º, da CLT.

Gabarito: A

154. **(FCC – TRT/SE – Analista Judiciário – 2002) Quando a empresa concede férias coletivas, o empregado admitido há menos de 12 meses:**
   a) terá férias coletivas, que serão compensadas oportunamente, podendo o empregador, em caso de rescisão por justa causa, ressarcir-se;
   b) terá férias coletivas, que serão compensadas oportunamente, podendo o empregador, em caso de pedido de demissão, ressarcir-se;
   c) não terá férias, permanecendo à disposição da empresa;
   d) terá férias coletivas, iniciando novo período aquisitivo;
   e) terá férias coletivas e, quando da aquisição do primeiro período, terá direito apenas à diferença.

Comentários:

Aplicação do art. 140 da CLT: *"Os empregados contratados há menos de 12 (doze) meses gozarão, na oportunidade, férias proporcionais, iniciando-se, então, novo período aquisitivo."*

Gabarito: D

155. (Fundec – TRT/BA – Analista Judiciário – 2003) Durante o período aquisitivo do direito a férias, um empregado trabalhou por 5 meses em horário noturno, percebendo o adicional respectivo. Todavia, no momento das férias, cumpria jornada diurna. Nesta hipótese, a remuneração das férias:
   a) incluirá, também, o maior valor recebido a título de adicional noturno;
   b) não incluirá o adicional;
   c) incluirá, também, a média aritmética recebida no período aquisitivo;
   d) incluirá, também, a média duodecimal recebida no período aquisitivo;
   e) incluirá, também, o valor recebido a título de adicional noturno no último mês trabalhado naquele horário.

Comentários:

Segundo a norma prevista no art. 142, § 6º, da CLT, se, no momento das férias, o empregado não estiver percebendo o mesmo adicional do período aquisitivo, ou quando o valor deste não tiver sido uniforme, será computada a média duodecimal recebida naquele período, após a atualização das importâncias pagas, mediante incidência dos percentuais dos reajustamentos salariais supervenientes.

Gabarito: D

156. (II Concurso da Magistratura – TRT/RJ – 2004) Assinale a opção CORRETA.
   a) De acordo com entendimento predominante do TST, consagrado em Enunciado, o empregado que pede demissão do emprego com menos de 12 (doze) meses de contrato de trabalho, não faz jus ao pagamento de férias proporcionais.
   b) Conforme dispositivo da CLT, no caso de término de contrato de trabalho por falecimento de empregado com mais de 12 (doze) meses de serviços prestados, não subsiste o direito ao pagamento de férias proporcionais.
   c) De acordo com entendimento do TST, objeto de Enunciado, nos casos de reconhecimento de culpa recíproca na rescisão do contrato de trabalho, o empregado tem direito a 50% (cinquenta por cento) do valor do aviso prévio, do décimo terceiro salário e das férias proporcionais.
   d) Conforme estabelecido na CLT, o prazo prescricional do direito de reclamar a concessão de férias é contado a partir do término do período aquisitivo de tais férias.
   e) De acordo com a CLT, no caso de ruptura do contrato de emprego decorrente de aposentadoria por idade requerida pelo empregador em relação ao segurado empregado do sexo masculino com mais de 12 (doze) meses de contrato de trabalho e que tenha cumprido o período de carência exigido pela lei que dispõe sobre os planos de benefício da previdência social, bem como completado 70 (setenta) anos de idade, não subsiste o direito ao pagamento de férias proporcionais, eis que se trata de aposentadoria compulsória, tal como definido no art. 51 da Lei nº 8.213/1991.

Comentários:

a) Incorreta.

Súmula nº 171 do C. TST: "Salvo na hipótese de dispensa do empregado por justa causa, a extinção do contrato de trabalho sujeita o empregador ao pagamento da remuneração das férias proporcionais, ainda que incompleto o período aquisitivo de 12 (doze) meses (art. 147 da CLT). Ex-prejulgado nº 51."

b) Incorreta.

Art. 146, parágrafo único, da CLT: "*Na cessação do contrato de trabalho, após 12 (doze) meses de serviço, o empregado, desde que não haja sido demitido por justa causa, terá direito à remuneração relativa ao período incompleto de férias, de acordo com o art. 130, na proporção de 1/12 (um doze avos) por mês de serviço ou fração superior a 14 (quatorze) dias.*"

c) Correta.

Súmula nº 14 do C. TST: "Reconhecida a culpa recíproca na rescisão do contrato de trabalho (art. 484 da CLT), o empregado tem direito a 50% (cinquenta por cento) do valor do aviso prévio, do décimo terceiro salário e das férias proporcionais."

d) Incorreta.

Art. 149 da CLT: "*A prescrição do direito de reclamar a concessão das férias ou o pagamento da respectiva remuneração é contada do término do prazo mencionado no art. 134 ou, se for o caso, da cessação do contrato de trabalho.*"

Conta-se o prazo prescricional a partir do término do período concessivo ou, se for o caso, da cessação do contrato de trabalho.

e) Incorreta.

Não há esta previsão na CLT, vide o disposto no parágrafo único do art. 146.

Gabarito: C

157. (Concurso da Magistratura – TRT/RJ – 2004) O empregado que se demite antes de completar 12 (doze) meses de serviço, com relação às férias proporcionais e gratificação natalina:
a) tem direito a férias proporcionais, acrescidas de 1/3, e gratificação natalina proporcional;
b) tem direito apenas a férias proporcionais, acrescidas de 1/3;
c) tem direito apenas à gratificação natalina proporcional;
d) não tem direito a férias proporcionais e gratificação natalina proporcional, pois somente terá direito após 12 (doze) meses de serviço;
e) tem direito a férias proporcionais, acrescidas de 1/3, e gratificação natalina proporcional, somente se ocorrer rescisão indireta.

Comentários:

Férias Proporcionais – Súmula nº 171 do C. TST: "Salvo na hipótese de dispensa do empregado por justa causa, a extinção do contrato de trabalho sujeita o empregador ao pagamento da remuneração das férias proporcionais, ainda que incompleto o período aquisitivo de 12 (doze) meses (art. 147 da CLT)."

Décimo Terceiro Salário – Súmula nº 157 do C. TST: "A gratificação instituída pela Lei nº 4.090, de 13/07/1962 é devida na resilição contratual de iniciativa do empregado. Ex-prejulgado nº 32."

Gabarito: A

158. (XIX Concurso da Magistratura – TRT/PR) Analise a proposição a seguir e assinale a alternativa CORRETA:

O abono de férias deverá ser requerido:

a) até 6 (seis) meses antes do término do período aquisitivo;
b) até 30 (trinta) dias antes do término do período aquisitivo;
c) até 15 (quinze) dias antes do término do período aquisitivo;
d) a qualquer tempo por ser direito do trabalhador;
e) até 15 (quinze) dias antes do início de gozo das férias, em qualquer hipótese.

Comentários:

Conforme preconiza o art. 143, § 1º, da CLT: *"O abono de férias deverá ser requerido até 15 (quinze) dias antes do término do período aquisitivo."*

Gabarito: C

159. (IX Concurso do Ministério Público do Trabalho) Assinale a alternativa CORRETA.

Não terá direito a férias o empregado que, no curso do período aquisitivo:

a) deixar o emprego e não for readmitido dentro dos 30 (trinta) dias subsequentes à sua saída;
b) permanecer em gozo de licença, com percepção de salário, por mais de 20 (vinte) dias;
c) deixar de trabalhar, com percepção do salário, por mais de 30 (trinta) dias em virtude de paralisação parcial ou total;
d) tiver percebido, da previdência social, prestação de acidente de trabalho ou de auxílio-doença por mais de três meses consecutivos ou cinco descontínuos;
e) todas as alternativas anteriores estão erradas.
f) não sei.

Comentários:

Segundo o comando contido no art. 133, *caput* e incisos I a IV, da CLT:

> Não terá direito a férias o empregado que, no curso do período aquisitivo: I – deixar o emprego e não for readmitido dentro de 60 (sessenta) dias subsequentes à sua saída; II – permanecer em gozo de licença, com percepção de salários, por mais de 30 (trinta) dias; III – deixar de trabalhar, com percepção do salário, por mais de 30 (trinta) dias, em virtude de paralisação parcial ou total dos serviços da empresa; e IV – tiver percebido da Previdência Social prestações de acidente de trabalho ou de auxílio-doença por mais de 6 (seis) meses, embora descontínuos.

Gabarito: C

160. (Esaf – Auditor-Fiscal do Trabalho – 2003) Assinale a opção CORRETA, considerando a jurisprudência sumulada do Colendo TST.

a) O pagamento das férias integrais, não gozadas, na vigência da Constituição da República de 1988, não se sujeita ao acréscimo do terço previsto em seu art. 7º, inciso XVII.
b) O pagamento das férias, integrais ou proporcionais, não gozadas, mesmo antes da vigência da Constituição da República de 1988, sujeitava-se ao acréscimo do terço previsto em seu art. 7º, inciso XVII.

c) O pagamento das férias, integrais ou proporcionais, gozadas ou não, na vigência da Constituição da República de 1988, sujeita-se ao acréscimo do terço previsto em seu art. 7º, inciso XVII.
d) O pagamento das férias proporcionais, não gozadas, na vigência da Constituição da República de 1988, não se sujeita ao acréscimo do terço previsto em seu art. 7º, inciso XVII.
e) O pagamento das férias proporcionais, não gozadas, na vigência da Constituição da República de 1988, somente se sujeita ao acréscimo do terço das férias previsto em seu art. 7º, inciso XVII, desde que requerida por escrito ao empregador.

Comentários:
Súmula nº 328 do C. TST: "O pagamento das férias, integrais ou proporcionais, gozadas ou não, na vigência da CF/1988, sujeita-se ao acréscimo do terço previsto no respectivo art. 7º, XVII."
Gabarito: C

161. **(Auditor-Fiscal do Trabalho – 2003 – Esaf) Na forma da jurisprudência sumulada do Colendo TST, aponte a opção CORRETA:**
a) Ainda que caracterizada a hipótese de dispensa do empregado por justa causa, a extinção do contrato de trabalho sujeita o empregador ao pagamento da remuneração das férias proporcionais, desde que completo o período aquisitivo de 12 meses.
b) Salvo na hipótese de dispensa do empregado por justa causa, a extinção do contrato de trabalho sujeita o empregador ao pagamento da remuneração das férias proporcionais, ainda que incompleto o período aquisitivo de 12 meses.
c) Ainda que configurada a hipótese de dispensa do empregado por justa causa, a extinção do contrato de trabalho sujeita o empregador ao pagamento da remuneração das férias proporcionais, ainda que incompleto o período aquisitivo de 12 meses.
d) Salvo na hipótese de dispensa do empregado por justa causa, a extinção do contrato de trabalho, com mais de um ano, sujeita o empregador ao pagamento da remuneração das férias proporcionais, desde que completo o período aquisitivo de 12 meses.
e) Salvo na hipótese de dispensa do empregado por justa causa, a extinção do contrato de trabalho, com mais de um ano, sujeita o empregador ao pagamento da remuneração das férias proporcionais, ainda que incompleto o período aquisitivo de 12 meses.

Comentários:
Súmula nº 171 do C. TST: "Salvo na hipótese de dispensa do empregado por justa causa, a extinção do contrato de trabalho sujeita o empregador ao pagamento da remuneração das férias proporcionais, ainda que incompleto o período aquisitivo de 12 (doze) meses (art. 147 da CLT)."
Gabarito: B

Capítulo 12

Salário e Remuneração

• • •

162. (XIX Concurso da Magistratura – TRT/PR) Assinale a alternativa INCORRETA:
   a) Segundo a CLT, na remuneração do empregado compreendem-se, para todos os efeitos legais, além do salário devido e pago diretamente pelo empregador, como contraprestação do serviço, as gorjetas que receber.
   b) A parcela paga ocasionalmente e sem prévio ajuste, a título de reconhecimento ou prêmio, que não se repete, não se integra ao salário.
   c) O salário, inclusive comissões, gratificações e percentagens, deve ser pago em intervalos não superiores a um mês, sem exceção, justificando-se a exigência legal em função das necessidades do trabalhador em geral.
   d) Na falta de estipulação do salário ou não havendo prova sobre a importância ajustada, o empregado terá direito a perceber salário igual ao daquele que, na mesma empresa, fizer serviço equivalente, ou do que for habitualmente pago para serviço semelhante.
   e) São legalmente permitidos os descontos por danos causados dolosamente pelo empregado ao empregador, estando condicionada a legalidade daqueles ocasionados por atos de imprudência, imperícia ou negligência, à anuência do empregado previamente acordada.

Comentários:

a) Correta.

Nos termos da regra do art. 457, *caput*, da CLT: *"Compreendem-se na remuneração do empregado, para todos os efeitos legais, além do salário devido e pago diretamente pelo empregador, como contraprestação do serviço, as gorjetas que receber."*

b) Correta.

Salário compreende o conjunto de parcelas contraprestativas devidas e pagas habitualmente pelo empregador ao empregado no contexto de uma relação de emprego.

A uniformidade, a habitualidade e a periodicidade são características inerentes às parcelas salariais. Logo, se a parcela é paga ocasionalmente, a título de reconhecimento ou prêmio, que não se repete, não se integra ao salário.

Registre-se que a ausência de prévio ajuste expresso não impede a integração de uma parcela ao complexo salarial. O critério adotado é o objetivo. O ajuste tácito possibilita a configuração de uma parcela de natureza salarial.

Neste sentido, a título de exemplo, o entendimento contido na Súmula nº 152 do C. TST: "*O fato de constar do recibo de pagamento de gratificação o caráter de liberalidade não basta, por si só, para excluir a existência de ajuste tácito.*"

c) Incorreta.

Aplicação do art. 459, *caput*, da CLT: "*O pagamento do salário, qualquer que seja a modalidade do trabalho, não deve ser estipulado por período superior a um mês, salvo no que concerne a comissões, percentagens e gratificações.*"

d) Correta.

Art. 460 da CLT: "*Na falta de estipulação do salário ou não havendo prova sobre a importância ajustada, o empregado terá direito a perceber salário igual ao daquela que, na mesma empresa, fizer serviço equivalente ou do que for habitualmente pago para serviço semelhante.*"

e) Correta.

Estabelece o art. 462, § 1º, da CLT: "*Em caso de dano causado pelo empregado, o desconto será lícito, desde de que esta possibilidade tenha sido acordada ou na ocorrência de dolo do empregado.*"

Gabarito: C

163. (FCC – Analista Judiciário – TRT/RN – 2003) Na falta de estipulação do salário:
   a) não haverá contrato de trabalho, tendo em vista que não houve ajuste a respeito de condição essencial;
   b) o empregado receberá o salário que o empregador quiser pagar, pois a fixação do salário faz parte do poder de comando da empresa;
   c) a fixação do valor da remuneração competirá à delegacia regional do trabalho;
   d) a omissão importará na inversão do ônus da prova e o empregado receberá, independentemente de qualquer circunstância, o salário que pretender;
   e) o empregado receberá o salário igual ao daquele que, na mesma empresa, fizer serviço equivalente, ou ao daquele que for habitualmente pago para executar serviço semelhante.

Comentários:

Art. 460 da CLT: "*Na falta de estipulação do salário ou não havendo prova sobre a importância ajustada, o empregado terá direito a perceber salário igual ao daquela que, na mesma empresa, fizer serviço equivalente ou do que for habitualmente pago para serviço semelhante.*"

Gabarito: E

164. (NCE/UFRJ – TRT/ES – Analista Judiciário – 1999) Na hipótese do empregador fornecer *in natura* uma ou mais das parcelas do salário mínimo, a parcela do salário paga em dinheiro não será inferior a:
   a) 10% do salário mínimo;
   b) 20% do salário mínimo;
   c) 30% do salário mínimo;
   d) 40% do salário mínimo;
   e) 50% do salário mínimo.

Comentários:

Incidência da norma prevista no art. 82, parágrafo único, da CLT: *"O salário mínimo pago em dinheiro não será inferior a 30% (trinta por cento) do salário mínimo fixado para a região, zona ou subzona."*

Gabarito: C

165. (XI Concurso da Magistratura – TRT/SC) Leia atentamente as assertivas e aponte a alternativa CORRETA:
   I. Não serão considerados como salário os vestuários, equipamentos e outros acessórios fornecidos aos empregados e utilizados no local de trabalho para a prestação do serviço.
   II. Não serão considerados como salário os valores pagos pelo empregador para educação do empregado, em estabelecimento de ensino próprio ou de terceiros, seja a título de matrícula, mensalidade, anuidade, livros ou material didático.
   III. Não serão considerados como salário os valores pagos pelo empregador referentes a transporte destinado ao deslocamento para o trabalho e retorno, em percurso servido ou não por transporte público.
   IV. Não serão considerados como salário os valores pagos pelo empregador para a concessão ao empregado de assistência médica, hospitalar e odontológica, prestada diretamente ou mediante seguro-saúde.
   V. Não serão considerados como salário os valores pagos pelo empregador a título de seguro de vida e acidentes pessoais e previdência privada.
   a) são corretas apenas as assertivas I, II e IV;
   b) são corretas apenas as assertivas I, III e V;
   c) são corretas apenas as assertivas II, III e IV;
   d) são corretas apenas as assertivas II, III e V;
   e) n.d.a.

Comentários:

Art. 458, § 2º, inciso I a VI, da CLT:

> Para os efeitos previstos neste art., não serão consideradas como salário as seguintes utilidades concedidas pelo empregador: I – vestuários, equipamentos e outros acessórios fornecidos aos empregados e utilizados no local de trabalho, para a prestação do serviço; II – educação, em estabelecimento de ensino próprio ou de terceiros, compreendendo os valores relativos a matrícula, mensalidade, anuidade, livros e material didático; III – transporte

destinado ao deslocamento para o trabalho e retorno, em percurso servido ou não por transporte público; IV – assistência médica, hospitalar e odontológica, prestada diretamente ou mediante seguro-saúde; V – seguros de vida e de acidentes pessoais; VI – previdência privada.

Todas as alternativas estão corretas.
Gabarito: E

166. (FCC – TRT/MS – Analista Judiciário – 2004) Em relação às gorjetas é correto afirmar que:
a) tanto as próprias, quanto as impróprias são computadas para a composição do salário mínimo;
b) nem as próprias nem as impróprias são computadas para a composição do salário mínimo;
c) somente as próprias são computáveis para a composição do salário mínimo;
d) somente as impróprias são computáveis para a composição do salário mínimo;
e) assim como as ajudas de custo, não compreendem na remuneração.

Comentários:
Conforme preconiza o art. 76 da CLT, o salário mínimo é a contraprestação mínima devida e paga diretamente pelo empregador a todo empregado.

Por sua vez, as gorjetas possuem natureza meramente remuneratória, a teor da disposição contida no art. 457, *caput*, da CLT, não integrando o conceito de salário, posto que não são devidas e pagas pelo empregador ao empregado, mas por terceiro.

Dessa forma, as gorjetas dadas diretamente pelo cliente (próprias) ou cobradas na nota de serviço pelo empregador (impróprias) não integram o cômputo do salário mínimo.
Gabarito: B

167. (V Concurso da Magistratura – TRT/SE) Juliano da Silva Costa ajuizou reclamação trabalhista em face de Restaurante Ponto Novo Ltda., argumentando, em síntese, que trabalhou para o reclamado durante quatro anos na função de garçom e que o réu nunca integrou à sua remuneração as gorjetas que lhe eram pagas pelos clientes da casa. Ao cabo de sua narrativa, postulou as diferenças salariais e rescisórias decorrentes da integração à remuneração das ditas gorjetas. O réu, ao se defender, sustentou que as gorjetas não integram a remuneração do empregado quando não cobradas em nota de serviço pelo empregador, salvo se expressamente pactuado pelas partes. Sendo você o juiz da causa – tendo em vista a posição predominante na jurisprudência e tomando como incontroverso o fato de que o empregador não cobrava dos seus clientes gorjeta em nota de serviço – marque:
a) uma vez que as gorjetas têm natureza jurídica salarial, nos termos do art. 457 da CLT, você deferiria integralmente o pedido, condenando o réu a pagar ao autor as diferenças de todas as parcelas salariais e rescisórias do contrato que mantiveram;
b) uma vez que apenas as gorjetas cobradas pelo empregador em nota de serviço têm natureza jurídica salarial, você indeferiria o pedido;

c) você deferiria o pedido em parte, porque as gorjetas não servem de base de cálculo para as parcelas de aviso prévio, adicional noturno, horas extras e repouso semanal remunerado;
d) você deferiria o pedido em parte, porque as gorjetas não servem de base de cálculo para as parcelas de aviso prévio e repouso semanal remunerado;
e) você deferiria o pedido em parte, porque as gorjetas não servem de base de cálculo para as parcelas de adicional noturno e horas extras.

Comentários:

Compreendem-se na remuneração do empregado, para todos os efeitos legais, além do salário devido e pago diretamente pelo empregador, como contraprestação do serviço, as gorjetas que receber (CLT, art. 457, *caput*).

Considera-se gorjeta não só a importância espontaneamente dada pelo cliente ao empregado, como também aquela que for cobrada pela empresa ao cliente, como adicional nas contas, a qualquer título, e destinada à distribuição aos empregados (CLT, art. 457, § 3º).

As gorjetas possuem natureza meramente remuneratória, e não salarial, posto que não são devidas e pagas diretamente pelo empregador ao empregado no contexto de uma relação de emprego.

Dessa forma, as gorjetas somente integram a base de cálculo das verbas contratuais que incidam sobre o valor da remuneração do empregado. Se a base de incidência da parcela for o salário, as gorjetas, por não possuírem natureza salarial, não a integram.

Neste sentido, o entendimento consubstanciado na Súmula nº 354 do C. TST: "As gorjetas, cobradas pelo empregador na nota de serviço ou oferecidas espontaneamente pelos clientes, integram a remuneração do empregado, não servindo de base de cálculo para as parcelas de aviso prévio, adicional noturno, horas extras e repouso semanal remunerado."

Gabarito: C

168. **(XI Concurso do Ministério Público do Trabalho) No que tange à remuneração do empregado, é CORRETO afirmar:**
    a) a ajuda de custo, paga de uma vez, para cobrir os gastos pela mudança de residência do empregado transferido, não integra o salário do empregado, desde que não ultrapasse a 50% de seu salário;
    b) o fornecimento de transporte pelo empregador ao empregado, que não se caracterize como tempo (*in itinere*) à disposição do empregador, será considerado como salário-utilidade;
    c) por falta de estipulação do salário, ou não havendo prova sobre a importância ajustada, o empregado não terá direito a perceber salário igual ao daquele que, na mesma empresa, fizer serviço equivalente ao seu;
    d) o salário mínimo, fixado em lei, nacionalmente unificado, deve ser capaz de atender às necessidades vitais básicas do empregado e às de sua família com moradia, alimentação, educação, saúde, lazer, vestuário, higiene, transporte e previdência social, com reajustes periódicos que lhe preservem o poder aquisitivo;
    e) não respondida.

Comentários:

a) Incorreta.

Não se incluem nos salários as ajudas de custo, assim como as diárias para viagem que não excedam a 50% (cinquenta por cento) do salário percebido pelo empregado (CLT, art. 457, § 2º).

Súmula nº 101 do C. TST: "Integram o salário, pelo seu valor total e para efeitos indenizatórios, as diárias de viagem que excedam a 50% (cinquenta por cento) do salário do empregado, enquanto perdurarem as viagens."

Súmula nº 318 do C. TST: "Tratando-se de empregado mensalista, a integração das diárias no salário deve ser feita tomando-se por base o salário mensal por ele percebido e não o valor do dia de salário, somente sendo devida a referida integração quando o valor das diárias, no mês, for superior à metade do salário mensal."

b) Incorreta.

Art. 458, § 2º, inciso III, da CLT: *"Para os efeitos previstos neste art., não serão consideradas como salário as seguintes utilidades concedidas pelo empregador: (...) III – transporte destinado ao deslocamento para o trabalho e retorno, em percurso servido ou não por transporte público."*

c) Incorreta.

Art. 460 da CLT: *"Na falta de estipulação do salário ou não havendo prova sobre a importância ajustada, o empregado terá direito a perceber salário igual ao daquela que, na mesma empresa, fizer serviço equivalente ou do que for habitualmente pago para serviço semelhante."*

d) Correta.

Art. 7º, inciso IV, da CF/1988: *"salário mínimo, fixado em lei, nacionalmente unificado, capaz de atender a suas necessidades vitais básicas e às de sua família com moradia, alimentação, educação, saúde, lazer, vestuário, higiene, transporte e previdência social, com reajustes periódicos que lhe preservem o poder aquisitivo, sendo vedada sua vinculação para qualquer fim."*

Gabarito: D

169. (X Concurso do Ministério Público do Trabalho) Quanto às atividades insalubres ou perigosas é INCORRETO afirmar:
   a) a eliminação ou a neutralização da insalubridade ocorrerá com a adoção de medidas que conservem o ambiente de trabalho dentro dos limites de tolerância;
   b) o trabalho em condições de periculosidade assegura ao empregado um adicional de 30% (trinta por cento) sobre o seu salário e acréscimos resultantes das gratificações, prêmios ou participações nos lucros das empresas;
   c) o direito do empregado ao adicional de insalubridade ou periculosidade cessará com a eliminação do risco à saúde;
   d) havendo concomitância de condições perigosas e insalubres o empregado poderá optar por um dos adicionais;

e) é facultado tanto às empresas quanto aos sindicatos das categorias profissionais interessadas requererem ao ministério do trabalho e emprego a realização de perícia em estabelecimento ou setor deste, com objetivo de caracterizar e classificar ou delimitar as atividades insalubres ou perigosas;
f) não sei.

Comentários:

a) Correta.

Art. 191, inciso I, da CLT: *"A eliminação ou a neutralização da insalubridade ocorrerá: I – com a adoção de medidas que conservem o ambiente de trabalho dentro dos limites de tolerância."*

b) Incorreta.

Art. 193, § 1º, da CLT: *"O trabalho em condições de periculosidade assegura ao empregado um adicional de 30% (trinta por cento) sobre o salário sem os acréscimos resultantes de gratificações, prêmios ou participações nos lucros da empresa."*

Súmula nº 191 do C. TST: *"O adicional de periculosidade incide apenas sobre o salário básico e não sobre este acrescido de outros adicionais. Em relação aos eletricitários, o cálculo do adicional de periculosidade deverá ser efetuado sobre a totalidade das parcelas de natureza salarial."*

Súmula nº 364 do C. TST:

> I – Faz jus ao adicional de periculosidade o empregado exposto permanentemente ou que, de forma intermitente, sujeita-se a condições de risco. Indevido, apenas, quando o contato dá-se de forma eventual, assim considerado o fortuito, ou o que, sendo habitual, dá-se por tempo extremamente reduzido. II – A fixação do adicional de periculosidade, em percentual inferior ao legal e proporcional ao tempo de exposição ao risco, deve ser respeitada, desde que pactuada em acordos ou convenções coletivos.

c) Correta.

Art. 194 da CLT: *"O direito do empregado ao adicional de insalubridade ou de periculosidade cessará com a eliminação do risco à sua saúde ou à integridade física, nos termos desta Seção e das normas expedidas pelo Ministério do Trabalho."*

d) Correta.

Art. 193, § 2º, da CLT: *"O empregado poderá optar pelo adicional de insalubridade que porventura lhe seja devido."*

e) Correta.

Art. 195, § 1º, da CLT: *"É facultado às empresas e aos sindicatos das categorias profissionais interessadas requererem ao Ministério do Trabalho a realização de perícia em estabelecimento ou setor deste, com o objetivo de caracterizar e classificar ou delimitar as atividades insalubres ou perigosas."*

Gabarito: B

170. (FCC – TRT/MS – Analista Judiciário – 2004) Empregado que trabalha em atividade insalubre e perigosa fazendo jus a percepção de adicional:
a) tem direito a optar por um dos adicionais;
b) tem direito a receber os dois adicionais;
c) recebe o de menor valor;
d) recebe o de maior valor;
e) recebe, sempre, o de periculosidade.

Comentários:
Conforme se extrai do art. 193, § 2º, da CLT, o empregado poderá optar entre o adicional de insalubridade e o de periculosidade.
Gabarito: A

171. (FJPF – TRT/RJ – Analista Judiciário– 2004) O eletricitário, pela natureza da prestação diária de seu trabalho, tem direito à percepção do seguinte percentual de adicional de periculosidade e respectiva base de cálculo:
a) 40% – salário contratual, incluído o adicional de horas extras;
b) 20% – totalidade das parcelas de natureza salarial;
c) 30% – totalidade das parcelas de natureza salarial;
d) 30% – salário contratual, excluídos os adicionais;
e) 40% – salário contratual, excluídos os adicionais.

Comentários:
Aplicação do posicionamento contido na Súmula nº 191 do C. TST: "O adicional de periculosidade incide apenas sobre o salário básico e não sobre este acrescido de outros adicionais. Em relação aos eletricitários, o cálculo do adicional de periculosidade deverá ser efetuado sobre a totalidade das parcelas de natureza salarial."
Gabarito: C

172. (III Concurso da Magistratura – TRT/RJ – 2004) Segundo a atual jurisprudência sumulada do Tribunal Superior do Trabalho é INCORRETO dizer que:
a) a eliminação da insalubridade mediante fornecimento de aparelhos protetores aprovados pelo órgão competente do Poder Executivo exclui a percepção do respectivo adicional;
b) a juntada de documentos na fase recursal só se justifica quando provado o justo impedimento para sua oportuna apresentação ou se referir a fato posterior à sentença;
c) a cessação da atividade da empresa, com o pagamento da indenização exclui o direito ao aviso prévio;
d) é devida a remuneração do repouso semanal e dos dias feriados ao empregado comissionista, ainda que pracista;
e) a compensação só pode ser arguida com a contestação.

Comentários:
a) Correta.
Literalidade da Súmula nº 80 do C. TST.

b) Correta.
Literalidade da Súmula nº 08 do C. TST.

c) Incorreta.
Súmula nº 44 do C. TST: "A cessação da atividade da empresa, com o pagamento da indenização, simples ou em dobro, não exclui, por si só, o direito do empregado ao aviso prévio."

d) Correta.
Literalidade da Súmula nº 27 do C. TST.

e) Correta.
Literalidade da Súmula nº 48 do C. TST.
Gabarito: C

173. (FCC – TRT/MS – Analista Judiciário – 2003) O direito à igualdade salarial, mediante equiparação, pressupõe:
   a) a existência de quadro organizado em carreira;
   b) a prestação de serviço no mesmo horário;
   c) a diferença de tempo de serviço na empresa inferior a dois anos;
   d) igualdade de produtividade, ainda que sem a mesma perfeição técnica;
   e) a identidade funcional.

Comentários:
São fatos constitutivos do direito à equiparação salarial, com relação ao equiparando e ao respectivo paradigma, cujo ônus da prova é do empregado:
a) a identidade de funções, independentemente das denominações dos cargos (art. 461, *caput*, e Súmula nº 6, item III, do C. TST);
b) a prestação de serviços ao mesmo empregador (art. 461, *caput*, da CLT);
c) a prestação de serviços na mesma localidade, compreendendo esta última o mesmo município, ou ainda municípios distintos que, comprovadamente, pertençam à mesma região metropolitana (art. 461, *caput*, da CLT, e Súmula nº 6, item X, do C. TST);
d) a contemporaneidade ou simultaneidade da prestação de serviços (Súmula nº 6, item IV, do C. TST).

São fatos obstativos do direito à equiparação salarial, com relação ao equiparando e ao respectivo paradigma, cujo ônus da prova é do empregador (Súmula nº 6, item VIII, do C. TST):
a) a diferença de produtividade e de perfeição técnica (art. 461, § 1º, da CLT);
b) a diferença de tempo de serviço na função superior a 2 (dois) anos (art. 461, § 1º, parte final, da CLT, e Súmula nº 6, item II, do C. TST).

c) a existência de quadro de carreira homologado pela autoridade competente em que haja previsão de promoção alternada adotando os critérios de antiguidade e merecimento (art. 461, §§ 2º e 3º, da CLT, e Súmula nº 6, item I, do C. TST).
d) o paradigma apontado ser empregado readaptado (art. 461, § 4º, da CLT).

Gabarito: E

174. (FCC – TRT/RJ – Analista Judiciário – 2003) João foi contratado sem que a empresa tivesse estipulado o salário que iria ganhar. Tendo em vista que João desenvolve serviço equivalente ao de colega com mais de 2 anos de serviço, na mesma função, é CORRETO dizer que:
 a) trata-se de equiparação salarial e somente terá sucesso se provar igual produtividade e mesma perfeição técnica;
 b) trata-se de equiparação salarial e João deverá comprovar o fato constitutivo do seu direito (igual função);
 c) trata-se de um ajustamento salarial decorrente de relações internas entre empresas que dispõem de plano de cargos e salários;
 d) não é possível a equiparação em razão da diferença de mais de 2 anos;
 e) não é possível a equiparação vez que inexiste na empresa pessoal organizado em quadro de carreira.

Comentários:
A diferença de tempo de serviço na função entre o equiparando e o paradigma constitui fato obstativo ao pleito equiparatório, nos termos do art. 461, § 1º, parte final, da CLT, e da Súmula nº 6, item II, do C. TST.

Gabarito: D

175. (FCC – TRT/RN – Analista Judiciário – 2003) A empresa que possuir quadro de pessoal organizado em carreira, nos termos da CLT, deverá efetuar as promoções pelo critério alternado de:
 a) produtividade e assiduidade;
 b) antiguidade e produtividade;
 c) assiduidade e avaliação;
 d) assiduidade e merecimento;
 e) antiguidade e merecimento.

Comentários:
Incidência da norma do art. 461, § 2º, da CLT: "*Os dispositivos deste artigo não prevalecerão quando o empregador tiver pessoal organizado em quadro de carreira, hipótese em que as promoções deverão obedecer aos critérios de antiguidade e merecimento.*"

Gabarito: E

176. (II Concurso da Magistratura – TRT/RJ – 2004) Tratando do tema equiparação salarial e enquadramento funcional, é correto afirmar que:
 I. a identidade de função e a simultaneidade na prestação de serviço são requisitos essenciais à procedência da equiparação salarial;

II. o quadro de pessoal organizado em carreira, aprovado pelo órgão competente, excluída a hipótese de equiparação salarial, não obsta reclamação fundada em preterição, enquadramento ou reclassificação;

III. as vantagens de caráter pessoal, incorporadas ao patrimônio do paradigma, não poderão ser objeto de extensão por equiparação salarial;

IV. o trabalho de igual valor para efeitos de equiparação salarial é aquele que não acusa diferença de tempo de serviço superior a dois anos entre as pessoas envolvidas.

Responda:
a) se todas as afirmativas estão corretas;
b) se apenas as afirmativas I, II e III estão corretas;
c) se apenas as afirmativas III e I estão corretas;
d) se apenas as afirmativas III e II estão corretas;
e) se apenas as afirmativas I e IV estão corretas.

Comentários:
I – Correta.

Súmula nº 06, item II, do C. TST: "Para efeito de equiparação de salários em caso de trabalho igual, conta-se o tempo de serviço na função e não no emprego."

Súmula nº 06, item III, do C. TST: "A equiparação salarial só é possível se o empregado e o paradigma exercerem a mesma função, desempenhando as mesmas tarefas, não importando se os cargos têm, ou não, a mesma denominação."

Súmula nº 06, item IV, do C. TST: "É desnecessário que, ao tempo da reclamação sobre equiparação salarial, reclamante e paradigma estejam a serviço do estabelecimento, desde que o pedido se relacione com situação pretérita."

II – Correta.

Súmula nº 127 do C. TST: "Quadro de pessoal organizado em carreira, aprovado pelo órgão competente, excluída a hipótese de equiparação salarial, não obsta reclamação fundada em preterição, enquadramento ou reclassificação."

III – Correta.

Súmula nº 06, item VI, do C. TST: "Presentes os pressupostos do art. 461 da CLT, é irrelevante a circunstância de que o desnível salarial tenha origem em decisão judicial que beneficiou o paradigma, exceto se decorrente de vantagem pessoal ou de tese jurídica superada pela jurisprudência de Corte Superior."

IV – Incorreta.

Art. 461, § 1º, da CLT: "*Trabalho de igual valor, para os fins deste Capítulo, será o que for feito com igual produtividade e com a mesma perfeição técnica, entre pessoas cuja diferença de tempo de serviço não for superior a 2 (dois) anos.*"

Gabarito: B

177. (NCE/UFRJ – TRT/PR – Analista Judiciário – 1998) Segundo a CLT, compreendem-se na remuneração do empregado, para todos os efeitos legais, além do salário devido e pago diretamente pelo empregador, como contraprestação do serviço, as gorjetas que receber, integrando-se ainda na remuneração:
   a) percentagens, gratificações ajustadas, diárias para viagem em valor superior a 50% (cinquenta por cento) do salário e abonos pagos pelo empregador;
   b) comissões, percentagens, gratificações ajustadas, diárias para viagem em valor superior a 50% (cinquenta por cento) do salário, ajuda de custo superior a cinquenta por cento do salário e abonos pagos pelo empregador;
   c) comissões, gratificações ajustadas, diárias para viagem em valor superior a 50% (cinquenta por cento) do salário, abonos pagos pelo empregador e ajuda de custo inferior a 50% (cinquenta por cento) do salário;
   d) comissões, percentagens, gratificações ajustadas, diárias para viagem em valor inferior a cinquenta por cento do salário e abonos pagos pelo empregador;
   e) comissões, percentagens, gratificações ajustadas e diárias para viagem em valor superior a 50% (cinquenta por cento) do salário.

Comentários:

De acordo com a norma prevista no art. 457, *caput*, da CLT, compreendem-se na remuneração do empregado, para todos os efeitos legais, além do salário devido e pago diretamente pelo empregador, como contraprestação do serviço, as gorjetas que receber.

Por sua vez, por força do art. 457, § 1º, da CLT integram o salário não só a importância fixa estipulada, como também as comissões, percentagens, gratificações ajustadas, diárias para viagens e abonos pagos pelo empregador.

Não se incluem nos salários as ajudas de custo, assim como as diárias para viagem que não excedam de 50% (cinquenta por cento) do salário percebido pelo empregado (CLT, art. 457, § 2º).

A remuneração é composta pelo conjunto das parcelas salariais e pelas gorjetas.

Compõem o salário do empregado, as seguintes parcelas: salário básico, comissões, percentagens (adicionais), gratificações ajustadas (décimo terceiro salário), diárias de viagem que excedem cinquenta por cento do salário do empregado e abonos.

As ajudas de custo não possuem natureza salarial, mas indenizatória.

Dessa forma, estão corretas as alternativas **A** e **E**, o que acarretou a anulação da questão.

Gabarito: Anulada

178. (FCC – TRT/SE – Analista Judiciário – 2002) Uma balconista de loja, cujo salário é ajustado em comissões, garantido o salário mínimo, ultrapassou este mínimo legal em apenas 8 meses. Uma vez que as comissões não atingiram o valor do salário mínimo nos demais meses, a loja:
   a) poderá fazer compensação somente por ocasião do pagamento das férias;
   b) não poderá fazer qualquer compensação;
   c) poderá fazer compensação nos meses em que a empregada ultrapassou o mínimo;
   d) poderá fazer compensação somente se houver pacto expresso;
   e) poderá fazer compensação somente por ocasião do pagamento da gratificação de Natal.

Comentários:

Com base no art. 7º, inciso VII, da CF/1988, é assegurada a garantia de salário, nunca inferior ao mínimo, para os que percebem remuneração variável, como, por exemplo, no caso da questão em exame, os comissionistas puros.

Se o montante das comissões percebidas no mês não atingir o valor do salário mínimo, será este devido em sua totalidade, nos termos do dispositivo constitucional acima, não sendo cabível qualquer compensação posterior.

Gabarito: B

179. (FCC – TRT/SE – Analista Judiciário – 2002) O princípio da habitualidade não se aplica:
a) aos abonos pagos pelo empregador;
b) às gorjetas;
c) à participação nos lucros ou resultados da empresa;
d) ao adicional por tempo de serviço;
e) às utilidades contratualmente fornecidas pelo empregador.

Comentários:

O princípio da habitualidade não se aplica à participação nos lucros ou resultados da empresa, os quais são destituídos de natureza salarial, por força do art. 7º, inciso XI, da CF/1988.

Tendo em vista a desvinculação da remuneração expressamente prevista na referida norma constitucional, foi cancelada a Súmula nº 251 do C. TST ("A parcela participação nos lucros da empresa, habitualmente paga, tem natureza salarial, para todos os efeitos legais.")

Gabarito: C

180. (Fundec – TRT/BA – Analista Judiciário – 2003) De acordo com a CLT, o pagamento do salário poderá ser feito das seguintes formas:
a) moeda corrente no País e depósito em conta-corrente bancária;
b) metade em moeda corrente e metade em gêneros alimentícios;
c) moeda corrente no País e cheque;
d) moeda corrente no País e vale-compra;
e) moeda corrente no País, cheque e depósito em conta-corrente bancária.

Comentários:

Segundo a disposição contida no art. 463, *caput*, da CLT, a prestação, em espécie, do salário será paga em moeda corrente do País.

Registre-se, outrossim, que, nos termos do art. 464, parágrafo único, da CLT, terá força de recibo o comprovante de depósito em conta bancária, aberta para esse fim em nome de cada empregado, com o consentimento deste, em estabelecimento de crédito próximo ao local de trabalho.

Gabarito: A

181. (II Concurso da Magistratura – TRT/RJ – 2004) Analisando as proposições abaixo.
I. De acordo com a CLT, a remuneração, pelo seu conceito mais abrangente, é gênero, sendo o salário uma das espécies de tal gênero.
II. Conforme entendimento constante de Súmula do TST, as gorjetas integram o salário do empregado, e, portanto, integram o cálculo do adicional noturno e das horas extras.
III. De acordo com a legislação trabalhista, o abono de férias previsto no art. 143 da CLT integra o salário do empregado.
IV. De acordo com a CLT, a assistência médica, hospitalar e odontológica prestada mediante seguro-saúde é considerada salário-utilidade.
V. De acordo com a CLT terá força de recibo salarial o comprovante de depósito em conta bancária aberta para esse fim em nome do empregado, em estabelecimento de crédito próximo ao local de trabalho, ainda que o trabalhador não tenha consentido com tal circunstância.

Assinale:
a) se apenas a afirmativa I está correta;
b) se apenas as afirmativas II e III estão corretas;
c) se apenas as afirmativas II e IV estão corretas;
d) se apenas as afirmativas III e v estão corretas;
e) se apenas a afirmativa v está correta.

Comentários:
I – Correta.

De acordo com o art. 457, *caput*, da CLT: "Compreendem-se na remuneração do empregado, para todos os efeitos legais, além do salário devido e pago diretamente pelo empregador, como contraprestação do serviço, as gorjetas que receber."

Dessa forma, a remuneração é gênero do qual são espécies o salário e as gorjetas.

II – Incorreta.

Conforme o entendimento cristalizado na Súmula nº 354 do C. TST: "As gorjetas, cobradas pelo empregador na nota de serviço ou oferecidas espontaneamente pelos clientes, integram a remuneração do empregado, não servindo de base de cálculo para as parcelas de aviso prévio, adicional noturno, horas extras e repouso semanal remunerado". Isso porque as gorjetas somente integram o cômputo de parcelas que tenham como base de cálculo a remuneração.

Logo, se o cálculo da parcela tiver por base apenas o salário, como é o caso do adicional noturno e das horas extras, as gorjetas não integram.

III – Incorreta.

O abono de férias de que trata o artigo anterior, bem como o concedido em virtude de cláusula do contrato de trabalho, do regulamento da empresa, de Convenção ou Acordo Coletivo, desde que não excedente a 20 dias do salário, não integrarão a remuneração do empregado para os efeitos da legislação do trabalho (CLT, art. 144).

IV – Incorreta.

Incidência do art. 458, § 2º, inciso IV, da CLT: *"Para os efeitos previstos neste art., não serão consideradas como salário as seguintes utilidades concedidas pelo empregador: (...) IV – assistência médica, hospitalar e odontológica, prestada diretamente ou mediante seguro-saúde."*

V – Incorreta.

Art. 464, parágrafo único, da CLT: *"Terá força de recibo o comprovante de depósito em conta bancária, aberta para esse fim em nome de cada empregado, com o consentimento deste, em estabelecimento de crédito próximo ao local de trabalho."*

Gabarito: A

182. **(X Concurso do Ministério Público do Trabalho) Assinale a alternativa CORRETA. Com relação à irredutibilidade salarial, pode ser afirmado que ela:**
   a) é regra, salvo expressa previsão legal em sentido contrário;
   b) pode ser objeto de negociação coletiva ou de sentença normativa;
   c) pode ser negociada no contrato individual do trabalho, quanto ao trabalhador urbano;
   d) somente pode ser objeto de lei complementar;
   e) é sempre assegurada, salvo o disposto em convenção ou acordo coletivo;
   f) não sei.

Comentários:

O art. 7º, inciso VI, da CF/1988 assegura aos trabalhadores urbanos e rurais o direito à irredutibilidade do salário, salvo o disposto em Convenção ou Acordo Coletivo.

Logo, o salário somente é passível de redução através de negociação coletiva.

Registre-se que a norma do art. 503 da CLT não foi recepcionada pelo art. 7º, inciso VI, do Texto Constitucional.

Gabarito: E

183. **(X Concurso do Ministério Público do Trabalho) Quanto ao adicional noturno e tomando-se por base a jurisprudência uniforme do Tribunal Superior do Trabalho, é CORRETO afirmar:**
   a) é devido apenas se a jornada terminar às 5 horas;
   b) cumprida a jornada no período noturno e prorrogada esta, devido o adicional quanto às horas prorrogadas;
   c) as horas prorrogadas além das 5 horas da manhã não são noturnas para nenhum efeito;
   d) ele não mais existe;
   e) ele é de 50% (cinquenta por cento), ressalvada outra previsão em norma coletiva;
   f) não sei.

Comentários:

a) Incorreta.

Conforme preceitua o art. 73, § 2º, da CLT, considera-se noturno, no meio urbano, para os efeitos de percepção do respectivo adicional, o trabalho executado entre as 22 (vinte e duas) horas de um dia e as 5 (cinco) horas do dia seguinte.

Para o empregado rural, a norma prevista no art. 7º, *caput*, da Lei nº 5.889/1973 considera noturno o trabalho executado entre as 21 horas de um dia e as 5 horas do dia seguinte, na lavoura, e entre as 20 horas de um dia e as 4 horas do dia seguinte, na atividade pecuária.

b) Correta.

Nos termos do art. 73, § 5º, da CLT, às prorrogações do trabalho noturno aplica-se o disposto no capítulo inerente ao trabalho noturno.

Assim, cumprida a jornada no período noturno e prorrogada esta, devido o adicional quanto às horas prorrogadas. Neste sentido, o item II da Súmula nº 60 do C. TST.

c) Incorreta.

Vide o disposto no art. 73, § 5º, da CLT e o entendimento contido na Súmula nº 60, item II, do C. TST.

d) Incorreta.

O art. 7º, inciso IX, da CF/1988 assegura o direito à remuneração do trabalho noturno superior à do diurno.

Desse modo, o adicional noturno previsto nos arts. 73, *caput*, da CLT (urbano) e 7º, *caput*, da Lei nº 5.889/1973 (rural) foram recepcionados pelo Texto Constitucional.

e) Incorreta.

O adicional noturno urbano é de 20% (vinte por cento) sobre a hora diurna, nos exatos termos do art. 73, *caput*, da CLT. O rural é de 25% (vinte e cinco por cento) sobre a remuneração normal, nos moldes do art. 7º, parágrafo único, da Lei nº 5.889/1973.

Gabarito: B

184. (XII Concurso do Ministério Público do Trabalho) Assinale a alternativa CORRETA.
  I. Não será considerada como salário a educação em estabelecimento de ensino próprio ou de terceiros, compreendendo os valores relativos a matrícula, mensalidade, anuidade, livros e material didático.
  II. De acordo com o entendimento uniforme do Tribunal Superior do Trabalho, o uso pelo empregado, em atividades particulares, de automóvel que lhe é fornecido para o trabalho da empresa não caracteriza salário-utilidade.
  III. A cessão pelo empregador, de moradia e de bens destinados à produção para sua subsistência e de sua família, não integram o salário do trabalhador rural, desde que caracterizados como tais, em contrato escrito com testemunhas e notificação ao respectivo sindicato de trabalhadores rurais.
  IV. Constituem requisitos para que a utilidade concedida pelo empregador configure salário: a habitualidade, o fundamento contratual, a comutatividade e o atendimento de necessidades vitais do empregado. Contudo, tais requisitos sucumbem em relação às chamadas normas legais proibitivas que obstam a natureza salarial de determinadas parcelas *in natura*.

a) Apenas as assertivas II e III estão corretas.
b) Apenas as assertivas I, II e IV estão corretas.
c) Apenas as assertivas I e IV estão corretas.
d) Todas estão corretas.
e) Não respondida.

Comentários:

I – Correta.

Art. 458, § 2º, inciso II, da CLT: "Para os efeitos previstos neste artigo, não serão consideradas como salário as seguintes utilidades concedidas pelo empregador: (...) II – educação, em estabelecimento de ensino próprio ou de terceiros, compreendendo os valores relativos a matrícula, mensalidade, anuidade, livros e material didático."

II – Correta.

Súmula nº 367, item I, do C. TST: "A habitação, a energia elétrica e veículo fornecidos pelo empregador ao empregado, quando indispensáveis para a realização do trabalho, não têm natureza salarial, ainda que, no caso de veículo, seja ele utilizado pelo empregado também em atividades particulares."

III – Correta.

Art. 9º, § 5º, da Lei nº 5.889/1973: "*A cessão pelo empregador, de moradia e de sua infraestrutura básica, assim como bens destinados à produção para sua subsistência e de sua família, não integram o salário do trabalhador rural, desde que caracterizados como tais, em contrato escrito celebrado entre as partes, com testemunhas e notificação obrigatória ao respectivo sindicato de trabalhadores rurais.*"

IV – Correta.

Para serem consideradas salário *in natura*, essas utilidades, além de habituais, devem ser fornecidas como contraprestação aos serviços prestados pelo empregado ("pelo trabalho"), e não como instrumentos indispensáveis à execução de suas respectivas atribuições funcionais ("para o trabalho").

Essa regra, contudo, não se aplica quando da existência de normas expressas proibitivas (ex.: arts. 458, § 2º, incisos I a VI, da CLT e 9º, § 5º, da Lei nº 5.889/1973).

Gabarito: D

185. **(XII Concurso do Ministério Público do Trabalho) Assinale a alternativa CORRETA.**

a) A jornada noturna inicia às 22 horas e encerra às 5 horas da manhã seguinte. Essa jornada é remunerada com acréscimo de pelo menos 20% sobre o valor da hora diurna. Se após as 5 horas é exigido que o empregado permaneça no trabalho e continue sua tarefa, segue fazendo jus a receber o mesmo adicional noturno até quando se retire da empresa, independente do horário que for e mesmo que se acumule com o adicional de horas extras.

CAMPUS   Capítulo 12: Salário e Remuneração   193

b) A CLT exclui da proteção da duração do trabalho os empregados que especifica, entre eles os gerentes, explicitamente equiparados aos diretores, motivo que justifica idêntica remuneração entre eles, sob pena de equiparação salarial.
c) O empregado doméstico faz jus ao adicional noturno, desde que não pernoite no trabalho todos os dias.
d) O trabalho noturno do trabalhador rural, também remunerado com adicional de 20%, diferencia quanto ao horário, pois inicia às 20 horas e encerra às 4 horas da manhã quando se tratar de atividade pecuária.
e) Não respondida.

Comentários:
a) Correta.
Aplicação do art. 73, *caput*, parágrafos 2º e 5º, da CLT; Súmula nº 60, item II, do C. TST ("Cumprida integralmente a jornada no período noturno e prorrogada esta, devido é também o adicional quanto às horas prorrogadas. Exegese do art. 73, § 5º, da CLT.") e OJ nº 97 da SBDI-1 do C. TST ("O adicional noturno integra a base de cálculo das horas extras prestadas no período noturno.")

b) Incorreta.
A equiparação prevista no inciso II, do art. 62, da CLT é apenas para fins de exclusão da proteção legal concernente à duração do trabalho.
Para que haja equiparação salarial, faz-se necessário que o empregado e o paradigma exerçam as mesmas funções, com trabalho de igual valor. Vide item III da Súmula nº 06 do C. TST ("A equiparação salarial só é possível se o empregado e o paradigma exercerem a mesma função, desempenhando as mesmas tarefas, não importando se os cargos têm, ou não, a mesma denominação.")

c) Incorreta.
O empregado doméstico não faz jus ao adicional noturno, nos termos do parágrafo único do art. 7º da CF/1988, que não se reporta ao inciso IX.

d) Incorreta.
Vide o disposto no art. 7º, *caput* e parágrafo único, da Lei nº 5.889/1973.
Considera-se trabalho noturno o executado entre as 21 horas de um dia e às 5 horas do dia seguinte, na lavoura, e entre as 20 horas de um dia e as 4 horas do dia seguinte, na atividade pecuária. O adicional noturno será de 25% (vinte e cinco por cento) sobre a remuneração normal.
Gabarito: A

186. (VIII Concurso do Ministério Público do Trabalho) Qual é o percentual máximo de remuneração para as horas extras?
a) Cinquenta por cento, de acordo com a Constituição Federal vigente;

b) Setenta e cinco por cento;
c) Cem por cento, de acordo com a jurisprudência da SDC/TST;
d) Pode chegar a cento e cinquenta por cento nos domingos e feriados;
e) É livre a fixação em norma coletiva, respeitado o limite mínimo estipulado na Constituição;
f) Não sei.

Comentários:

O art. 7º, inciso XVI, da Constituição da República assegura aos trabalhadores urbanos e rurais remuneração do serviço extraordinário superior, no mínimo, em 50% (cinquenta por cento) à do normal.

Desta forma, a Carta Magna estipula o limite mínimo do adicional de hora extraordinária em 50% (cinquenta por cento), sendo perfeitamente livre a estipulação de outro percentual em sede de negociação coletiva, desde que respeitado o referido piso constitucional.

Gabarito: E

187. (Cespe/UnB – TRT/RJ – Analista Judiciário – 2008) Julgue os itens a seguir.

I. Quando o intervalo para repouso e alimentação, previsto na CLT, não for concedido pelo empregador, este ficará obrigado a remunerar o período correspondente com o dobro da remuneração da hora normal de trabalho.

II. Segundo o atual entendimento do TST, o salário-família é devido aos trabalhadores rurais somente após a vigência da Lei nº 8.213/1991.

III. Exaurido o período de estabilidade, são devidos ao empregado os salários do período compreendido entre a data da despedida e o final do período de estabilidade, sendo-lhe assegurada a reintegração no emprego.

IV. A remuneração do repouso semanal para o empregado em domicílio corresponde ao equivalente ao quociente da divisão por 6 da importância total da sua produção na semana.

V. Consideram-se já remunerados os dias de repouso semanal do empregado mensalista ou quinzenalista cujo cálculo de salário mensal ou quinzenal ou cujos descontos por falta sejam efetuados na base do número de dias do mês ou de 30 e 15 diárias, respectivamente.

A quantidade de itens certos é igual a:
a) 1;
b) 2;
c) 3;
d) 4;
e) 5.

Comentários:

I – Incorreta.

Art. 71, § 4º, da CLT: *"Quando o intervalo para repouso e alimentação, previsto neste artigo, não for concedido pelo empregador, este ficará obrigado a remunerar o período correspondente com um acréscimo de no mínimo 50% (cinquenta por cento) sobre o valor da remuneração da hora normal de trabalho."*

II – Correta.
Súmula nº 344 do C. TST: "O salário-família é devido aos trabalhadores rurais somente após a vigência da Lei nº 8.213, de 24/07/1991."

III – Incorreta.
Súmula nº 396, item I, do C. TST: "Exaurido o período de estabilidade, são devidos ao empregado apenas os salários do período compreendido entre a data da despedida e o final do período de estabilidade, não lhe sendo assegurada a reintegração no emprego."

IV – Correta.
Art. 7º, caput, alínea d, da Lei nº 605/1949: "*A remuneração do repouso semanal corresponderá: (...) d) para o empregado em domicílio, o equivalente ao quociente da divisão por 6 (seis) da importância total da sua produção na semana.*"

V – Correta.
Literalidade do art. 7º, § 2º, da Lei nº 605/1949.
Gabarito: C

188. **(Cespe/UnB – Analista Judiciário – TRT/RJ – 2008) Assinale a opção CORRETA quanto ao pagamento de horas extras.**
   a) O empregado sujeito a controle de horário e remunerado à base de comissões tem direito ao pagamento em dobro pelo trabalho em horas extras, calculado sobre o valor-hora das comissões recebidas no mês, considerando-se como divisor o número de horas efetivamente trabalhadas.
   b) A gratificação semestral repercute no cálculo das horas extras, das férias e do aviso prévio, ainda que indenizados. Repercute, também, pelo seu duodécimo, na indenização por antiguidade e na gratificação natalina.
   c) A contribuição para o FGTS incidente sobre a remuneração mensal devida ao empregado não alcança horas extras e adicionais eventuais.
   d) A prestação de horas extras habituais descaracteriza o acordo de compensação de jornada. Nessa hipótese, as horas que ultrapassarem o regime semanal normal, assim como aquelas destinadas à compensação, deverão ser pagas como horas extraordinárias.
   e) O acordo individual para compensação de horas é válido, salvo se houver norma coletiva em sentido contrário.

Comentários:
a) Incorreta.
Súmula nº 340 do C. TST: "O empregado, sujeito a controle de horário, remunerado à base de comissões, tem direito ao adicional de, no mínimo, 50% (cinquenta por cento) pelo trabalho em horas extras, calculado sobre o valor-hora das comissões recebidas no mês, considerando-se como divisor o número de horas efetivamente trabalhadas."

b) Incorreta.

Súmula nº 115 do C. TST: "O valor das horas extras habituais integra a remuneração do trabalhador para o cálculo das gratificações semestrais."

Súmula nº 253 do C. TST: "A gratificação semestral não repercute no cálculo das horas extras, das férias e do aviso prévio, ainda que indenizados. Repercute, contudo, pelo seu duodécimo na indenização por antiguidade e na gratificação natalina."

c) Incorreta.

Súmula nº 63 do C. TST: "A contribuição para o Fundo de Garantia do Tempo de Serviço incide sobre a remuneração mensal devida ao empregado, inclusive horas extras e adicionais eventuais."

d) Incorreta.

Súmula nº 85, item IV, do C. TST: "A prestação de horas extras habituais descaracteriza o acordo de compensação de jornada. Nesta hipótese, as horas que ultrapassarem a jornada semanal normal deverão ser pagas como horas extraordinárias e, quanto àquelas destinadas à compensação, deverá ser pago a mais apenas o adicional por trabalho extraordinário."

e) Correta.

Súmula nº 85, item II, do C. TST: "O acordo individual para compensação de horas é válido, salvo se houver norma coletiva em sentido contrário."

Gabarito: E

189. (Cespe/UnB – TRT/RJ – Analista Judiciário – 2008) Julgue os itens a seguir quanto ao contrato individual do trabalho, ao salário e à remuneração:

I. O vale para refeição, fornecido por força do contrato de trabalho, tem caráter salarial, integrando a remuneração do empregado, para todos os efeitos legais.

II. A habitação, a energia elétrica e o veículo fornecidos pelo empregador ao empregado, quando indispensáveis para a realização do trabalho, não têm natureza salarial, ainda que, no caso de veículo, seja ele utilizado pelo empregado também em atividades particulares.

III. Os percentuais fixados em lei relativos ao salário *in natura* referem-se apenas às hipóteses em que o empregado percebe salário mínimo, apurando-se, nas demais, o real valor da utilidade.

IV. Havendo contratação para cumprimento de jornada reduzida, inferior à previsão constitucional de oito horas diárias ou quarenta e quatro semanais, é lícito o pagamento do piso salarial ou do salário mínimo proporcional ao tempo trabalhado.

V. Devido a sua nocividade à saúde, o cigarro não é considerado salário utilidade.

A quantidade de itens certos é igual a:

a) 1;
b) 2;
c) 3;
d) 4;
e) 5.

Comentários:
I – Correta.
Súmula nº 241 do C. TST: "O vale para refeição, fornecido por força do contrato de trabalho, tem caráter salarial, integrando a remuneração do empregado, para todos os efeitos legais."

II – Correta.
Súmula nº 367, item I, do C. TST: "A habitação, a energia elétrica e veículo fornecidos pelo empregador ao empregado, quando indispensáveis para a realização do trabalho, não têm natureza salarial, ainda que, no caso de veículo, seja ele utilizado pelo empregado também em atividades particulares."

III – Correta.
Súmula nº 258 do C. TST: "Os percentuais fixados em lei relativos ao salário in natura apenas se referem às hipóteses em que o empregado percebe salário mínimo, apurando-se, nas demais, o real valor da utilidade."

IV – Correta.
OJ nº 358 da SBDI-1 do C. TST: "Havendo contratação para cumprimento de jornada reduzida, inferior à previsão constitucional de oito horas diárias ou quarenta e quatro semanais, é lícito o pagamento do piso salarial ou do salário mínimo proporcional ao tempo trabalhado."

V – Correta.
Súmula nº 367, item II, do C. TST: "O cigarro não se considera salário utilidade em face de sua nocividade à saúde."
Gabarito: E

190. (Cespe/UnB – TRT/RJ – Analista Judiciário – 2008) Assinale a opção correta, acerca de salário, remuneração e indenizações trabalhistas.
   a) Gorjetas, cobradas pelo empregador na nota de serviço ou oferecidas espontaneamente pelos clientes, integram a remuneração do empregado, servindo de base de cálculo para as parcelas de aviso prévio, adicional noturno, horas extras e repouso semanal remunerado.
   b) Durante as horas de sobreaviso, mesmo que o empregado não se encontre em condições de risco, é cabível a integração do adicional de periculosidade sobre as mencionadas horas.
   c) O tempo do aviso prévio indenizado não conta para efeito da indenização adicional.
   d) De acordo com a CLT, não se incluem nos salários as ajudas de custo, assim como as diárias para viagem que não excedam 50% do salário percebido pelo empregado. Para o TST, essa norma significa que integram o salário, pelo seu valor total e para efeitos indenizatórios, as diárias de viagem que ultrapassem 50% do salário do empregado, enquanto perdurarem as viagens.
   e) Caso ocorra a rescisão contratual no período de 30 dias que antecede à data-base, o pagamento das verbas rescisórias com o salário já corrigido afasta o direito à indenização adicional.

Comentários:
a) Incorreta.

Súmula nº 354 do C. TST: "As gorjetas, cobradas pelo empregador na nota de serviço ou oferecidas espontaneamente pelos clientes, integram a remuneração do empregado, não servindo de base de cálculo para as parcelas de aviso prévio, adicional noturno, horas extras e repouso semanal remunerado."

b) Incorreta.

Súmula nº 132, item II, do C. TST: "Durante as horas de sobreaviso, o empregado não se encontra em condições de risco, razão pela qual é incabível a integração do adicional de periculosidade sobre as mencionadas horas."

c) Incorreta.

Súmula nº 182 do C. TST: "O tempo do aviso prévio, mesmo indenizado, conta-se para efeito da indenização adicional prevista no art. 9º da Lei nº 6.708, de 30/10/1979."

d) Correta.

Art. 457, § 2º, da CLT: *"Não se incluem nos salários as ajudas de custo, assim como as diárias para viagem que não excedam de cinquenta por cento do salário percebido pelo empregado."*

Súmula nº 101 do C. TST: "Integram o salário, pelo seu valor total e para efeitos indenizatórios, as diárias de viagem que excedam a 50% (cinquenta por cento) do salário do empregado, enquanto perdurarem as viagens."

e) Incorreta.

Súmula nº 314 do C. TST: "Se ocorrer a rescisão contratual no período de 30 (trinta) dias que antecede à data-base, observada a Súmula nº 182 do TST, o pagamento das verbas rescisórias com o salário já corrigido não afasta o direito à indenização adicional prevista nas Leis nºs 6.708, de 30/10/1979, e 7.238, de 28/10/1984."

Gabarito: D

191. **(Cespe/UnB – TRT/RJ – Técnico Judiciário – 2008) Assinale a opção CORRETA com referência à situação de trabalhador que recebe mensalmente uma quantia fixa e outra variável, sendo esta resultante de gorjetas.**
   a) Para efeitos legais, como remuneração será considerada somente a quantia fixa.
   b) Como há uma quantia fixa e outra variável, a remuneração corresponde ao somatório de ambas.
   c) Legalmente, a quantia variável nunca poderá ser inferior ao salário mínimo.
   d) A quantia variável paga mensalmente é considerada prestação *in natura*.
   e) O pagamento mensal do trabalhador deverá ocorrer até o quinto dia do mês subsequente ao vencido.

CAMPUS   Capítulo 12: Salário e Remuneração   199

Comentários:

Nos termos do art. 457, *caput*, da CLT, a remuneração compreende o salário devido e pago diretamente pelo empregador e as gorjetas que receber. Dessa forma, na questão em exame, a importância fixa (salário básico) e as gorjetas recebidas integram a remuneração do empregado.

As gorjetas, por serem pagas por terceiro, não possuem natureza salarial, mas meramente remuneratória, não integrando o cômputo do salário mínimo, por força do art. 76 da CLT.

Por último, para os empregados que recebem remuneração variável, o art. 7º, inciso VII, da Constituição da República assegura a garantia de pagamento de salário nunca inferior ao mínimo.

Gabarito: B

192. (XXIV Concurso da Magistratura – TRT/Campinas) Tendo por parâmetro a disciplina legal e a jurisprudência consolidada sobre a equiparação salarial, assinale a alternativa CORRETA.
   a) Trabalho de igual valor pressupõe igual produtividade e mesma perfeição técnica, entre pessoas cuja diferença de tempo de trabalho na empresa não seja superior a dois anos.
   b) A prescrição, no curso do contrato, é parcial e bienal; sua contagem se inicia na data em que o reclamante e paradigma começaram a desempenhar a mesma função.
   c) A cessão de empregado para trabalhar em outro órgão não exclui a equiparação salarial. Assim, reclamante e paradigma, mesmo que pertençam a empregadores diversos, deverão receber idêntica remuneração se realizarem trabalho de igual valor.
   d) A expressão "mesma localidade", mencionada no art. 461 da CLT, corresponde apenas ao trabalho realizado no âmbito do mesmo município.
   e) Presentes os pressupostos legais, é irrelevante a circunstância de que o desnível salarial tenha origem em decisão judicial que beneficiou o paradigma, exceto se decorrente de vantagem pessoal ou de tese jurídica superada pelas jurisprudências da Corte Superior.

Comentários:

a) Incorreta.

Conforme a regra do § 1º do art. 461 da CLT, trabalho de igual valor, será o que for feito com igual produtividade e com a mesma perfeição técnica, entre pessoas cuja diferença de tempo de serviço não for superior a 2 (dois) anos.

Preconiza, por sua vez, o item II da Súmula nº 06 do C. TST, que, para efeito de equiparação de salários em caso de trabalho igual, conta-se o tempo de serviço na função e não no emprego.

b) Incorreta.

Na ação de equiparação salarial, a prescrição é parcial e só alcança as diferenças salariais vencidas no período de 5 (cinco) anos que precedeu o ajuizamento (Súmula nº 06, item IX, do C. TST).

c) Incorreta.

A cessão de empregados não exclui a equiparação salarial, embora exercida a função em órgão governamental estranho à cedente, se esta responde pelos salários do paradigma e do reclamante (Súmula nº 06, item V, do C. TST).

d) Incorreta.

O conceito de "mesma localidade" de que trata o art. 461 da CLT refere-se, em princípio, ao mesmo município, ou a municípios distintos que, comprovadamente, pertençam à mesma região metropolitana (Súmula nº 06, item X, do C. TST).

e) Correta.

Presentes os pressupostos do art. 461 da CLT, é irrelevante a circunstância de que o desnível salarial tenha origem em decisão judicial que beneficiou o paradigma, exceto se decorrente de vantagem pessoal ou de tese jurídica superada pela jurisprudência de Corte Superior (Súmula nº 06, item VI, do C. TST).

Gabarito: C

193. (XXIV Concurso da Magistratura do TRT/Campinas) Em caso de rescisão do contrato de trabalho:
   a) as comissões pendentes de acerto são todas exigíveis nos prazos de pagamento das verbas rescisórias, estabelecidos no art. 477 da CLT, ainda que não tenha sido pago o valor pela venda da qual a comissão decorre;
   b) as comissões devidas ao trabalhador em face de negócios por ele em tabulados no curso do contrato de trabalho devem ser quitadas, no mais tardar, no biênio prescricional de que trata o art. 7º, XXIX, da CF, mesmo que não tenham sido pagas todas as parcelas da transação comercial;
   c) as comissões devem ser quitadas conforme vão sendo ultimadas as transações às quais se referem e são exigíveis ainda que o contrato de trabalho tenha sido extinto há mais de dois anos;
   d) as comissões devem ser quitadas quando do pagamento da primeira parcela da transação à qual se refere, ainda que o negócio que gerou tenha sido entabulado em parcelas, porque o risco do empreendimento é exclusivamente do empregador;
   e) nenhuma das anteriores.

Comentários:

O pagamento de comissões e percentagens só é exigível depois de ultimada a transação a que se referem (CLT, art. 466, *caput*).

Nas transações realizadas por prestações sucessivas, é exigível o pagamento das percentagens e comissões que lhes disserem respeito proporcionalmente à respectiva liquidação (CLT, art. 466, § 1º).

A cessação das relações de trabalho não prejudica a percepção das comissões e percentagens devidas (CLT, art. 466, § 2º).

Gabarito: C

Capítulo 13

Fundo de Garantia do Tempo de Serviço

• • •

194. (NCE/UFRJ – TRT/ES – Analista Judiciário – 1999) O regime do Fundo de Garantia do Tempo de Serviço é aplicável, após 5 de outubro de 1988, aos contratos de trabalho:
   a) dos empregados que tenham optado por esse regime, no ato da admissão;
   b) dos empregados que tenham optado por esse regime, no curso do primeiro ano de vigência do contrato de trabalho;
   c) de todos os contratos de trabalho regidos pelo regime da Consolidação das Leis do Trabalho;
   d) dos empregados que obtenham autorização direta do empregador para submeter seu contrato ao referido regime;
   e) dos empregados que obtenham autorização do empregador, com anuência do Ministério do Trabalho, para submeter seu contrato ao referido regime.

Comentários:

O art. 7º, *caput*, inciso III, da CF/1988 estabelece como direito dos trabalhadores urbanos e rurais o Fundo de Garantia do Tempo de Serviço.

A partir da Constituição da República de 1988, o regime do Fundo de Garantia do Tempo de Serviço passou a ser aplicável a todos os contratos de trabalho, ficando ressalvado, nos termos do art. 14, *caput*, da Lei nº 8.036/1990, o direito adquirido dos trabalhadores que, à data da promulgação da Carta Magna, já tinham o direito à estabilidade (decenal) no emprego prevista no art. 492 da CLT.

O art. 14, § 4º, da Lei nº 8.036/1990 assegurou que os trabalhadores pudessem, a qualquer momento, fazer a opção pelo FGTS com efeito retroativo a 1º de janeiro de 1967 ou à data de sua admissão, quando posterior àquela.

Gabarito: C

195. (X Concurso do Ministério Público do Trabalho) Considerando-se os temas: FUNDO DE GARANTIA DO TEMPO DE SERVIÇO – PRESCRIÇÃO. JURISPRUDÊNCIA DO TRIBUNAL SUPERIOR DO TRABALHO, é CORRETO afirmar que:
   a) a prescrição do FGTS, como decorre do art. 7º da Constituição Federal, é quinquenal;
   b) extinto o contrato de trabalho, é de dois anos o prazo prescricional quanto ao FGTS.

c) segundo o previsto na Lei nº 8.036/1990, é trintenária a prescrição do FGTS, sendo irrelevante, para tanto, a data da extinção do contrato de trabalho;
d) o FGTS, por não ter natureza salarial, pode ter a prescrição ajustada por negociação coletiva;
e) o FGTS, por sua natureza declaratória, é imprescritível;
f) Não sei.

Comentários:

A controvérsia existente acerca da natureza jurídica do FGTS gera repercussões diretas no prazo prescricional a ser aplicado à exigibilidade do recolhimento dessa contribuição.

Para os que defendem a natureza tributária do FGTS, aplicar-se-ia a prescrição de 5 anos prevista no art. 174 do Código Tributário Nacional.

Outros sustentam ser aplicável o prazo prescricional previsto no art. 7º, inciso XXIX, da Constituição da República, uma vez que o FGTS consiste em crédito de natureza trabalhista assegurado no inciso III do mesmo artigo.

Todavia, a jurisprudência majoritária posiciona-se pela aplicação da prescrição trintenária, conforme se depreende dos entendimentos contidos na Súmula nº 362 do C. Tribunal Superior do Trabalho e na Súmula nº 210 do C. Superior Tribunal de Justiça:

Súmula nº 362 do C. TST: "É trintenária a prescrição do direito de reclamar contra o não recolhimento da contribuição para o FGTS, observado o prazo de 2 (dois) anos após o término do contrato de trabalho."

Súmula nº 210 do C. STJ: "A ação de cobrança das contribuições para o FGTS prescreve em 30 (trinta) anos."

É bem verdade que a Súmula nº 95 do C. TST já estabelecia ser trintenária a prescrição quanto ao FGTS. Isso porque, à época, dominava o entendimento de ser aplicável à contribuição do FGTS a prescrição inerente às contribuições previdenciárias, por força do art. 19 da Lei nº 5.107/1966.

O referido verbete sumular foi cancelado, posto que revisado pela Súmula nº 362 do C. TST, que manteve a prescrição de 30 anos no curso do contrato de trabalho, desta vez com fundamento no art. 23, § 5º, da Lei nº 8.036/1990, incluindo a prescrição bienal a partir do término contratual, que fulmina toda a pretensão alusiva ao extinto pacto, a teor da disposição contida no art. 7º, inciso XXIX, da Constituição da República.

Todavia, se já não for mais exigível a parcela remuneratória sobre a qual deva incidir a contribuição do FGTS, por se encontrar prescrita, o recolhimento do FGTS também não pode ser exigido, posto que igualmente atingido pela prescrição. Afinal, o acessório segue o principal.

Neste sentido, inclusive, o entendimento consubstanciado na Súmula nº 206 do C. TST, *in verbis*: "A prescrição da pretensão relativa às parcelas remuneratórias alcança o respectivo recolhimento da contribuição para o FGTS."

Gabarito: B

196. (Cespe/UnB – TRT/RJ – Analista Judiciário – 2008) A respeito de um empregado optante pelo FGTS, assinale a opção CORRETA.

a) O empregado que se aposenta voluntariamente tem o contrato de trabalho automaticamente rescindido, fazendo jus ao saldo de salários, décimo terceiro salário proporcional, férias vencidas e(ou) proporcionais e depósitos do FGTS, não tendo direito, no entanto, à multa de 40% sobre o FGTS.

b) No caso do falecimento de um trabalhador, o saldo será pago aos dependentes habilitados para esse fim perante a Previdência Social, segundo o critério adotado para a concessão de pensões por morte. Na falta de dependentes, farão jus ao recebimento do saldo da conta vinculada os seus sucessores, previstos na lei civil e indicados em alvará judicial expedido a requerimento do interessado, independentemente de inventário ou arrolamento.

c) A conta vinculada do trabalhador no FGTS poderá ser movimentada nas situações de culpa recíproca, de força maior e de despedida sem justa causa, inclusive a indireta. Essas situações ensejam o depósito de percentual sobre o FGTS por parte do empregador nas proporções de 40%, em caso de despedida sem justa causa e 20% no caso de culpa recíproca. Não há previsão de depósito no caso de despedida por força maior.

d) Para os fins previstos na lei do FGTS, todos os empregadores ficam obrigados a depositar, até o dia 7 de cada mês, em conta bancária vinculada, a importância correspondente a 12% da remuneração paga ou devida, no mês anterior, a cada trabalhador.

e) Na rescisão com base em força maior, o empregado pode sacar de sua conta vinculada os valores referentes a contratos anteriores.

Comentários:

a) Incorreta.

OJ nº 361 da SBDI-1 do C. TST: "A aposentadoria espontânea não é causa de extinção do contrato de trabalho se o empregado permanece prestando serviços ao empregador após a jubilação. Assim, por ocasião da sua dispensa imotivada, o empregado tem direito à multa de 40% do FGTS sobre a totalidade dos depósitos efetuados no curso do pacto laboral."

b) Correta.

Art. 20, inciso IV, da Lei nº 8.036/1990:

> A conta vinculada do trabalhador no FGTS poderá ser movimentada nas seguintes situações: (...) IV – falecimento do trabalhador, sendo o saldo pago a seus dependentes, para esse fim habilitados perante a Previdência Social, segundo o critério adotado para a concessão de pensões por morte. Na falta de dependentes, farão jus ao recebimento do saldo da conta vinculada os seus sucessores previstos na lei civil, indicados em alvará judicial, expedido a requerimento do interessado, independente de inventário ou arrolamento.

c) Incorreta.

Segundo a disposição contida no art. 18, § 1º, da Lei nº 8.036/1990, na hipótese de despedida pelo empregador sem justa causa, depositará este, na conta vinculada do trabalhador no FGTS, importância igual a 40% (quarenta por cento) do montante de todos os depósitos realizados na conta vinculada durante a vigência do contrato de trabalho, atualizados monetariamente e acrescidos dos respectivos juros.

Por sua vez, o art. 18, § 2º, da Lei nº 8.036/1990 dispõe que, quando ocorrer despedida por culpa recíproca ou força maior, reconhecida pela Justiça do Trabalho, o percentual de que trata o § 1º será de 20% (vinte por cento).

Com relação à movimentação do FGTS, o art. 20, inciso I, da Lei nº 8.036/1990 estabelece que a conta vinculada do trabalhador no FGTS poderá ser movimentada na despedida sem justa causa, inclusive a indireta, de culpa recíproca e de força maior.

d) Incorreta.

Art. 15, *caput*, da Lei nº 8.036/1990:

> Para os fins previstos nesta lei, todos os empregadores ficam obrigados a depositar, até o dia 7 (sete) de cada mês, em conta bancária vinculada, a importância correspondente a 8 (oito) por cento da remuneração paga ou devida, no mês anterior, a cada trabalhador, incluídas na remuneração as parcelas de que tratam os arts. 457 e 458 da CLT e a gratificação de Natal a que se refere a Lei nº 4.090, de 13 de julho de 1962, com as modificações da Lei nº 4.749, de 12 de agosto de 1965.

e) Incorreta.

Art. 20, § 1º, da Lei nº 8.036/1990: "*A regulamentação das situações previstas nos incisos I e II assegurará que a retirada a que faz jus o trabalhador corresponda aos depósitos efetuados na conta vinculada durante o período de vigência do último contrato de trabalho, acrescida de juros e atualização monetária, deduzidos os saques.*"

Gabarito: B

Capítulo 14

Estabilidade e Garantia Provisória de Emprego

• • •

197. (FCC – TRT/SE – Analista Judiciário – 2002) Uma empregada foi dispensada sem justa causa, com aviso prévio indenizado. A rescisão contratual foi homologada pelo sindicato da categoria, mas a empregada ajuizou reclamação trabalhista por alegar que se encontrava grávida, tendo comunicado à empresa o seu estado gravídico. Nesse caso, a empregada:
a) terá estabilidade no emprego desde a confirmação da gravidez até um ano após o parto;
b) não terá estabilidade no emprego, tendo em vista que a homologação ocorreu perante o sindicato da categoria;
c) terá estabilidade no emprego desde a confirmação da gravidez até oito semanas após o parto;
d) terá estabilidade no emprego desde a confirmação da gravidez até cento e vinte dias após o parto;
e) terá estabilidade no emprego desde a confirmação da gravidez até cinco meses depois do parto.

Comentários:

A estabilidade da gestante tem por fundamento a proteção do nascituro e da própria maternidade. Dessa forma, é assegurada esta garantia provisória de emprego ainda que o empregador desconheça o estado gravídico da empregada. Trata-se de critério objetivo, bastando que, ao tempo da dispensa, a empregada esteja grávida, para que lhe seja assegurada a estabilidade, desde a confirmação da gravidez até cinco meses após o parto, nos termos do art. 10, inciso II, alínea *b*, do ADCT.

Art. 10, inciso II, alínea *b*, do ADCT: "*Até que seja promulgada a lei complementar a que se refere o art. 7º, I, da Constituição: (...) II – fica vedada a dispensa arbitrária ou sem justa causa: (...) b) da empregada gestante, desde a confirmação da gravidez até cinco meses após o parto.*"

Súmula nº 244, item I, do C. TST: "O desconhecimento do estado gravídico pelo empregador não afasta o direito ao pagamento da indenização decorrente da estabilidade (art. 10, II, *b*, do ADCT)."

Gabarito: E

198. **(X Concurso do Ministério Público do Trabalho) Quanto à garantia de emprego da mulher gestante, segundo jurisprudência uniforme do Tribunal Superior do Trabalho:**
   a) não é devida se a gravidez era desconhecida pelo empregador;
   b) é devida, mesmo se ignorada pelo empregador, ao tempo da despedida, fato que não pode ser objeto de ajuste coletivo;
   c) é indevida se a confirmação da gravidez se deu após a despedida;
   d) é ela assegurada mesmo se o estado gravídico era desconhecido pelo empregador, salvo previsão contrária em norma coletiva;
   e) poderá ser ela reduzida, se isto for previsto no contrato individual de trabalho;
   f) não sei.

Comentários:

A estabilidade da empregada gestante, com assento no art. 10, inciso II, alínea *b*, do ADCT, compreende o período entre a confirmação da gravidez e cinco meses após o parto. O seu fundamento é a proteção da maternidade e do próprio nascituro. Assim, o desconhecimento da gravidez por parte do empregador não afasta o direito à estabilidade. Adota-se, nesse caso, nítido critério objetivo.

Súmula nº 244, item I, do C. TST: "I – O desconhecimento do estado gravídico pelo empregador não afasta o direito ao pagamento da indenização decorrente da estabilidade (art. 10, II, *b*, do ADCT)."

Registre-se que a redação original da OJ nº 88 da SBDI-1 do C. TST (cancelada em razão da Súmula nº 244) possibilitava o ajuste em contrário por meio de instrumento normativo, ou seja, que houvesse previsão em norma coletiva estipulando a obrigação de a empregada gestante comunicar ao empregador o seu estado gravídico dentro de determinado prazo a contar da data da rescisão.

Gabarito: B

199. **(III Concurso da Magistratura – TRT/RJ – 2004) José, superior hierárquico de João, por motivos alheios ao trabalho, agride-o, no local e horário de trabalho, com socos e pontapés. João não reage, cai e quebra os braços, ficando licenciado pelo INSS por três meses, quando recebe alta médica e retorna à empresa na atividade anterior. Sobre a situação acima pode ser dito que:**
   a) houve acidente de trabalho e João possui estabilidade no emprego por 12 meses a partir da alta médica;
   b) houve acidente de trabalho e João possui estabilidade no emprego por 12 meses a partir do acidente de trabalho;
   c) houve acidente de trabalho, porém João não tem direito à estabilidade, em virtude de não ter tido redução de sua capacidade laborativa;

d) houve acidente de trabalho e João pode optar pela indenização referente ao período de estabilidade, ante sua notória incompatibilidade com seu superior hierárquico;
e) não houve acidente de trabalho, pois o conflito não teve relação com a atividade laborativa.

Comentários:

De acordo com a norma prevista no art. 21, inciso II, alínea *a*, da Lei nº 8.213/1991, equipara-se também ao acidente de trabalho, o acidente sofrido pelo segurado no local e no horário do trabalho, em consequência de ato de agressão, sabotagem ou terrorismo praticado por terceiro ou companheiro de trabalho.

Dessa forma, no caso aventado na questão em exame, o acidente de trabalho deve ser reconhecido pela Previdência Social, implicando a percepção do auxílio-doença acidentário a partir do décimo sexto dia de afastamento (art. 59, *caput*, da Lei nº 8.213/1991).

Com relação à garantia provisória de emprego, segundo a regra do art. 118 da Lei nº 8.213/1991, o segurado que sofreu acidente de trabalho tem garantida, pelo prazo mínimo de 12 meses, a manutenção do seu contrato de trabalho na empresa, após a cessação do auxílio-doença acidentário, independentemente de percepção de auxílio-acidente.

Logo, uma vez ocorrido o acidente de trabalho, resta assegurada a estabilidade provisória do trabalhador a partir da cessação da percepção do benefício previdenciário do auxílio-doença acidentário.

Neste sentido, inclusive, o entendimento consubstanciado na Súmula nº 378, item II, do C. TST: "São pressupostos para a concessão da estabilidade o afastamento superior a 15 dias e a consequente percepção do auxílio doença acidentário, salvo se constatada, após a despedida, doença profissional que guarde relação de causalidade com a execução do contrato de emprego."

Gabarito: A

200. (Concurso da Magistratura – TRT/RJ – 2004) Em consonância com a jurisprudência uniformizada do Tribunal Superior do Trabalho:
a) a garantia de emprego à gestante autoriza sempre a reintegração, assegurando-lhe o direito a salários e vantagens correspondentes ao período e seus reflexos;
b) a garantia de emprego à gestante não autoriza a reintegração, assegurando-lhe apenas o direito a salários e vantagens correspondentes ao período e seus reflexos;
c) a garantia de emprego à gestante só autoriza o direito à reintegração se esta se der durante o período de estabilidade. Do contrário, a garantia restringe-se aos salários e demais direitos correspondentes ao período de estabilidade;
d) a garantia de emprego à gestante só autoriza o pagamento dos salários e demais direitos correspondentes ao período de estabilidade, se postulados no curso desta;
e) a garantia de emprego à gestante só autoriza o direito à reintegração se houver concordância do empregador, assegurando-se, em qualquer hipótese, o pagamento dos salários e demais direitos correspondentes ao período de estabilidade.

Comentários:

Conforme o posicionamento uniformizado na Súmula nº 244, item II, do C. TST: "A garantia de emprego à gestante só autoriza a reintegração se esta se der durante o período de estabilidade. Do contrário, a garantia restringe-se aos salários e demais direitos correspondentes ao período de estabilidade."

Gabarito: C

201. (Cespe/UnB – TRT/RJ – Analista Judiciário – 2008) De acordo com o art. 10 do ADCT, até que seja promulgada a lei complementar a que se refere o art. 7º, I, da CF, é vedada a dispensa arbitrária ou sem justa causa da empregada gestante, desde a confirmação da gravidez até 5 meses após o parto. Tendo como referência essa vedação, assinale a opção correta com relação ao trabalho da mulher e à estabilidade da gestante.

a) A estabilidade provisória à gestante, desde a confirmação da gravidez até 5 meses após o parto, não exige o preenchimento de requisito outro que não a própria condição de gestante.
b) O desconhecimento do estado gravídico pelo empregador afasta o direito ao pagamento da indenização decorrente da estabilidade.
c) A garantia de emprego à gestante autoriza a reintegração, ainda que fora do período de estabilidade.
d) Segundo entendimento sumulado do TST, há direito da empregada gestante à estabilidade provisória na hipótese de admissão mediante contrato de experiência, ainda que a extinção da relação de emprego, em face do término do prazo, não constitua dispensa arbitrária ou sem justa causa.
e) O STF adotou o entendimento de que a estabilidade provisória da gestante não se aplica ao contrato por prazo determinado, uma vez que nesse contrato não há dispensa arbitraria ou sem justa causa, mas simples término do contrato.

Comentários:

a) Correta.

A estabilidade provisória da gestante baseia-se em critério objetivo, qual seja, a confirmação do estado gravídico da empregada no curso do contrato de trabalho, uma vez que se fundamenta na proteção do nascituro e da própria maternidade.

b) Incorreta.

Súmula nº 244, item I, do C. TST: "O desconhecimento do estado gravídico pelo empregador não afasta o direito ao pagamento da indenização decorrente da estabilidade (art. 10, II, *b*, do ADCT)."

c) Incorreta.

Súmula nº 244, item II, do C. TST: "A garantia de emprego à gestante só autoriza a reintegração se esta se der durante o período de estabilidade. Do contrário, a garantia restringe-se aos salários e demais direitos correspondentes ao período de estabilidade."

d) Incorreta.

Súmula nº 244, item III, do C. TST: "Não há direito da empregada gestante à estabilidade provisória na hipótese de admissão mediante contrato de experiência, visto que a extinção da relação de emprego, em face do término do prazo, não constitui dispensa arbitrária ou sem justa causa."

e) Incorreta.

Trata-se de entendimento consubstanciado na Súmula nº 244, item III, do C. Tribunal Superior do Trabalho.

Gabarito: A

202. (XI Concurso do Ministério Público do Trabalho) O acidente de trabalho gera repercussões no contrato individual do trabalho. Neste aspecto, é INCORRETO afirmar:
   a) a estabilidade no emprego, após cessado o benefício previdenciário do auxílio-doença acidentário, será de, no máximo, 12 (doze) meses;
   b) ocorrendo acidente de trabalho, o tempo de afastamento do empregado, em gozo do respectivo benefício previdenciário, será computado como tempo de serviço, para efeito de indenização e estabilidade, sendo devido, ainda, o recolhimento do FGTS e da contribuição previdenciária;
   c) cabe ao INSS a obrigação de anotar na CTPS do empregado a ocorrência de acidente de trabalho;
   d) a doença profissional e a doença do trabalho diferenciam-se pelo fato de que esta última é típica do exercício de determinadas funções, não dependendo de prova da relação de causa e efeito entre a doença e o trabalho, enquanto que a doença profissional, ao contrário, não sendo típica de determinadas funções, exige tal prova;
   e) não respondida.

Comentários:

a) Incorreta.

Nos termos do art. 118 da Lei nº 8.213/1991, o segurado que sofreu acidente de trabalho tem garantida, pelo prazo mínimo de 12 meses, a manutenção do seu contrato de trabalho na empresa, após a cessação do auxílio-doença acidentário, independentemente de percepção de auxílio-acidente.

Por sua vez, a jurisprudência cristalizada na Súmula nº 378 do C. TST assim dispõe:

I – É constitucional o art. 118 da Lei nº 8.213/1991 que assegura o direito à estabilidade provisória por período de 12 meses após a cessação do auxílio-doença ao empregado acidentado;

II – São pressupostos para a concessão da estabilidade o afastamento superior a 15 dias e a consequente percepção do auxílio doença acidentário, salvo se constatada, após a despedida, doença profissional que guarde relação de causalidade com a execução do contrato de emprego.

b) Incorreta.

Conforme a regra contida no art. 4º, parágrafo único, da CLT, computar-se-ão, na contagem de tempo de serviço, para efeito de indenização e estabilidade, os períodos em que o empregado estiver afastado do trabalho prestando serviço militar e por motivo de acidente de trabalho.

Quanto ao recolhimento do FGTS, o art. 28, inciso III, do Decreto nº 99.684/1990 estabelece que o depósito na conta vinculada do FGTS é obrigatório também nos casos de interrupção do contrato de trabalho prevista em lei, tais como a licença por acidente de trabalho.

Por outro lado, de acordo com o comando do art. 28, § 9º, alínea a, da Lei nº 8.212/1991, não integram o salário de contribuição os benefícios da Previdência Social, nos termos e limites legais, salvo o salário-maternidade. Assim, não incide contribuição previdenciária durante o período de gozo da licença por acidente de trabalho.

c) Correta.

Art. 30 da CLT: *"Os acidentes do trabalho serão obrigatoriamente anotados pelo Instituto Nacional de Previdência Social na carteira do acidentado."*

d) Incorreta.

É a doença profissional que é típica do exercício de determinadas funções. Art. 20 da Lei nº 8.213/1991:

> Consideram-se acidente de trabalho, nos termos do artigo anterior, as seguintes entidades mórbidas:
> I – doença profissional, assim entendida a produzida ou desencadeada pelo exercício do trabalho peculiar a determinada atividade e constante da respectiva relação elaborada pelo Ministério do Trabalho e da Previdência Social;
> II – doença do trabalho, assim entendida a adquirida ou desencadeada em função de condições especiais em que o trabalho é realizado e com ele se relacione diretamente, constante da relação mencionada no inciso I.

Em razão de existirem três assertivas incorretas, a questão foi anulada.

Gabarito: Anulada

203. (X Concurso do Ministério Público do Trabalho) Para os fins de garantia de emprego, prevista para os dirigentes sindicais, o número destes, como expresso no art. 522 da CLT, segundo a jurisprudência majoritária:
   a) foi recepcionado pela Constituição Federal de 1988;
   b) foi recepcionado pela nova Carta, mas apenas para os dirigentes titulares;
   c) não foi recepcionado, pois a Constituição assegurou a autonomia da organização sindical, sem interferência do Estado;
   d) foi recepcionado pela Constituição, não podendo ser ampliado nem por negociação coletiva;
   e) foi recepcionado pela Constituição, mas poderá ser ampliado por sentença normativa na Justiça do Trabalho;
   f) não sei.

Comentários:
Conforme a jurisprudência uniformizada na Súmula nº 369, item II, do C. TST: "O art. 522 da CLT, que limita a sete o número de dirigentes sindicais, foi recepcionado pela Constituição Federal de 1988."
Gabarito: A

204. (XII Concurso do Ministério Público do Trabalho) Segundo entendimento uniforme do Tribunal Superior do Trabalho, assinale a alternativa CORRETA.
   I.   Extinta a empresa, não se verifica a despedida arbitrária, sendo impossível a reintegração ou mesmo a indenização devida em relação ao período da estabilidade do cipeiro.
   II. O servidor público celetista da Administração direta, autárquica ou fundacional é beneficiário da estabilidade prevista no art. 41 da Constituição Federal.
   III. O art. 522 da Consolidação das Leis do Trabalho que limita em sete o número de dirigentes sindicais estáveis foi recepcionado pela Constituição Federal.
   IV. Tanto os empregados eleitos diretores quanto os membros suplentes de cooperativa têm assegurada a estabilidade no emprego.
   a) apenas a assertiva IV está incorreta;
   b) apenas as assertivas II e III estão corretas;
   c) apenas as assertivas I e III estão corretas;
   d) todas as assertivas estão corretas;
   e) não respondida.

Comentários:
I – Correta.
Nos termos do art. 165 da CLT, entende-se como arbitrária a despedida que não se fundar em motivo disciplinar, técnico, econômico ou financeiro.

Por sua vez, conforme o posicionamento contido na Súmula nº 339, item II, do C. TST: "A estabilidade provisória do cipeiro não constitui vantagem pessoal, mas garantia para as atividades dos membros da Cipa, que somente tem razão de ser quando em atividade a empresa. Extinto o estabelecimento, não se verifica a despedida arbitrária, sendo impossível a reintegração e indevida a indenização do período estabilitário."

II – Correta.
Súmula nº 390, item I, do C. TST: "O servidor público celetista da administração direta, autárquica ou fundacional é beneficiário da estabilidade prevista no art. 41 da CF/1988."

Ao empregado de empresa pública ou de sociedade de economia mista, ainda que admitido mediante aprovação em concurso público, não é garantida a estabilidade prevista no art. 41 da CF/1988 (Súmula nº 390, item II, do C. TST).

III – Correta.
Súmula nº 369, item II, do C. TST: "O art. 522 da CLT, que limita a sete o número de dirigentes sindicais, foi recepcionado pela Constituição Federal de 1988."

IV – Incorreta.

OJ nº 253 da SBDI-1 do C. TST: "*O art. 55 da Lei nº 5.764/1971 assegura a garantia de emprego apenas aos empregados eleitos diretores de Cooperativas, não abrangendo os membros suplentes.*"

Gabarito: A

205. (XV Concurso do Ministério Público do Trabalho) Analise as seguintes proposições:

   I. o empregado estável que deixar de exercer cargo de confiança tem direito a reversão ao cargo efetivo que haja anteriormente ocupado, salvo no caso de falta grave;

   II. segundo prevê a jurisprudência dominante do TST, eventual pleito de reintegração no emprego de obreiro estável somente será atendido se concedido judicialmente dentro do período estabilitário;

   III. na forma da lei, o pedido de demissão do empregado estável só será válido quando devidamente assistido por sindicato representativo e, se não o houver, perante autoridade do Ministério do Trabalho e Emprego ou da Justiça do Trabalho.

   Assinale a alternativa CORRETA.
   a) Todas as assertivas são corretas.
   b) Apenas as assertivas I e II são corretas.
   c) Todas as assertivas são incorretas.
   d) Apenas a assertiva III é correta.
   e) Não respondida.

Comentários:

I – Correta.

Art. 499, § 1º, da CLT: "*Ao empregado garantido pela estabilidade que deixar de exercer cargo de confiança, é assegurada, salvo no caso de falta grave, a reversão ao cargo efetivo que haja anteriormente ocupado.*"

II – Correta.

Súmula nº 396, item I, do C. TST: "*Exaurido o período de estabilidade, são devidos ao empregado apenas os salários do período compreendido entre a data da despedida e o final do período de estabilidade, não lhe sendo assegurada a reintegração no emprego.*"

III – Correta.

Art. 500 da CLT: "*O pedido de demissão do empregado estável só será válido quando feito com a assistência do respectivo sindicato e, se não o houver, perante autoridade local competente do Ministério do Trabalho e Previdência Social ou da Justiça do Trabalho.*"

Gabarito: A

206. (XXIV Concurso da Magistratura – TRT/Campinas) Pedro Gustavo foi eleito dirigente sindical no Sindicato dos Engenheiros Civis. Ele trabalha na empresa comercial Calçados para Todas as Idades, na função de gerente de vendas. De acordo com a jurisprudência do C. TST, responda:
   a) o empregado deverá ser dispensado uma vez por mês para exercer sua atividade sindical, quando não afastado de sua função;
   b) é indispensável, para os fins do art. 543 da CLT, que o Sindicato dos Engenheiros comunique à empresa onde trabalha Pedro Gustavo, em 48 horas, sua eleição e posse;
   c) o empregado perderá estabilidade se solicitar transferência para mister que dificulta o desempenho de suas atribuições sindicais;
   d) o empregado não goza de garantia provisória de emprego;
   e) o empregado tem direito aos benefícios previstos na Convenção Coletiva celebrada entre o Sindicato dos Engenheiros Civis e o das Indústrias Químicas.

Comentários:

De acordo com a jurisprudência cristalizada no item III da Súmula nº 369 do C. TST, o empregado de categoria diferenciada eleito dirigente sindical só goza de estabilidade se exercer na empresa atividade pertinente à categoria profissional do sindicato para o qual foi eleito dirigente.

Na questão em exame, o empregado não exerce na empresa atividade inerente à categoria profissional do sindicato para o qual foi eleito dirigente. Logo, não lhe é assegurada a garantia provisória de emprego.

Gabarito: D

Capítulo 15

Aviso Prévio

• • •

207. (NCE/UFRJ – TRT/ES – Analista Judiciário – 1999) **Quanto ao aviso prévio, é correto afirmar que é devido:**
   a) apenas pelo empregador ao empregado, quando não haja este dado motivo para a cessação de qualquer tipo de contrato de trabalho;
   b) tanto pelo empregador quanto pelo empregado, quando a parte contrária não haja dado motivo para a cessação de qualquer tipo de contrato de trabalho;
   c) apenas pelo empregado ao empregador, quando não haja este dado motivo para a cessação de qualquer tipo de contrato de trabalho;
   d) tanto pelo empregador quanto pelo empregado, quando a parte contrária não haja dado motivo para a cessação apenas de contrato sem prazo determinado;
   e) apenas pelo empregador ao empregado, quando não haja este dado motivo para a cessação apenas de contrato sem prazo determinado.

Comentários:

Não havendo prazo estipulado, a parte (empregado ou empregador) que, sem justo motivo, quiser rescindir o contrato deverá avisar a outra da sua resolução com a antecedência mínima de 30 (trinta) dias (concessão do aviso prévio), nos termos dos arts. 487, *caput*, inciso II, da CLT, e 7º, inciso XXI, da Constituição da República.

Gabarito: D

208. (NCE/UFRJ – TRT/ES – Analista Judiciário – 1999) **Ocorrendo rescisão do contrato por iniciativa do empregado, sem justo motivo, e não concedendo ele o aviso prévio ao empregador, a este é facultado descontar o valor correspondente:**
   a) a 40% do montante dos depósitos do FGTS em nome do empregado;
   b) à metade do que seria devido a título de verbas rescisórias;
   c) a 50% das férias e 13º salário devidos na rescisão;
   d) ao valor do maior salário percebido na vigência do contrato;
   e) aos salários do prazo respectivo do aviso prévio.

Comentários:
Segundo a norma do art. 487, § 2º, da CLT: "*A falta de aviso prévio por parte do empregado dá ao empregador o direito de descontar os salários correspondentes ao prazo respectivo.*"
Gabarito: E

209. **(FCC – TRT/MS – Analista Judiciário – 2004) É causa de extinção de contrato de trabalho que exclui o pagamento do aviso prévio:**
   a) a rescisão indireta;
   b) a suspensão das atividades da empresa em virtude da decretação de falência;
   c) a extinção do estabelecimento comercial;
   d) a rescisão injusta;
   e) o término do contrato de experiência.

Comentário:
O término do contrato de experiência não enseja o pagamento de aviso prévio, porque este consiste em modalidade de contrato por prazo determinado (art. 443, § 2º, *c*, da CLT), cuja vigência depende de termo prefixado.
Gabarito: E

210. **(FCC – TRT/RN – Analista Judiciário – 2003) Na hipótese de dispensa sem justa causa de empregado que receba quinzenalmente e tenha trabalhado na empresa por período inferior a um ano, o aviso prévio será de:**
   a) 30 dias;
   b) 15 dias;
   c) 10 dias;
   d) 8 dias;
   e) 7 dias.

Comentários:
Por força do art. 7º, inciso XXI, da Constituição da República, o aviso prévio deve ser, no mínimo, de 30 (trinta) dias. Assim, não foi recepcionada pela nova ordem constitucional a diferença de prazos de aviso prévio fixada nos incisos I e II do art. 487 da CLT.
Gabarito: A

211. **(Fundec – TRT/BA – Analista Judiciário – 2003) No curso do aviso prévio, o empregador arrepende-se e reconsidera o ato. Nesta hipótese, o:**
   a) empregado poderá, se quiser, aceitar a reconsideração;
   b) empregado está obrigado a aceitar a reconsideração do empregador;
   c) aviso prévio é ato jurídico perfeito e acabado que não pode ser desfeito;
   d) aviso prévio fica automaticamente sem efeito pela reconsideração do empregador;
   e) arrependimento do empregador implica a formação de novo contrato de trabalho.

Comentários:

Nos moldes do art. 489, *caput*, da CLT, dado o aviso prévio, a rescisão torna-se efetiva depois de expirado o respectivo prazo, mas, se a parte notificante reconsiderar o ato, antes de seu termo, à outra parte é facultado aceitar ou não a reconsideração.

Gabarito: A

212. (XXIV Concurso da Magistratura – TRT/Campinas) Empregado recebe comunicação de aviso prévio indenizado no dia 3 de março. A data-base de sua categoria é o dia 1º de abril. Esse empregado terá direito:
   a) apenas à indenização adicional de que trata a Lei nº 7.238/1984;
   b) apenas ao pagamento de diferenças das verbas rescisórias em função do reajustamento coletivo fixado na data-base;
   c) apenas ao reajustamento coletivo fixado na data-base no saldo de salário;
   d) à indenização de que trata a Lei nº 7.238/1984 e às diferenças de verbas rescisórias em função do reajustamento coletivo fixado na data-base;
   e) nenhuma das anteriores.

Comentários:

Nos termos do § 1º do art. 487 da CLT, a falta do aviso prévio por parte do empregador dá ao empregado o direito aos salários correspondentes ao prazo do aviso, garantida sempre a integração desse período no seu tempo de serviço.

Logo, na hipótese de concessão do aviso prévio indenizado, o respectivo prazo projeta-se no contrato de trabalho do empregado, sendo computado no seu tempo de serviço.

Neste sentido, o entendimento contido na Orientação Jurisprudencial nº 82 da SBDI-1 do C. TST, quando dispões que a data de saída a ser anotada na CTPS deve corresponder à do término do prazo do aviso prévio, ainda que indenizado.

Por sua vez, a norma prevista no § 6º do art. 487 da CLT aduz que o reajustamento salarial coletivo, determinado no curso do aviso prévio, beneficia o empregado pré-avisado da despedida, mesmo que tenha recebido antecipadamente os salários correspondentes ao período do aviso, que integra seu tempo de serviço para todos os efeitos legais.

Na questão em exame, a data-base da categoria, em que é concedido o reajuste coletivo, recai no período de projeção do aviso prévio indenizado. Logo, o empregado terá direito ao pagamento de diferenças das verbas rescisórias em função do reajustamento coletivo fixado na data-base.

Quanto à indenização adicional de que trata o art. 9º da Lei nº 7.238/1984, no valor de um salário mensal, não lhe será devida. Isso porque a sua dispensa imotivada não ocorreu no período de 30 (trinta) dias que antecede à data de sua correção salarial (data-base).

Gabarito: B

Capítulo 16

Tutela do Trabalho do Menor

• • •

213. (FCC – TRT/RJ – Analista Judiciário – 2003) Ressalvada a condição de aprendiz, é proibido qualquer trabalho ao menor de:
 a) 16 anos;
 b) 14 anos;
 c) 18 anos;
 d) 15 anos;
 e) 17 anos.

Comentários:

O art. 7º, inciso XXXIII, da CF/1988 proíbe o trabalho noturno, perigoso ou insalubre a menores de 18 anos e qualquer trabalho a menores de 16 anos, salvo na condição de aprendiz, a partir de 14 anos.

Da mesma forma, estabelece o art. 403, *caput*, da CLT: "É proibido qualquer trabalho a menores de dezesseis anos de idade, salvo na condição de aprendiz, a partir dos quatorze anos."

Gabarito: A

214. (Fundec – TRT/BA – Analista Judiciário – 2003) O menor pode trabalhar como:
 a) empregado, entre 16 e 18 anos, sem qualquer restrição;
 b) empregado, somente a partir dos 18 anos;
 c) aprendiz a partir dos 12 anos;
 d) aprendiz a partir dos 14 anos;
 e) empregado a partir dos 14 anos, desde que com autorização paterna.

Comentários:

Vide disposição contida nos arts. 403, *caput*, da CLT, e 7º, inciso XXXIII, da Constituição da República.

Por sua vez, consoante a disposição do art. 428, *caput*, da CLT, com a nova redação dada pela Lei nº 11.180/2005, o contrato de aprendizagem é o contrato de trabalho especial, ajustado por escrito e por prazo determinado, em que o empregador se compromete a assegurar ao maior de 14 (quatorze) e menor de 24 (vinte e quatro) anos, inscrito em programa de aprendizagem, formação técnico-profissional metódica, compatível com o seu desenvolvimento físico, moral e psicológico, e o aprendiz, a executar, com zelo e diligência, as tarefas necessárias a essa formação.

Gabarito: D

215. (Esaf– TRT/CE – Analista Judiciário – 2003) Considerando as regras especiais de proteção ao trabalho do menor, aponte a opção INCORRETA.
a) O trabalho do menor com idade entre 14 anos e 16 anos apenas é admitido na condição de aprendiz.
b) O trabalho em condições de agressão à saúde, executado por trabalhador com 16 anos de idade, impõe ao empregador a obrigação de pagamento do adicional de insalubridade, em nível proporcional ao nível de agressão experimentado.
c) É vedado ao menor prestar serviços em estabelecimentos prejudiciais à sua moralidade, tais como boates e outros que comercializam bebidas alcoólicas a varejo.
d) Ao trabalhador menor é lícito firmar recibos de quitação salarial sem a assistência de seus responsáveis, salvo em se tratando de rescisão do contrato de trabalho.
e) Ao menor com idade de 16 anos é vedado o labor em atividade que o exponha a risco de vida.

Comentários:
a) Correta.

De acordo com os arts. 403, *caput*, da CLT, e 7º, inciso XXXIII, da Constituição da República, é vedado o trabalho ao menor de 16 (dezesseis) anos, salvo na condição de aprendiz, a partir dos 14 (quatorze) anos.

b) Incorreta.

É vedado o trabalho insalubre ao menor de 18 (dezoito) anos, nos termos dos arts. 405, inciso I, da CLT, e 7º, inciso XXXIII, da Constituição da República. Trata-se de trabalho proibido ou irregular. No entanto, como a nulidade tem efeito *ex nunc*, caberá o pagamento do respectivo adicional de insalubridade, no grau correspondente (máximo, médio ou mínimo), durante o período em que trabalhou em condições nocivas, sendo vedada, contudo, a sua permanência.

c) Correta.

Nos termos do art. 405, *caput*, inciso II, da CLT, ao menor não será permitido o trabalho em locais ou serviços prejudiciais à sua moralidade.

Por sua vez, segundo o art. 405, § 3º, alínea *d*, da CLT, considera-se prejudicial à moralidade do menor o trabalho consistente na venda, a varejo, de bebidas alcoólicas.

d) Correta.

Assim estabelece o art. 439 da CLT: "*É lícito ao menor firmar recibo pelo pagamento dos salários. Tratando-se, porém, de rescisão do contrato de trabalho, é vedado ao menor de 18* (dezoito) anos dar, sem assistência dos seus responsáveis legais, quitação ao empregador pelo recebimento da indenização que lhe for devida."

e) Correta.

É vedado o trabalho perigoso ao menor de 18 (dezoito) anos, nos termos dos arts. 405, inciso I, da CLT, e 7º, inciso XXXIII, da Constituição da República.

Gabarito: B

216. (FCC – TRT/RN – Analista Judiciário – 2003) O empregado com menos de 18 anos de idade:
a) não pode firmar o recibo de salário nem rescindir validamente o contrato de trabalho sem assistência de seu responsável legal;
b) pode firmar os recibos de salário, mas não pode firmar o termo de rescisão contratual sem a assistência de seu responsável legal;
c) pode firmar o recibo de salário, mas não pode firmar o termo de rescisão contratual sem assistência do sindicato;
d) pode firmar tanto o recibo de salário como rescindir o contrato de trabalho sem qualquer assistência;
e) não pode firmar o recibo de salário nem rescindir validamente o contrato de trabalho sem assistência do sindicato.

Comentários:

Segundo o comando contido no art. 439 da CLT, é lícito ao menor firmar recibo pelo pagamento dos salários. Tratando-se, porém, de rescisão do contrato de trabalho, é vedado ao menor de 18 (dezoito) anos dar, sem assistência dos seus responsáveis legais, quitação ao empregador pelo recebimento da indenização que lhe for devida.

Gabarito: B

217. (FCC – TRT/SE – Analista Judiciário – 2002) Considerando as normas especiais de tutela do trabalho do menor, pode-se afirmar que há proibição legal expressa quanto:
a) à possibilidade de empregar-se em mais de um estabelecimento;
b) à possibilidade de firmar recibo pelo pagamento dos salários;
c) ao fracionamento do período de concessão de férias sem qualquer exceção;
d) à realização de horas extras;
e) ao trabalho realizado nas ruas, praças e logradouros públicos.

Comentários:

O art. 134, § 2º, da CLT: "*Aos menores de 18 (dezoito) anos e aos maiores de 50 (cinquenta) anos de idade, as férias serão sempre concedidas de uma só vez.*"

Logo, é vedado o fracionamento do período de concessão de férias sem qualquer exceção.

Gabarito: C

218. (NCE/UFRJ – TRT/ES – Analista Judiciário – 1999) Relativamente ao fato de um empregado adolescente, com menos de 18 anos de idade, trabalhar concomitantemente em mais de um estabelecimento, pode-se afirmar legalmente que as horas de trabalho:
   a) em cada estabelecimento serão totalizadas;
   b) em cada estabelecimento são independentes;
   c) são contadas em dobro, porque há dois empregos;
   d) excedentes de 8 diárias são independentes, mas terão acréscimo salarial;
   e) relativas ao segundo emprego são ilícitas, porque vedada a concomitância.

Comentários:
O art. 414 da CLT preconiza que, quando o menor de 18 (dezoito) anos for empregado em mais de um estabelecimento, as horas de trabalho em cada um serão totalizadas.
Gabarito: A

219. (FJPF – TRT/RJ – Analista Judiciário – 2004) Um empregado de uma indústria, de 17 anos de idade, por necessidade imperiosa, está tendo a duração do trabalho excedida do limite legal, causada por motivo de força maior, independentemente do exigido em contrato coletivo. Em inspeção da fiscalização do trabalho, o fiscal deverá ter a seguinte atitude:
   a) inadmitir as horas extras por se tratar de menor de idade;
   b) admitir as horas extras, a serem remuneradas, no mínimo, em 60%;
   c) admitir as horas extras, a serem remuneradas, no mínimo, em 80%;
   d) admitir as horas extras desde que não ultrapassem 12 horas diárias;
   e) declarar rescindido o contrato de trabalho diante do ilícito trabalhista.

Comentários:
De acordo com o art. 413, inciso II, da CLT, é vedado prorrogar a duração normal diária do trabalho do menor, salvo, excepcionalmente, por motivo de força maior, até o máximo de 12 (doze) horas.
A hora extraordinária, por força do art. 7º, inciso XVI, da Constituição da República deverá ser remunerada com adicional de, no mínimo, 50% (cinquenta por cento).
Gabarito: D

220. (III Concurso da Magistratura – TRT/RJ – 2004) Com base no texto celetista pode-se afirmar sobre o trabalho do menor:
   a) o contrato de aprendizagem é uma modalidade do contrato de trabalho especial, de vínculo empregatício e por prazo determinado, podendo ser tácito ou expresso;
   b) considera-se menor, para fins trabalhistas o trabalhador de 12 até 18 anos;
   c) é proibido qualquer trabalho a menores de 14 anos de idade, salvo na condição de aprendiz, a partir dos 12 anos;
   d) é possível extinguir o contrato de aprendizagem antecipadamente na hipótese de desempenho insuficiente do aprendiz;
   e) o prazo do contrato de aprendizagem é de, no máximo, três anos.

Comentários:

a) Incorreta.

Art. 428, *caput*, da CLT:

> Contrato de aprendizagem é o contrato de trabalho especial, ajustado por escrito e por prazo determinado, em que o empregador se compromete a assegurar ao maior de 14 (quatorze) e menor de 24 (vinte e quatro) anos, inscrito em programa de aprendizagem formação técnico-profissional metódica, compatível com o seu desenvolvimento físico, moral e psicológico, e o aprendiz, a executar com zelo e diligência, as tarefas necessárias a essa formação.

b) Incorreta.

Art. 402, *caput*, da CLT: *"Considera-se menor para os efeitos desta Consolidação o trabalhador de quatorze até 18 anos."*

c) Incorreta.

Art. 403, *caput*, da CLT: *"É proibido qualquer trabalho a menores de dezesseis anos de idade, salvo na condição de aprendiz, a partir dos 14 anos."*

d) Correta.

Art. 433, *caput* e § 1º, da CLT: *"O contrato de aprendizagem extinguir-se-á no seu termo ou quando o aprendiz completar 24 (vinte e quatro) anos, ressalvada a hipótese prevista no § 5º do art. 428 desta Consolidação, ou ainda antecipadamente nas seguintes hipóteses: I – desempenho insuficiente ou inadaptação do aprendiz";*

e) Incorreta.

Art. 428, § 3º, da CLT: *"O contrato de aprendizagem não poderá ser estipulado por mais de dois anos."*

Gabarito: D

221. (II Concurso da Magistratura – TRT/RJ – 2004) Assinale a opção CORRETA.
   a) O contrato de aprendizagem pode ser tácito ou não escrito, tal como previsto no art. 442 da CLT.
   b) O contrato de aprendizagem será sempre por prazo determinado, podendo ser estipulado com duração máxima de 2 (dois) anos.
   c) O salário do menor aprendiz poderá ser ajustado por unidade de hora, respeitado o piso de 2/3 (dois terços) do salário mínimo hora.
   d) Pela ordem constitucional em vigor, apenas no caso de contrato de aprendizagem é permitido o trabalho do menor de 12 (doze) até 14 (quatorze) anos de idade.
   e) O contrato de aprendizagem extinguir-se-á quando o aprendiz completar 18 (dezoito) anos de idade, salvo na hipótese de contratos escritos com duração de 2 (dois) anos, quando será admitida a continuação regular do contrato apenas até que se complete tal prazo.

Comentários:
a) Incorreta.

Art. 428, *caput*, da CLT:

> Contrato de aprendizagem é o contrato de trabalho especial, ajustado por escrito e por prazo determinado, em que o empregador se compromete a assegurar ao maior de 14 (quatorze) e menor de 24 (vinte e quatro) anos, inscrito em programa de aprendizagem, formação técnico-profissional metódica, compatível com o seu desenvolvimento físico, moral e psicológico, e o aprendiz, a executar, com zelo e diligência, as tarefas necessárias a essa formação.

b) Correta.

Art. 428, § 3º, da CLT: *"O contrato de aprendizagem não poderá ser estipulado por mais de dois anos."*

c) Incorreta.

Art. 428, § 2º, da CLT: *"Ao menor aprendiz, salvo condição mais favorável, será garantido o salário mínimo hora."*

d) Incorreta.

Art. 7º, inciso XXXIII, da CF/1988: *"proibição de trabalho noturno, perigoso ou insalubre a menores de 18 e de qualquer trabalho a menores de 16 anos, salvo na condição de aprendiz, a partir de 14 anos."*

e) Incorreta.

Art. 433, *caput* e incisos I a IV, da CLT:

> O contrato de aprendizagem extinguir-se-á no seu termo ou quando o aprendiz completar 24 (vinte e quatro) anos, ressalvada a hipótese prevista no § 5º do art. 428 desta Consolidação, ou ainda antecipadamente nas seguintes hipóteses:
> I – desempenho insuficiente ou inadaptação do aprendiz;
> II – falta disciplinar grave;
> III – ausência injustificada à escola que implique perda do ano letivo; ou
> IV – a pedido do aprendiz.

Gabarito: B

222. **(XIX Concurso da Magistratura – TRT/PR) Em relação às normas de proteção ao menor, é correto afirmar que, pela CLT, é permitido o trabalho:**
 a) em cinemas, salvo em local que não possa ter acesso aos filmes rodados;
 b) em empresas circenses, salvo como acrobata, saltimbanco e ginasta;
 c) em locais e serviços perigosos ou insalubres;

d) em praças, ruas e outros logradouros, com prévia autorização do juiz da infância e da juventude;
e) em cinemas, desde que em sessões matutinas e vespertinas.

Comentários:
a) Incorreta.

Art. 405, § 3º, alínea *a*, da CLT: *"Considera-se prejudicial à moralidade do menor o trabalho: a) prestado de qualquer modo, em teatros de revista, cinemas, boates, cassinos, cabarés, dancings e estabelecimentos análogos."*

b) Incorreta.

Art. 405, § 3º, alínea *b*, da CLT: *"Considera-se prejudicial à moralidade do menor o trabalho: b) em empresas circenses, em funções de acróbata, saltimbanco, ginasta e outras semelhantes."*

c) Incorreta.

Art. 405, inciso I, da CLT: *"Ao menor não será permitido o trabalho: I – nos locais e serviços perigosos ou insalubres, constantes de quadro para este fim aprovado pela Secretaria de Segurança e Medicina do Trabalho."*

d) Correta.

Art. 404, § 2º, da CLT: *"O trabalho exercido nas ruas, praças e outros logradouros dependerá de prévia autorização do Juiz de Menores, ao qual cabe verificar se a ocupação é indispensável à sua própria subsistência ou à de seus pais, avós ou irmãos e se dessa ocupação não poderá advir prejuízo à sua formação moral."*

e) Incorreta.

Vide art. 405, § 3º, alínea *a*, da CLT.

Gabarito: D

223. (XI Concurso do Ministério Público do Trabalho) No que se refere às normas de tutela do trabalhador adolescente, é CORRETO afirmar:
a) a duração do trabalho do aprendiz não excederá a 6 horas diárias, podendo este limite ser de até 8 horas diárias para os aprendizes que já tiveram completado o ensino fundamental, se nelas forem computadas as horas destinadas à aprendizagem teórica;
b) o trabalho em atividades insalubres ou perigosas é proibido a pessoa com idade inferior a 16 (dezesseis) anos, salvo mediante autorização expressa do Juiz da Infância e da Juventude;
c) é proibido à pessoa com idade inferior a 18 (dezoito) e maior de 16 (dezesseis) anos o trabalho em logradouros públicos;
d) não é proibido à pessoa com idade inferior a 18 (dezoito) e maior de 16 (dezesseis) anos o trabalho insalubre, perigoso ou penoso;
e) não respondida.

Comentários:
a) Correta.

De acordo com a norma do art. 432, *caput*, da CLT, a duração do trabalho do aprendiz não excederá de 6 horas diárias, sendo vedadas a prorrogação e a compensação de jornada.

Todavia, nos termos do art. 432, § 1º, da CLT, o limite previsto neste artigo poderá ser de até 8 horas diárias para os aprendizes que já tiverem completado o ensino fundamental, se nelas forem computadas as horas destinadas à aprendizagem teórica.

b) Incorreta.

O art. 7º, inciso XXXIII, da CF/1988 proíbe o trabalho noturno, perigoso ou insalubre a menores de 18 anos.

No mesmo sentido, o art. 405, inciso I, da CLT, quando dispõe que, ao menor não será permitido o trabalho nos locais e serviços perigosos ou insalubres, constantes de quadro para este fim aprovado pela Secretaria de Segurança e Medicina do Trabalho.

Por fim, conforme a norma do art. 405, § 2º, da CLT, o trabalho exercido nas ruas, praças e outros logradouros é que dependerá de prévia autorização do Juiz de Menores, ao qual cabe verificar se a ocupação é indispensável à sua própria subsistência ou à de seus pais, avós ou irmãos, e se dessa ocupação não poderá advir prejuízo à sua formação moral.

c) Incorreta.

Vide o disposto no art. 405, § 2º, da CLT.

d) Incorreta.

Vide o disposto nos arts. 7º, inciso XXXIII, da CF/1988 e 405, inciso I, da CLT.

Gabarito: A

224. **(Cespe/UnB – TRT/RJ – Técnico Judiciário – 2008)** Com relação ao caso de um adolescente que complete 15 anos e comece a laborar, assinale a opção CORRETA.
   a) O limite diário de labor do adolescente não poderá superar 4 horas.
   b) O menor, se quiser vindicar, perante a Justiça do Trabalho, direitos desrespeitados, só poderá fazê-lo 2 anos após a extinção do seu contrato de trabalho.
   c) O adolescente poderá, independentemente de seus responsáveis legais, firmar recibo de pagamento dos salários.
   d) O adolescente poderá desenvolver trabalho no turno noturno, o qual não está vedado a menor de 18 anos.
   e) O trabalho do menor somente poderá ser considerado como de aprendizagem até que o adolescente complete 18 anos de idade.

Comentários:

Nos termos do art. 7º, inciso XXXIII, da Constituição da República é vedado o trabalho ao menor de 16 (dezesseis) anos, salvo na condição de aprendiz, a partir dos 14 (quatorze) anos. Logo, dos 14 (quatorze) aos 16 (dezesseis) anos, o menor somente pode prestar serviços na condição de aprendiz, sob pena de restar configurada a hipótese de trabalho proibido ou irregular.

Quanto à prescrição, esta é inaplicável ao menor de 18 (dezoito) anos, por força do art. 440 da CLT.

O art. 439 da CLT autoriza que o menor firme recibo de pagamento de salário, independentemente de seus responsáveis legais.

O trabalho noturno é vedado aos menores de 18 (dezoito) anos, também tendo por fundamento no art. 7º, inciso XXXIII, da Constituição da República.

O art. 411 da CLT estabelece que a duração do trabalho do menor regular-se-á pelas disposições legais relativas à duração do trabalho em geral, com as restrições estabelecidas no referido capítulo.

Nos termos dos arts. 432, *caput* e § 1º, da CLT, a duração do trabalho do aprendiz não excederá de 6 horas diárias, sendo vedadas a prorrogação e a compensação de jornada, sendo que este limite poderá ser de até 8 horas diárias para os aprendizes que já tiverem completado o ensino fundamental, se nelas forem computadas as horas destinadas à aprendizagem teórica.

Gabarito: C

Capítulo

17

Tutela do Trabalho da Mulher

• • •

225. (Esaf – TRT/CE – Analista Judiciário – 2003) Considerando as regras especiais de proteção ao trabalho da mulher, aponte a opção INCORRETA.
   a) Ao empregador é vedado empregar mulher em serviço que demande o emprego de força muscular superior a vinte quilos para o trabalho contínuo ou vinte e cinco quilos para o trabalho ocasional, salvo se exercida a atividade com aparelhos mecânicos.
   b) A jornada de trabalho da empregada mulher que estiver amamentando deve ser acrescida de dois intervalos especiais de trinta minutos cada um, sem prejuízo do intervalo para refeição e descanso.
   c) Em caso de adoção de criança com idade de dois anos, a licença-maternidade terá a duração mínima de 120 dias.
   d) Ocorrendo aborto não criminoso, a empregada terá direito a licença com duração de duas semanas, assegurada a preservação do posto que ocupava na empresa antes de seu afastamento.
   e) Salvo quando não prevista jornada inferior ou disposição em norma coletiva em contrário, a jornada de trabalho da mulher será de oito horas diárias e quarenta e quatro semanais.

Comentários:

a) Correta.

Art. 390, *caput*, da CLT: *"Ao empregador é vedado empregar a mulher em serviço que demande o emprego de força muscular superior a 20 (vinte) quilos para o trabalho contínuo, ou 25 (vinte e cinco) quilos para o trabalho ocasional."*

Art. 390, parágrafo único, da CLT: *"Não está compreendida na determinação deste art. a remoção de material feita por impulsão ou tração de vagonetes sobre trilhos, de carros de mão ou quaisquer aparelhos mecânicos."*

b) Correta.

Art. 383 da CLT: *"Durante a jornada de trabalho, será concedido à empregada um período para refeição e repouso não inferior a 1 (uma) hora nem superior a 2 (duas) horas salvo a hipótese prevista no art. 71, § 3º."*

Art. 396, caput, da CLT: *"Para amamentar o próprio filho, até que este complete 6 (seis) meses de idade, a mulher terá direito, durante a jornada de trabalho, a 2 (dois) descansos especiais, de meia hora cada um."*

c) Incorreta.

Art. 392-A, § 2º, da CLT: *"No caso de adoção ou guarda judicial de criança a partir de 1 (um) ano até 4 (quatro) anos de idade, o período de licença será de 60 (sessenta) dias."*

d) Correta.

Art. 395 da CLT: *"Em caso de aborto não criminoso, comprovado por atestado médico oficial, a mulher terá um repouso remunerado de 2 (duas) semanas, ficando-lhe assegurado o direito de retornar à função que ocupava antes de seu afastamento."*

e) Correta.

Art. 373 da CLT: *"A duração normal de trabalho da mulher será de 8 (oito) horas diárias, exceto nos casos para os quais for fixada duração inferior."*

Gabarito: C

226. (FCC – TRT/RN – Analista Judiciário – 2003) Considere as afirmativas abaixo:
   I. **No caso de adoção ou guarda judicial de crianças de 1 a 4 anos de idade, a empregada adotante fará jus à licença-maternidade pelo período de 60 dias.**
   II. **Cada um dos dois intervalos especiais de descanso, concedidos à mulher para amamentação do filho de até 6 meses de idade, é de 15 minutos.**
   III. **Os períodos de repouso, antes e depois do parto, poderão ser aumentados de até duas semanas cada um, mediante atestado médico.**
   IV. **o caso de aborto não criminoso a mulher terá direito a um repouso não remunerado de 4 semanas.**

   Está correto APENAS o que se afirma em:
   a) I e II;
   b) I e III;
   c) II e III;
   d) I, II e IV;
   e) II, III e IV.

Comentários:

I – Correta.

À época da elaboração desta questão, o art. 392-A, §§ 1º a 3º, da CLT estabelecia que, no caso de adoção ou guarda judicial de criança até 1 (um) ano de idade, o período de licença será de 120 (cento e vinte) dias (CLT, art. 392-A, § 1º); a partir de 1 (um) ano até 4 (quatro) anos de idade, o período de licença será de 60 (sessenta) dias (CLT, art. 392-A, § 2º); e a partir de 4 (quatro) anos até 8 (oito) anos de idade, o período de licença será de 30 (trinta) dias.

Todavia, posteriormente, o art. 8º da Lei nº 12.010/2009, que veio a disciplinar a adoção, revogou expressamente os §§ 1º a 3º do art. 392-A da CLT. A revogação expressa desses dispositivos autoriza entendimento no sentido de ser aplicável, em geral, o prazo de 120 (cento e vinte) dias previsto no art. 392 da CLT, nesses casos de adoção ou guarda judicial, independentemente da idade da criança.

II – Incorreta.

Art. 396, *caput*, da CLT: *"Para amamentar o próprio filho, até que este complete 6 (seis) meses de idade, a mulher terá direito, durante a jornada de trabalho, a 2 (dois) descansos especiais, de meia hora cada um."*

III – Correta.

Art. 392, § 2º, da CLT: *"Os períodos de repouso, antes e depois do parto, poderão ser aumentados de 2 (duas) semanas cada um, mediante atestado médico."*

IV – Incorreta.

Art. 395 da CLT: *"Em caso de aborto não criminoso, comprovado por atestado médico oficial, a mulher terá um repouso remunerado de 2 (duas) semanas, ficando-lhe assegurado o direito de retornar à função que ocupava antes de seu afastamento."*

Gabarito: B

227. (Fundec – TRT/BA – Analista Judiciário – 2003) Com relação à proteção do trabalho da mulher, é CORRETO afirmar que:
   a) deverá ser concedido à mulher um intervalo mínimo de 12 horas consecutivas, para descanso, entre duas jornadas de trabalho;
   b) a mulher, durante a gravidez, poderá deixar de comparecer ao serviço, sem prejuízo do salário, uma vez por mês, para consultas médicas e exames complementares;
   c) a empregada que adotar criança de 1 a 4 anos de idade fará jus à licença-maternidade de 60 dias;
   d) a empregada tem direito a dois intervalos especiais diários, de 15 minutos cada um, para amamentar o filho de até 6 meses de idade;
   e) as mesmas disposições legais que regem o trabalho masculino aplicam-se ao da mulher, em caso de prorrogação do horário normal.

Comentários:

a) Incorreta.

Art. 382 da CLT: *"Entre 2 (duas) jornadas de trabalho, haverá um intervalo de 11 (onze) horas consecutivas, no mínimo, destinado ao repouso."*

b) Incorreta.

Art. 392, § 4º, inciso II, da CLT: *"É garantido à empregada, durante a gravidez, sem prejuízo do salário e demais direitos: (...) II – dispensa do horário de trabalho pelo tempo necessário para a realização de, no mínimo, seis consultas médicas e demais exames complementares."*

c) Correta.

Conforme já mencionado na questão anterior, à época da elaboração desta questão, o art. 392-A, §§ 1º a 3º, da CLT estabelecia que, no caso de adoção ou guarda judicial de criança até 1 (um) ano de idade, o período de licença será de 120 (cento e vinte) dias (CLT, art. 392-A, § 1º); a partir de 1 (um) ano até 4 (quatro) anos de idade, o período de licença será de 60 (sessenta) dias (CLT, art. 392-A, § 2º); e a partir de 4 (quatro) anos até 8 (oito) anos de idade, o período de licença será de 30 (trinta) dias.

Todavia, posteriormente, o art. 8º da Lei nº 12.010/2009, que veio a disciplinar a adoção, revogou expressamente os §§ 1º a 3º do art. 392-A da CLT. A revogação expressa destes dispositivos autoriza entendimento no sentido de ser aplicável, em geral, o prazo de 120 (cento e vinte) dias previsto no art. 392 da CLT, nestes casos de adoção ou guarda judicial, independentemente da idade da criança.

d) Incorreta.

Art. 396, *caput*, da CLT: *"Para amamentar o próprio filho, até que este complete 6 (seis) meses de idade, a mulher terá direito, durante a jornada de trabalho, a 2 (dois) descansos especiais, de meia hora cada um."*

e) Incorreta.

Art. 372, *caput*, da CLT: *"Os preceitos que regulam o trabalho masculino são aplicáveis ao trabalho feminino, naquilo em que não colidirem com a proteção especial instituída por este Capítulo."*

Art. 372, parágrafo único, da CLT: *"Não é regido pelos dispositivos a que se refere este art. o trabalho nas oficinas em que sirvam exclusivamente pessoas da família da mulher e esteja esta sob a direção do esposo, do pai, da mãe, do tutor ou do filho."*

Gabarito: C

228. (II Concurso da Magistratura – TRT/RJ – 2004) Considerando o que dispõe a CLT, assinale a opção CORRETA.
   a) No caso de adoção ou guarda judicial de uma criança com 1 (um) ano e 6 (seis) meses de vida, a empregada terá direito à licença-maternidade de 100 (cem) dias.
   b) No caso de adoção ou guarda judicial de uma criança de 2 (dois) anos de idade, a empregada terá direito à licença-maternidade de 60 (sessenta) dias.
   c) No caso de adoção ou guarda judicial de uma criança de 3 (três) anos de idade, a empregada terá direito à licença-maternidade de 50 (cinquenta) dias.
   d) No caso de adoção ou guarda judicial de uma criança de 4 (quatro) anos de idade, a empregada terá direito à licença-maternidade de 40 (quarenta) dias.
   e) No caso de adoção ou guarda judicial de uma criança de 7 (sete) anos de idade, a empregada terá direito à licença-maternidade de 10 (dez) dias.

Comentários:

À época da elaboração desta questão, o art. 392-A, §§ 1º a 3º, da CLT estabelecia que, no caso de adoção ou guarda judicial de criança até 1 (um) ano de idade, o período de licença será de 120 (cento e vinte) dias (CLT, art. 392-A, § 1º); a partir de 1 (um) ano até 4 (quatro) anos de idade, o período de licença será de 60 (sessenta) dias (CLT, art. 392-A, § 2º); e a partir de 4 (quatro) anos até 8 (oito) anos de idade, o período de licença será de 30 (trinta) dias.

Todavia, posteriormente, o art. 8º da Lei nº 12.010/2009, que veio a disciplinar a adoção, revogou expressamente os §§ 1º a 3º do art. 392-A da CLT. A revogação expressa desses dispositivos autoriza entendimento no sentido de ser aplicável, em geral, o prazo de 120 (cento e vinte) dias previsto no art. 392 da CLT, nesses casos de adoção ou guarda judicial, independentemente da idade da criança.

Por fim, nos termos do art. 392-A, § 4º, da CLT, a licença-maternidade só será concedida mediante apresentação do termo judicial de guarda à adotante ou guardiã.

Gabarito: B

229. **(X Concurso do Ministério Público do Trabalho) Leia com atenção as assertivas abaixo e assinale a alternativa CORRETA.**

Tendo-se em conta as normas de proteção ao trabalho da mulher, é vedado:

I. Publicar ou fazer publicar anúncio de emprego no qual haja referência ao sexo, à idade, à cor ou situação familiar, salvo quando a natureza da atividade a ser exercida, pública e notoriamente, assim o exigir.

II. Exigir atestado ou exame, de qualquer natureza, para comprovação de esterilidade ou gravidez, na admissão ou permanência no emprego, salvo quando a natureza da atividade a ser exercida, pública e notoriamente, assim o recomendar.

III. Proceder o empregador ou preposto a revistas íntimas nas empregadas ou funcionárias.

IV. Recusar emprego, promoção ou motivar a dispensa do trabalho em razão de sexo, idade, cor, situação familiar ou estado de gravidez, salvo quando a natureza da atividade seja notória e publicamente incompatível.

a) todas as assertivas estão corretas;
b) apenas a I e a IV estão corretas;
c) a assertiva II está incorreta;
d) todas as assertivas estão incorretas;
e) apenas as assertivas I e IV estão corretas.
f) não sei.

Comentários:

I – Correta.

Art. 373-A, inciso I, da CLT: *"Publicar ou fazer publicar anúncio de emprego no qual haja referência ao sexo, à idade, à cor ou situação familiar, salvo quando a natureza da atividade a ser exercida, pública e notoriamente, assim o exigir."*

II – Incorreta.

Art. 373-A, inciso IV, da CLT: *"Exigir atestado ou exame, de qualquer natureza, para comprovação de esterilidade ou gravidez, na admissão ou permanência no emprego."*

III – Correta.

Art. 373-A, inciso VI, da CLT: *"Proceder o empregador ou preposto a revistas íntimas nas empregadas ou funcionárias."*

IV – Correta.

Art. 373-A, inciso II, da CLT: *"Recusar emprego, promoção ou motivar a dispensa do trabalho em razão de sexo, idade, cor, situação familiar ou estado de gravidez, salvo quando a natureza da atividade seja notória e publicamente incompatível."*

Gabarito: C

230. **(XI Concurso do Ministério Público do Trabalho) Quanto às normas de tutela do trabalhador, é CORRETO afirmar.**
   a) A adoção de medidas de proteção ao trabalho das mulheres é considerada de ordem pública, não justificando, em nenhuma hipótese, a redução do salário.
   b) O empregado estudante de qualquer idade terá direito a gozar férias sempre que tiver férias escolares.
   c) As férias poderão ser fracionadas em dois períodos, desde que um deles coincida com as férias escolares dos filhos do empregado e tenha duração mínima de 10 (dez) dias.
   d) A lei não impede o empregador de proceder a revistas íntimas nas empregadas.
   e) Não respondida.

Comentários:

a) Correta.

Art. 377 da CLT: *"A adoção de medidas de proteção ao trabalho das mulheres é considerada de ordem pública, não justificando, em hipótese alguma, a redução de salário."*

b) Incorreta.

Art. 136, § 2º, da CLT: *"O empregado estudante, menor de 18 (dezoito) anos, terá direito a fazer coincidir suas férias com as férias escolares."*

c) Incorreta.

Art. 134, § 1º, da CLT: *"Somente em casos excepcionais serão as férias concedidas em dois períodos, um dos quais não poderá ser inferior a 10 (dez) dias corridos."*

d) Incorreta.

O art. 373-A, inciso VI, da CLT, acrescentado pela Lei nº 9.799/1999, veda expressamente que o empregador ou preposto proceda a revistas íntimas nas empregadas ou funcionárias.

Gabarito: A

Capítulo

18

Comissões de Conciliação Prévia

• • •

231. (Esaf– TRT/CE – Analista Judiciário – 2003) Sobre as Comissões de Conciliação Prévia (CCPs), e de acordo com a previsão legal, assinale a opção INCORRETA.
   a) Quando existir CCP no âmbito de categorias profissional e econômica equivalentes, o ajuizamento de qualquer ação trabalhista ficará condicionado à prévia submissão do conflito à mediação extrajudicial.
   b) As transações celebradas perante as CCPs valem como títulos executivos extrajudiciais na Justiça do Trabalho.
   c) Enquanto não implantada a CCP, pode o Estado, mediante requerimento dos sindicatos profissional e patronal correspondentes, designar as Delegacias Regionais do Trabalho para a mediação extrajudicial dos conflitos individuais de trabalho.
   d) Os conflitos coletivos de trabalho não estão submetidos à mediação perante as CCPs.
   e) As CCPs apenas podem ser criadas por negociação coletiva.

Comentários:
a) Correta.

Art. 625-D, *caput*, da CLT: *"Qualquer demanda de natureza trabalhista será submetida à Comissão de Conciliação Prévia se, na localidade da prestação de serviços, houver sido instituída a Comissão no âmbito da empresa ou do sindicato da categoria."*

O E. Supremo Tribunal Federal (ADI 2.139-7 MC/DF, Pleno, Relator Min. Marco Aurélio, julgado em 13/05/2009 deferiu liminar em sede de Ação Direta de Inconstitucionalidade, emprestando às regras do art. 625-D da CLT interpretação conforme à Constituição Federal, assegurando, sob o ângulo dos dissídios individuais de trabalho, o livre acesso ao Judiciário, não se encerrando como obrigatória a fase administrativa.

b) Correta.

Art. 625-E, parágrafo único, da CLT: *"O termo de conciliação é título executivo extrajudicial e terá eficácia liberatória geral, exceto quanto às parcelas expressamente ressalvadas."*

c) Incorreta.

Não há previsão legal neste sentido.

d) Correta.
Art. 625-A, *caput*, da CLT: "*As empresas e os sindicatos podem instituir Comissões de Conciliação Prévia, de composição paritária, com representante dos empregados e dos empregadores, com a atribuição de tentar conciliar **os conflitos individuais do trabalho**.*"

e) Correta.
Art. 625-A, parágrafo único, da CLT: "*As Comissões referidas no* caput *deste artigo poderão ser constituídas **por grupos de empresas ou ter caráter intersindical**.*"
Art. 625-C da CLT: "*A Comissão instituída no âmbito do sindicato terá sua constituição e normas de funcionamento definidas em convenção ou Acordo Coletivo.*"
Gabarito: C

232. (FCC – TRT/SE – Analista Judiciário – 2002) Uma empregada submeteu demanda de natureza trabalhista à Comissão de Conciliação Prévia, resultando termo de conciliação que não foi cumprido pela empresa. Nesse caso, a empregada deverá:
   a) dar início à execução por meio de ação monitória, tendo em vista a existência de prova escrita, consubstanciada no termo de conciliação;
   b) dar início à execução na forma prevista no art. 876 da CLT, tendo em vista a existência de título executivo extraconjugal;
   c) apresentar recurso perante tal Comissão;
   d) ajuizar reclamação trabalhista, tendo em vista que essa Comissão não é órgão do Poder Judiciário;
   e) ajuizar ação anulatória do termo de conciliação para, posteriormente, ingressar com reclamação trabalhista.

Comentários:
O termo de conciliação celebrado em Comissão de Conciliação Prévia tem natureza de título executivo extrajudicial, nos termos do art. 625-E, parágrafo único, da CLT, devendo ser executado na Justiça do Trabalho, por força do art. 876, *caput*, da CLT.
É competente para a execução de título executivo extrajudicial o juiz que teria competência para o processo de conhecimento relativo à matéria (art. 877-A da CLT).
Gabarito: A

233. (Fundec – TRT/BA – Analista Judiciário – 2003) O mandato dos membros da Comissão de Conciliação Prévia instituída no âmbito da empresa é de:
   a) 1 ano sem recondução;
   b) 1 ano, permitida uma recondução;
   c) 1 ano, permitidas duas reconduções;
   d) 2 anos sem recondução;
   e) 2 anos, permitida uma recondução.

Comentários:
Conforme dispõe o art. 625-B, *caput*, inciso III, da CLT: "*A Comissão instituída no âmbito da empresa será composta de, no mínimo, dois e, no máximo, dez membros, e observará as seguintes normas: (...) III – o mandato dos seus membros, titulares e suplentes, é de um ano, permitida uma recondução.*"
Gabarito: B

Capítulo

19

Prescrição no Direito do Trabalho

• • •

234. (NCE/UFRJ – TRT/ES – Analista Judiciário – 1999) O direito de ação quanto a créditos resultantes das relações de trabalho prescreve em:
   a) 2 anos para o trabalhador urbano, após a extinção do contrato;
   b) 5 anos para o trabalhador urbano, até o limite de 2 anos após a extinção do contrato;
   c) 5 anos para o trabalhador urbano, após a extinção do contrato;
   d) 5 anos para o trabalhador urbano, até o limite de 5 anos após a extinção do contrato;
   e) 5 anos para o trabalhador urbano, além do limite de 2 anos após a extinção do contrato.

Comentários:

O art. 7º, inciso XXIX, da CF/1988 assegura aos trabalhadores urbanos e rurais o direito de ação, quanto aos créditos resultantes das relações de trabalho, com prazo prescricional de 5 anos para os trabalhadores urbanos e rurais, até o limite de 2 anos após a extinção do contrato de trabalho.

A partir da Emenda Constitucional nº 28/2000, que alterou a redação do art. 7º, inciso XXIX, da Constituição da República, foram unificados os prazos prescricionais dos trabalhadores urbanos e rurais. Antes da sobredita Emenda, ao rurícola somente se aplicava a prescrição bienal, a contar da extinção do contrato de trabalho.

Gabarito: B

235. (NCE/UFRJ – TRT/PR – Analista Judiciário – 1998) O prazo prescricional do trabalhador rural para reclamar direitos trabalhistas é:
   a) inexistente no curso do contrato de trabalho, desde que o empregado ajuíze a ação em até 2 anos, no caso de ruptura da relação laboral;
   b) de 5 anos, desde que o empregado ajuíze a ação em até 2 anos, no caso de ruptura da relação laboral;
   c) de 2 anos, desde que o empregado ajuíze a ação em igual prazo, no caso de ruptura da relação laboral;
   d) de 5 anos, podendo o empregado utilizar-se deste mesmo prazo para ajuizar a ação, em caso de ruptura da relação laboral;
   e) de 10 anos, desde que o empregado ajuíze a ação em até 5 anos, no caso de ruptura da relação laboral.

Comentários:

Esta questão foi elaborada em data anterior à publicação da Emenda Constitucional nº 28/2000, que unificou os prazos de prescrição dos trabalhadores urbanos e rurais. Antes desta Emenda, ao rurícola somente se aplicava a prescrição bienal, não havendo prescrição no curso do contrato de trabalho.

Atualmente, aos trabalhadores urbanos e rurais é assegurado o exercício do direito de ação, quanto aos créditos resultantes das relações de trabalho, com prazo prescricional de 5 anos para os trabalhadores urbanos e rurais, até o limite de 2 anos após a extinção do contrato de trabalho, nos termos do art. 7º, inciso XXIX, da Constituição da República.

Gabarito: A

236. (FCC – TRT/RJ – Analista Judiciário – 2003) A prescrição do direito do empregado reclamar contra o não recolhimento da contribuição para o Fundo de Garantia do Tempo de Serviço é:
   a) bienal;
   b) quinquenal;
   c) trintenária;
   d) inexistente;
   e) vintenária.

Comentários:

De acordo com o entendimento consubstanciado na Súmula nº 362 do C. TST, é trintenária a prescrição do direito de reclamar contra o não recolhimento da contribuição para o FGTS, observado o prazo de 2 (dois) anos após o término do contrato de trabalho.

Gabarito: C

237. (Concurso da Magistratura – TRT/RJ – 2004) Em consonância com a jurisprudência uniformizada do Tribunal Superior do Trabalho, a prescrição do direito de reclamar contra o não recolhimento da contribuição para o FGTS:
   a) é bienal, dada a natureza da prestação, fluindo o prazo da lesão ao direito do empregado verificada pela primeira inadimplência;
   b) é quinquenal, observado o prazo de 2 (dois) anos após o término do contrato de trabalho;
   c) é quinquenal, fluindo o prazo da lesão ao direito do empregado verificada pela primeira inadimplência;
   d) é decenal, nos termos do art. 205, do Código Civil, aplicado subsidiariamente com base no art. 769, da CLT, observado o prazo de 2 (dois) anos após o término do contrato de trabalho;
   e) é trintenária, observado o prazo de 2 (dois) anos após o término do contrato de trabalho.

Comentários:

Súmula nº 362 do C. TST: "É trintenária a prescrição do direito de reclamar contra o não recolhimento da contribuição para o FGTS, observado o prazo de 2 (dois) anos após o término do contrato de trabalho."

Gabarito: E

238. (II Concurso da Magistratura – TRT/RJ – 2004) Conforme entendimento predominante do TST, cristalizado através de súmula:

a) a ação trabalhista, ainda que arquivada, interrompe a prescrição somente em relação aos pedidos idênticos;

b) a prescrição do direito de reclamar contra o não recolhimento da contribuição para o FGTS incidente sobre parcelas pagas no curso do contrato é quinquenal, observado o prazo de 2 anos após o término do contrato de trabalho;

c) tratando-se de pedido de diferença de complementação de aposentadoria oriunda de norma regulamentar, a prescrição aplicável é a total, começando a fluir o biênio prescricional a partir da aposentadoria;

d) a prescrição, por sua natureza de ordem pública, pode ser alegada em qualquer instância ou grau de jurisdição, devendo sempre ser conhecida pelos órgãos do Poder Judiciário;

e) a prescrição da pretensão relativa às parcelas remuneratórias não alcança o respectivo recolhimento da contribuição para o FGTS.

Comentários:

a) Correta.

Literalidade da Súmula nº 268 do C. TST.

b) Incorreta.

Súmula nº 362 do C. TST: "É trintenária a prescrição do direito de reclamar contra o não recolhimento da contribuição para o FGTS, observado o prazo de 2 (dois) anos após o término do contrato de trabalho."

c) Incorreta.

Súmula nº 327 do C. TST: "Tratando-se de pedido de diferença de complementação de aposentadoria oriunda de norma regulamentar, a prescrição aplicável é a parcial, não atingindo o direito de ação, mas, tão somente, as parcelas anteriores ao quinquênio."

d) Incorreta.

Súmula nº 153 do C. TST: "Não se conhece de prescrição não arguida na instância ordinária. Ex-prejulgado nº 27."

e) Incorreta.

Súmula nº 206 do C. TST: "A prescrição da pretensão relativa às parcelas remuneratórias alcança o respectivo recolhimento da contribuição para o FGTS."

Gabarito: A

239. (XIX Concurso da Magistratura – TRT/PR) Com relação à prescrição é correto afirmar:

a) sendo o empregado trabalhador urbano e tendo sido registrado em períodos diversos, caracterizada a unicidade contratual, a prescrição é contada ao término de cada período

trabalhado, mormente quando consumada após o interregno de dois anos entre um contrato e outro;
b) a extinção do processo sem julgamento do mérito, decorrente do não comparecimento da parte autora em audiência, interrompe a prescrição em relação a quaisquer direitos, inclusive aos não pedidos na demanda trabalhista anterior;
c) não corre o prazo de prescrição para os sucessores maiores de trabalhador menor falecido;
d) não corre prescrição nas ações que tenham por objeto as anotações na CTPS para fins de prova junto à Previdência Social;
e) o prazo de prescrição relativo às férias começa a fluir com o decurso do período aquisitivo.

Comentários:
a) Incorreta.
Súmula nº 156 do C. TST: "*Da extinção do último contrato começa a fluir o prazo prescricional do direito de ação em que se objetiva a soma de períodos descontínuos de trabalho. Ex-prejulgado nº 31.*"

b) Incorreta.
Súmula nº 268 do C. TST: "*A ação trabalhista, ainda que arquivada, interrompe a prescrição somente em relação aos pedidos idênticos.*"

c) Incorreta.
Art. 440 da CLT: "*Contra os menores de 18 anos não corre nenhum prazo prescricional.*"
Dessa forma, somente com relação aos menores é que não corre o prazo prescricional, não alcançando seus sucessores maiores.

d) Correta.
A pretensão meramente declaratória é imprescritível.
Art. 11, § 1º, da CLT: "*O disposto neste artigo não se aplica às ações que tenham por objeto anotações para fins de prova junto à Previdência Social.*"
Cancelamento da Súmula nº 64 do C. TST ("A prescrição para reclamar contra anotação de carteira profissional, ou omissão desta, flui da data de cessação do contrato de trabalho.")

e) Incorreta.
Art. 149 da CLT: "*A prescrição do direito de reclamar a concessão das férias ou o pagamento da respectiva remuneração é contada do término do prazo mencionado no art. 134 ou, se for o caso, da cessação do contrato de trabalho.*"
O prazo de prescrição relativo às férias começa a fluir com o decurso do período concessivo ou de gozo ou, se for o caso, com a extinção do contrato de trabalho.

Gabarito: D

240. (Concurso da Magistratura – TRT/RJ – 2004) Em consonância com a jurisprudência uniformizada do Tribunal Superior do Trabalho:
   a) a ação trabalhista, ainda que arquivada, suspende a prescrição em relação a qualquer objeto;
   b) a ação trabalhista, ainda que arquivada, suspende a prescrição somente em relação aos pedidos idênticos;
   c) a ação trabalhista, ainda que arquivada, interrompe a prescrição em relação a qualquer objeto;
   d) a ação trabalhista, ainda que arquivada, interrompe a prescrição somente em relação aos pedidos idênticos;
   e) a ação trabalhista, ainda que arquivada, não provoca o mesmo efeito do protesto com relação ao prazo prescricional, em nenhuma hipótese.

Comentários:

Segundo a jurisprudência uniformizada na Súmula nº 268 do C. TST: "A ação trabalhista, ainda que arquivada, interrompe a prescrição somente em relação aos pedidos idênticos."

Gabarito: D

241. (XI Concurso do Ministério Público do Trabalho) No que tange à prescrição trabalhista, é CORRETO afirmar:
   a) a Constituição da República assegura, expressamente, aos empregados domésticos, o direito de ação, quanto aos créditos trabalhistas, com prazo prescricional de 5 anos, até o limite de 2 anos após a extinção do contrato de trabalho;
   b) a CLT possui regra expressa prevendo que contra o trabalhador com idade inferior a 18 anos não corre nenhum prazo de prescrição;
   c) os prazos da prescrição trabalhista não se interrompem;
   d) a Constituição Federal autoriza a contagem do prazo prescricional de 2 anos, no curso do contrato de trabalho, quanto a eventual direito oriundo de alteração de condição essencial por ato unilateral do empregador;
   e) não respondida.

Comentários:

a) Incorreta.

O art. 7º, alínea *a*, da CLT exclui os empregados domésticos do âmbito de suas normas protetivas. A Lei nº 5.859/1972 é que disciplina o trabalho doméstico.

A norma prevista no parágrafo único do art. 7º da CF/1988 não se reporta ao inciso XXIX, que trata da prescrição trabalhista, estendendo à categoria dos trabalhadores domésticos os seguintes direitos: salário mínimo (IV), irredutibilidade do salário (VI), décimo terceiro salário (VIII), repouso semanal remunerado (XV), férias anuais acrescidas do terço constitucional (XVII), licença à gestante (XVIII), licença-paternidade (XIX), aviso prévio (XXI) e aposentadoria (XXIV), além da integração à Previdência Social.

No entanto, a iterativa jurisprudência do C. TST vem adotando entendimento no sentido de que o prazo prescricional de 5 anos até o limite de 2 anos após a extinção do contrato de trabalho é critério geral, dirigido a todos os trabalhadores urbanos e rurais, inexistindo exceção expressa quanto aos trabalhadores domésticos. Até porque a prescrição não se trata de direito, mas de inexigibilidade de um Direito Subjetivo violado. Daí a razão de não ter sido citado na norma do parágrafo único do art. 7º da Carta Magna.

b) Correta.

Art. 440 da CLT: *"Contra os menores de 18 (dezoito) anos não corre nenhum prazo de prescrição."*

c) Incorreta.

Os prazos da prescrição trabalhista se interrompem. Diante da omissão da CLT acerca da matéria, deve ser aplicado, nos termos do parágrafo único do art. 8º do diploma consolidado, o art. 202 e incisos do Código Civil vigente.

Conforme preceitua o art. 202, *caput*, do Código Civil, a interrupção da prescrição somente poderá ocorrer uma única vez.

Súmula nº 268 do C. TST: "A ação trabalhista, ainda que arquivada, interrompe a prescrição somente em relação aos pedidos idênticos."

d) Incorreta.

No curso do contrato de trabalho, a prescrição é quinquenal, nos termos do art. 7º, inciso XXIX, da CF/1988. Por sua vez, a prescrição bienal opera-se a partir da extinção do referido contrato.

Por sua vez, em conformidade com o posicionamento contido na Súmula nº 294 do C. TST, em se tratando de ação que envolva pedido de prestações sucessivas decorrente de alteração do pactuado, a prescrição é total, exceto quando o direito à parcela esteja também assegurado por preceito de lei.

Gabarito: B

Capítulo

20

Direito Coletivo do Trabalho

● ● ●

242. (Esaf– TRT/CE – Analista Judiciário – 2003) A propósito das convenções coletivas de trabalho, assinale a opção INCORRETA.
   a) As convenções coletivas de trabalho constituem acordos de caráter normativo firmado por dois ou mais sindicatos representativos de categorias econômicas e profissionais, que objetivam a introdução de condições de trabalho que serão aplicáveis, no âmbito de suas representações, às relações individuais de trabalho.
   b) As convenções coletivas de trabalho aplicam-se a todos os empregados alcançados pelo âmbito de representação das entidades signatárias, independentemente da condição de sindicalizados.
   c) As disposições das convenções coletivas de trabalho celebradas por sindicatos representativos de categorias diferenciadas apenas são aplicáveis aos contratos de trabalho quando as empresas estiveram representadas na negociação por órgão de classe de sua categoria.
   d) As federações profissionais apenas podem firmar convenções coletivas de trabalho quando restar frustrada a iniciativa nesse sentido por parte do sindicato profissional competente.
   e) De acordo com a legislação em vigor, as convenções coletivas de trabalho devem ser depositadas perante as Delegacias Regionais do Trabalho, no prazo de oito dias de sua celebração, apenas produzindo efeitos a partir de três dias da data desse depósito.

Comentários:
a) Correta.
   Art. 611, *caput*, da CLT: "*Convenção Coletiva de Trabalho é o acordo de caráter normativo, pelo qual dois ou mais Sindicatos representativos de categorias econômicas e profissionais estipulam condições de trabalho aplicáveis, no âmbito das respectivas representações, às relações individuais de trabalho.*"

b) Correta.
   Com fundamento no próprio conceito previsto no art. 611, *caput*, da CLT, verifica-se que a Convenção Coletiva de Trabalho é o acordo normativo que disciplina as relações

individuais de trabalho dos integrantes das respectivas categorias profissionais e econômicas envolvidas, independentemente da condição de filiados, respeitadas as respectivas bases de representação sindical.

c) Correta.

Nos termos da Súmula nº 374 do C. TST: "Empregado integrante de categoria profissional diferenciada não tem o direito de haver de seu empregador vantagens previstas em instrumento coletivo no qual a empresa não foi representada por órgão de classe de sua categoria."

d) Incorreta.

Segundo a norma prevista no art. 611, § 2º, da CLT, as Federações e, na falta destas, as Confederações representativas de categorias econômicas ou profissionais poderão celebrar convenções coletivas de trabalho para reger as relações das categorias a elas vinculadas, **inorganizadas em sindicatos**, no âmbito de suas representações.

e) Correta.

Art. 614, *caput*, da CLT:

> Os Sindicatos convenentes ou as empresas acordantes promoverão, conjunta ou separadamente, dentro de 8 (oito) dias da assinatura da Convenção ou Acordo, o depósito de uma via do mesmo, para fins de registro e arquivo, no Departamento Nacional do Trabalho, em se tratando de instrumento de caráter nacional ou interestadual, ou nos órgãos regionais do Ministério do Trabalho e Previdência Social, nos demais casos.

Art. 614, § 1º, da CLT: "*As Convenções e os Acordos entrarão em vigor 3 (três) dias após a data da entrega dos mesmos no órgão referido neste artigo.*"

Gabarito: D

243. (FCC – TRT/RN – Analista Judiciário – 2003) A Convenção Coletiva de Trabalho é aplicada:
   a) às relações individuais de trabalho no âmbito da representação dos sindicatos convenentes;
   b) a todos os trabalhadores e empregadores localizados na base territorial dos sindicatos convenentes;
   c) apenas aos trabalhadores sindicalizados, membros da categoria profissional representada pelo sindicato obreiro;
   d) aos empregadores de categoria econômica que inclua trabalhadores representados pelo sindicato convenente obreiro, ainda que o sindicato representante desses empregadores não tenha celebrado a Convenção;
   e) aos trabalhadores membros de associação não sindical que tenham sido por esta representados na Convenção.

Comentários:

Consoante a disposição contida no art. 611, *caput*, da CLT, Convenção Coletiva de Trabalho é o acordo de caráter normativo, pelo qual dois ou mais sindicatos representativos de categorias econômicas e profissionais estipulam condições de trabalho aplicáveis, no âmbito das respectivas representações, às relações individuais de trabalho.

Logo, esse instrumento normativo (fonte formal autônoma) deve ser aplicado às relações individuais de trabalho no âmbito da representação dos sindicatos convenentes, independentemente de filiação ao ente de classe.

Gabarito: A

244. (X Concurso do Ministério Público do Trabalho) Leia atentamente as assertivas abaixo e assinale a alternativa CORRETA.

I. A Convenção Coletiva de Trabalho é acordo de caráter normativo pelo qual dois ou mais sindicatos representativos de categorias econômicas e profissionais estipulam condições de trabalho, aplicáveis no âmbito das respectivas representações, às relações individuais de trabalho.

II. As convenções e os acordos coletivos entrarão em vigor 3 (três) dias após a data da entrega dos mesmos no órgão regional do Ministério do Trabalho e Emprego.

III. Não é permitido estipular duração de Convenção ou Acordo Coletivo superior a 2 (dois) anos.

IV. Havendo convenção, acordo ou sentença normativa em vigor, o dissídio coletivo deverá ser instaurado dentro dos 60 dias anteriores ao respectivo termo final, para que o novo instrumento possa ter vigência no dia imediato a esse termo.

a) todas as assertivas estão corretas;
b) a assertiva III está incorreta;
c) apenas as assertivas I e II estão corretas;
d) nenhuma das assertivas está correta;
e) à exceção da assertiva IV, as demais estão incorretas;
f) não sei.

Comentários:

I – Correta.

Art. 611, *caput*, da CLT: *"Convenção Coletiva de Trabalho é o acordo de caráter normativo, pelo qual dois ou mais Sindicatos representativos de categorias econômicas e profissionais estipulam condições de trabalho aplicáveis, no âmbito das respectivas representações, às relações individuais de trabalho."*

II – Correta.

Art. 614, § 1º, da CLT: *"As Convenções e os Acordos entrarão em vigor 3 (três) dias após a data da entrega dos mesmos no órgão referido neste artigo."*

III – Correta.

Art. 614, § 3º, da CLT: *"Não será permitido estipular duração de Convenção ou Acordo superior a 2 (dois) anos."*

IV – Correta.

Art. 616, § 3º, da CLT: *"Havendo convenção, acordo ou sentença normativa em vigor, o dissídio coletivo deverá ser instaurado dentro dos 60 (sessenta) dias anteriores ao respectivo termo final, para que o novo instrumento possa ter vigência no dia imediato a esse termo."*

Gabarito: A

245. (FCC – TRT/MS – Analista Judiciário – 2004) Em matéria de Direitos Sociais relativos aos trabalhadores é incorreto afirmar que:
   a) muitos dos direitos reconhecidos aos trabalhadores poderão ser alterados por convenção ou Acordo Coletivo de Trabalho;
   b) a Constituição Federal confere garantia absoluta do emprego a exemplo do seguro-desemprego e do FGTS;
   c) o salário é irredutível, entretanto, nada impede que ele seja reduzido por convenção ou Acordo Coletivo de Trabalho;
   d) admite-se jornada de 6 horas para o trabalho realizado em regime de turnos ininterruptos de revezamento, salvo negociação coletiva;
   e) a participação na gestão das empresas não chegaria a ser a cogestão.

Comentários:

a) Correta.

O Texto Constitucional assegura a flexibilização moderada de direitos trabalhistas, nos seguintes termos:

Art. 7º, inciso VI, da CF/1988: *"Irredutibilidade do salário, salvo o disposto em Convenção ou Acordo Coletivo."*

Art. 7º, inciso XIII, da CF/1988: *"Duração do trabalho normal não superior a oito horas diárias e quarenta e quatro semanais, facultada a compensação de horários e a redução da jornada, mediante Acordo ou Convenção Coletiva de Trabalho."*

Art. 7º, inciso XIV, da CF/1988: *"Jornada de seis horas para o trabalho realizado em turnos ininterruptos de revezamento, salvo negociação coletiva."*

A irredutibilidade do salário, a compensação de horários e a redução da jornada de trabalho e a ampliação da jornada de 6 horas do trabalho realizado em turnos ininterruptos de revezamento podem ser objeto de negociação coletiva.

Em aplicação ao princípio da adequação setorial negociada, apenas os direitos de indisponibilidade relativa, seja pela própria natureza ou por permissivo normativo, podem ser objeto de transação setorial negociada pelo sindicato (acordo e convenção coletivos de trabalho). Ao contrário, os direitos de indisponibilidade absoluta são infensos à negociação coletiva (como exemplo, as normas de saúde e segurança do trabalho).

b) Incorreta.

A Constituição da República não confere garantia absoluta de emprego, prevendo tão somente alguns direitos a serem respeitados, na hipótese de ruptura da relação de emprego, como o aviso prévio, seguro-desemprego e a indenização compensatória de 40% sobre os depósitos do FGTS.

O art. 7º, inciso I, do Texto Constitucional assegura a relação de emprego protegida contra despedida arbitrária ou sem justa causa, nos termos de lei complementar, que preverá indenização compensatória, dentre outros direitos.

c) Correta.

O art. 7º, inciso VI, da CF/1988 assegura a irredutibilidade do salário, salvo o disposto em Convenção ou Acordo Coletivo.

O que é irredutível é o valor nominal do salário, não alcançando o seu valor real.

d) Correta.

O art. 7º, inciso XIV, da CF/1988 estabelece a jornada de 6 horas para o trabalho realizado em turnos ininterruptos de revezamento, salvo negociação coletiva.

e) Correta.

O art. 7º, inciso XI, da CF/1988 dispõe ser direito dos trabalhadores urbanos e rurais a participação nos lucros, ou resultados, desvinculada da remuneração, e, excepcionalmente, participação na gestão da empresa, conforme definido em lei.

Gabarito: B

246. (Fundec – TRT/BA – Analista Judiciário – 2003) O prazo para que o sindicato assuma a negociação com vista à celebração de Acordo Coletivo desejado pelos trabalhadores é:
  a) 5 dias úteis;
  b) 7 dias;
  c) 8 dias;
  d) 9 dias;
  e) 10 dias úteis.

Comentários:

De acordo com a regra do art. 617, *caput*, da CLT, os empregados de uma ou mais empresas que decidirem celebrar Acordo Coletivo de Trabalho com as respectivas empresas darão ciência de sua resolução, por escrito, ao sindicato representativo da categoria profissional, que terá o prazo de 8 (oito) dias para assumir a direção dos entendimentos entre os interessados, devendo igual procedimento ser observado pelas empresas interessadas com relação ao sindicato da respectiva categoria econômica.

Gabarito: C

247. (V Concurso da Magistratura – TRT/SE) Quanto ao direito de greve no setor privado, pode-se afirmar que:

I. Em hipótese alguma é permitido ao empregador, durante a greve, rescindir contratos de empregados que aderirem ao movimento paredista ou mesmo contratar pessoal para substituir os grevistas.

II. Podem os trabalhadores, uma vez deflagrada a greve, realizar manifestações e atos de persuasão, impedindo, inclusive, o acesso ao trabalho, sem o que o movimento seria esvaziado e perderia força, mas é terminantemente vedada a prática de atos que causem ameaça ou dano à propriedade ou pessoa.

III. A ocorrência de greve durante a vigência de acordo, convenção ou sentença normativa da Justiça do Trabalho implica abuso de direito, ressalvando-se, apenas, aquela tendente a exigir o cumprimento de cláusula ou condição.

IV. O *lockout* é permitido desde quando exercido nos limites e condições estabelecidos para o direito de greve.

Marque:
a) todas as proposições são corretas;
b) todas as proposições são incorreta;
c) apenas a proposição II é correta;
d) apenas as proposições II e III são corretas;
e) as proposições I, II e III são corretas e a proposição IV, incorreta.

Comentários:
I – Incorreta.

Nos termos do art. 7º, parágrafo único, da Lei nº 7.783/1989, é vedada a rescisão de contrato de trabalho durante a greve, bem como a contratação de trabalhadores substitutos, exceto na ocorrência das hipóteses previstas nos arts. 9º e 14.

O art. 9º, *caput*, da Lei nº 7.783/1989 dispõe que, durante a greve, o sindicato ou a comissão de negociação, mediante acordo com a entidade patronal ou diretamente com o empregador, manterá em atividade equipes de empregados com o propósito de assegurar os serviços cuja paralisação resulte em prejuízo irreparável, pela deterioração irreversível de bens, máquinas e equipamentos, bem como a manutenção daqueles essenciais à retomada das atividades da empresa quando da cessação do movimento.

Não havendo acordo, é assegurado ao empregador, enquanto perdurar a greve, o direito de contratar diretamente os serviços necessários a que se refere este artigo (Lei nº 7.783/1989, art. 9º, parágrafo único).

Por sua vez, a norma do art. 14, *caput*, da Lei nº 7.783/1989 aduz que constitui abuso do direito de greve a inobservância das normas contidas na referida lei, bem como a manutenção da paralisação após a celebração de acordo, convenção ou decisão da Justiça do Trabalho.

II – Incorreta.

Preconiza o art. 6º, § 3º, da Lei nº 7.783/1989: "*As manifestações e atos de persuasão utilizados pelos grevistas não poderão impedir o acesso ao trabalho nem causar ameaça ou dano à propriedade ou pessoa.*"

III – Incorreta.

O art. 14, *caput*, da Lei nº 7.783/1989 afirma que constitui abuso do direito de greve a manutenção da paralisação após a celebração de acordo, convenção ou decisão da Justiça do Trabalho.

Todavia, o parágrafo único deste mesmo artigo, em seus incisos I e II, dispõe que não constitui abuso o exercício do direito de greve e paralisação que tenha por objetivo exigir o cumprimento de cláusula ou condição, assim como o que seja motivado pela superveniência de fato novo ou acontecimento imprevisto que modifique substancialmente a relação de trabalho.

IV – Incorreta.

O art. 17, *caput*, da Lei nº 7.783/1989 veda a paralisação das atividades, por iniciativa do empregador, com o objetivo de frustrar negociação ou dificultar o atendimento de reivindicações dos respectivos empregados (*lockout*).

Gabarito: B

248. (Cespe/UnB – TRT/RJ – Analista Judiciário – 2008) Acerca da Lei de Greve, assinale a opção CORRETA.
a) A Lei de Greve permite o *lockout*, desde que o direito à percepção dos salários durante o período de paralisação seja assegurado aos trabalhadores.
b) Observadas as condições previstas na legislação, a participação em greve interrompe o contrato de trabalho, devendo as relações obrigacionais, durante o período, ser regidas pelo acordo, convenção, laudo arbitral ou decisão da Justiça do Trabalho.
c) Na greve, em serviços ou atividades essenciais, ficam as entidades sindicais ou os trabalhadores, conforme o caso, obrigados a comunicar a decisão aos empregadores e aos usuários com antecedência mínima de 48 horas da paralisação.
d) Constitui abuso do direito de greve a manutenção da paralisação após a celebração de acordo, convenção ou decisão da Justiça do Trabalho.
e) A Lei de Greve considera como serviço ou atividade essencial o ensino e a pesquisa.

Comentários:
a) Incorreta.

Art. 17, *caput*, da Lei nº 7.783/1989: *"Fica vedada a paralisação das atividades, por iniciativa do empregador, com o objetivo de frustrar negociação ou dificultar o atendimento de reivindicações dos respectivos empregados (lockout)."*

b) Incorreta.

Art. 7º, *caput*, da Lei nº 7.783/1989: *"Observadas as condições previstas nesta Lei, a participação em greve suspende o contrato de trabalho, devendo as relações obrigacionais, durante o período, ser regidas pelo acordo, convenção, laudo arbitral ou decisão da Justiça do Trabalho."*

c) Incorreta.

Art. 13 da Lei nº 7.783/1989: *"Na greve em serviços ou atividades essenciais, ficam as entidades sindicais ou os trabalhadores, conforme o caso, obrigados a comunicar a decisão* aos empregadores e aos usuários com antecedência mínima de 72 (setenta e duas) horas da paralisação."

d) Correta.

Art. 14, *caput*, da Lei nº 7.783/1989: "*Constitui abuso do direito de greve a inobservância das normas contidas na presente Lei, bem como a manutenção da paralisação após a celebração de acordo, convenção ou decisão da Justiça do Trabalho.*"

e) Incorreta.

Art. 10, *caput*, incisos I a XI, da CLT:

São considerados serviços ou atividades essenciais:

I – tratamento e abastecimento de água; produção e distribuição de energia elétrica, gás e combustíveis;

II – assistência médica e hospitalar;

III – distribuição e comercialização de medicamentos e alimentos;

IV – funerários;

V – transporte coletivo;

VI – captação e tratamento de esgoto e lixo;

VII – telecomunicações;

VIII – guarda, uso e controle de substâncias radioativas, equipamentos e materiais nucleares;

IX – processamento de dados ligados a serviços essenciais;

X – controle de tráfego aéreo; e

XI – compensação bancária.

Gabarito: D

249. **(V Concurso da Magistratura – TRT/SE) Nos termos da Lei nº 7.783/1989, a greve em serviços essenciais deve ser comunicada pelos trabalhadores e entidades sindicais aos empregadores e usuários, com antecedência mínima de 72 (setenta e duas) horas do início da paralisação, sendo obrigação dos empregadores, dos sindicatos e dos empregados a manutenção dos serviços indispensáveis ao atendimento das necessidades inadiáveis da comunidade, estando, entre os serviços ou atividades essenciais, além de outros, os de compensação bancária, telecomunicações e processamento de dados.**

Marque:
a) A proposição acima é incorreta, porque a compensação bancária não é considerada atividade ou serviço essencial.
b) A proposição acima é incorreta, porque, uma vez que o empregador não faz a greve, a obrigação de manter os serviços essenciais não é atribuída também a ele.
c) A proposição acima é incorreta, porque os trabalhadores e sindicatos têm a obrigação de comunicar aos empregadores e usuários, com 72 (setenta e duas) horas de antecedência, a realização da assembleia geral convocada para deliberar sobre o movimento paredista e não a decisão já consumada de realizá-lo.
d) A proposição é correta.
e) A proposição é incorreta, porque o processamento de dados só é considerado essencial quando ligado a serviços essenciais.

Comentários:

O art. 11, *caput*, da Lei nº 7.783/1989 estabelece que, nos serviços ou atividades essenciais, os sindicatos, os empregadores e os trabalhadores ficam obrigados, de comum acordo, a garantir, durante a greve, a prestação dos serviços indispensáveis ao atendimento das necessidades inadiáveis da comunidade.

Por sua vez, conforme a regra contida no art. 13 da Lei nº 7.783/1989, na greve em serviços ou atividades essenciais, ficam as entidades sindicais ou os trabalhadores, conforme o caso, obrigados a comunicar a decisão aos empregadores e aos usuários com antecedência mínima de 72 (setenta e duas) horas da paralisação.

São considerados serviços ou atividades essenciais, entre outros, os de telecomunicações, o de processamento de dados ligados a serviços essenciais e os de compensação bancária (Lei nº 7.783/1989, art. 10, VII, IX e XI).

Gabarito: E

250. (Esaf – Auditor-Fiscal do Trabalho – 2003) Com base na Lei nº 7.783/1989, que regula o exercício do direito de greve, assinale a opção INCORRETA.
a) Entre as atividades essenciais – assim consideradas, entre outras, as ligadas ao transporte coletivo, aos serviços funerários e às telecomunicações –, o exercício do direito de greve será considerado abusivo quando não comunicado aos empregadores e usuários com antecedência mínima de 72 horas.
b) A participação do trabalhador em greve determina a interrupção do contrato de trabalho enquanto durar a paralisação, ficando as relações obrigacionais do período submetidas à regência de acordo, convenção, laudo arbitral ou decisão da Justiça do Trabalho.
c) É vedada a paralisação das atividades por iniciativa do empregador (*lockout*), com o objetivo de frustrar negociação ou dificultar o atendimento das reivindicações dos respectivos empregados.
d) Compete à entidade sindical correspondente convocar a assembleia geral que definirá as reivindicações e deliberará sobre a paralisação das atividades, observadas as formalidades para a convocação da assembleia e o quórum para deliberação, previstos em seus estatutos.
e) Não constitui abuso do direito de greve a paralisação realizada na vigência de acordo, convenção ou sentença normativa da Justiça do Trabalho, que objetive exigir o cumprimento de cláusula pactuada ou condição estabelecida ou ainda que decorra da superveniência de fato novo ou acontecimento imprevisto, que afete substancialmente as relações de trabalho.

Comentários:
a) Correta.
Conforme dispõe o art. 10, *caput*, incisos I a XI, da Lei nº 7.783/1989, são considerados serviços ou atividades essenciais:

I – tratamento e abastecimento de água; produção e distribuição de energia elétrica, gás e combustíveis;

II – assistência médica e hospitalar;

III – distribuição e comercialização de medicamentos e alimentos;

IV – funerários;
V – transporte coletivo;
VI – captação e tratamento de esgoto e lixo;
VII – telecomunicações;
VIII – guarda, uso e controle de substâncias radioativas, equipamentos e materiais nucleares;
IX – processamento de dados ligados a serviços essenciais;
X – controle de tráfego aéreo; e
XI – compensação bancária.

Por sua vez, o art. 13 da Lei nº 7.783/1989 estabelece que, na greve em serviços ou atividades essenciais, ficam as entidades sindicais ou os trabalhadores, conforme o caso, obrigados a comunicar a decisão aos empregadores e aos usuários com antecedência mínima de 72 (setenta e duas) horas da paralisação.

b) Incorreta.

Segundo a norma prevista no art. 7º, *caput*, da Lei nº 7.783/1989, observadas as condições previstas na referida Lei, a participação em greve suspende o contrato de trabalho, devendo as relações obrigacionais, durante o período, ser regidas pelo acordo, convenção, laudo arbitral ou decisão da Justiça do Trabalho.

c) Correta.

O art. 17, *caput*, da Lei nº 7.783/1989 veda a paralisação das atividades, por iniciativa do empregador, com o objetivo de frustrar negociação ou dificultar o atendimento de reivindicações dos respectivos empregados (*lockout*).

d) Correta.

Incidência do art. 4º, *caput*, da Lei nº 7.783/1989: "*Caberá à entidade sindical correspondente convocar, na forma do seu Estatuto, Assembleia Geral que definirá as reivindicações da categoria e deliberará sobre a paralisação coletiva da prestação de serviços.*"

e) Correta.

Aplicação do art. 14, parágrafo único, incisos I e II, da Lei nº 7.783/1989: "*Na vigência de acordo, convenção ou sentença normativa não constitui abuso do exercício do direito de greve a paralisação que: I – tenha por objetivo exigir o cumprimento de cláusula ou condição; e II – seja motivada pela superveniência de fatos novos ou acontecimento imprevisto que modifique substancialmente a relação de trabalho.*"

Gabarito: B

Referências Bibliográficas

• • •

BARROS, Alice Monteiro de. *Curso de Direito do Trabalho*. 2.ed. São Paulo: LTr, 2006.

CARVALHO, Augusto César Leite de. *Direito Individual do Trabalho*. Rio de Janeiro: Forense, 2004.

DELGADO, Maurício Godinho. *Curso de Direito do Trabalho*. 6.ed. São Paulo: LTr, 2007.

GARCIA, Gustavo Filipe Barbosa. *Curso de Direito do Trabalho*. 2.ed. São Paulo: Método, 2008.

GOMES, Orlando; GOTTSCHALK, Elson. *Curso de Direito do Trabalho*. Rio de Janeiro: Forense, 2003.

SÜSSEKIND, Arnaldo. *Curso de Direito do Trabalho*. São Paulo: Renovar, 2002.

SÜSSEKIND, Arnaldo et al. *Instituições de Direito do Trabalho*, vol. I. 19. ed. São Paulo: LTr, 2000.

VILLELA, Fábio Goulart. *Estudos temáticos de Direito do Trabalho*. Rio de Janeiro: Campus/Elsevier, 2009.

VILLELA, Fábio Goulart. *Introdução ao Direito do Trabalho*. Rio de Janeiro: Campus/Elsevier, 2008.

_____. *Manual de Direito do Trabalho*. Rio de Janeiro: Campus/Elsevier, 2010.

Conheça também ...

Descomplicando a Informática para Concursos em Exercícios
Mais de 750 questões simuladas com comentários e gabarito
de Reynaldo Telles
Série Questões
ISBN: 978-85-352-3866-2
Páginas: 264

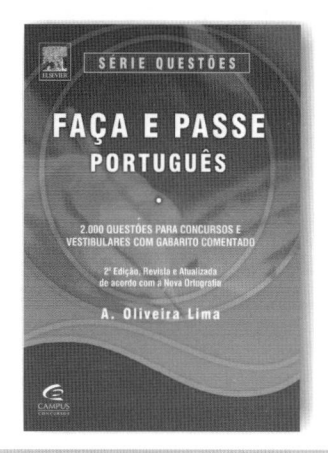

Faça e Passe – Português
2.000 questões para concursos e vestibulares com gabarito comentado
de A. Oliveira Lima
Série Questões
ISBN: 978-85-352-3627-9
Páginas: 512

Raciocínio Lógico – Cesgranrio
Mais de 160 questões de concursos comentadas
de Fabrício Mariano
Série Questões
ISBN: 978-85-352-3907-2
Páginas: 152

Cartão Resposta

050120048-7/2003-DR/RJ
Elsevier Editora Ltda

CORREIOS

ELSEVIER

SAC | 0800 026 53 40
ELSEVIER | sac@elsevier.com.br

CARTÃO RESPOSTA

Não é necessário selar

O SELO SERÁ PAGO POR

Elsevier Editora Ltda

20299-999 - Rio de Janeiro - RJ

**Acreditamos que sua resposta nos ajuda a aperfeiçoar continuamente nosso trabalho para atendê-lo(la) melhor e aos outros leitores.
Por favor, preencha o formulário abaixo e envie pelos correios.
Agradecemos sua colaboração.**

Seu Nome: _____

Sexo: ☐ Feminino ☐ Masculino   CPF: _____

Endereço: _____

E-mail: _____

Curso ou Profissão: _____

Ano/Período em que estuda: _____

Livro adquirido e autor: _____

Como ficou conhecendo este livro?

☐ Mala direta   ☐ E-mail da Elsevier
☐ Recomendação de amigo   ☐ Anúncio (onde?) _____
☐ Recomendação de seu professor?
☐ Site (qual?) _____   ☐ Resenha jornal ou revista
☐ Evento (qual?) _____   ☐ Outro (qual?) _____

Onde costuma comprar livros?

☐ Internet (qual site?) _____
☐ Livrarias ☐ Feiras e eventos ☐ Mala direta

☐ Quero receber informações e ofertas especiais sobre livros da Elsevier e Parceiros

Qual(is) o(s) conteúdo(s) de seu interesse?

Jurídico -
☐ Livros Profissionais ☐ Livros Universitários ☐ OAB ☐ Teoria Geral e Filosofia do Direito

Educação & Referência -
☐ Comportamento ☐ Desenvolvimento Sustentável ☐ Dicionários e Enciclopédias ☐ Divulgação Científica ☐ Educação Familiar
☐ Finanças Pessoais ☐ Idiomas ☐ Interesse Geral ☐ Motivação ☐ Qualidade de Vida ☐ Sociedade e Política

Negócios -
☐ Administração/Gestão Empresarial ☐ Biografias ☐ Carreira e Liderança Empresariais ☐ E-Business
☐ Estratégia ☐ Light Business ☐ Marketing/Vendas ☐ RH/Gestão de Pessoas ☐ Tecnologia

Concursos -
☐ Administração Pública e Orçamento ☐ Ciências ☐ Contabilidade ☐ Dicas e Técnicas de Estudo
☐ Informática ☐ Jurídico Exatas ☐ Língua Estrangeira ☐ Língua Portuguesa ☐ Outros

Universitário -
☐ Administração ☐ Ciências Políticas ☐ Computação ☐ Comunicação ☐ Economia ☐ Engenharia
☐ Estatística ☐ Finanças ☐ Física ☐ História ☐ Psicologia ☐ Relações Internacionais ☐ Turismo

Áreas da Saúde -
☐ Anestesia ☐ Bioética ☐ Cardiologia ☐ Ciências Básicas ☐ Cirurgia ☐ Cirurgia Plástica ☐ Cirurgia Vascular e Endovascular
☐ Dermatologia ☐ Ecocardiologia ☐ Eletrocardiologia ☐ Emergência ☐ Enfermagem ☐ Fisioterapia ☐ Genética Médica
☐ Ginecologia e Obstetrícia ☐ Imunologia Clínica ☐ Medicina Baseada em Evidências ☐ Neurologia ☐ Odontologia ☐ Oftalmologia
☐ Ortopedia ☐ Pediatria ☐ Radiologia ☐ Terapia Intensiva ☐ Urologia ☐ Veterinária

Outras Áreas -

Tem algum comentário sobre este livro que deseja compartilhar conosco?

* A informação que você está fornecendo será usada apenas pela Elsevier e não será vendida, alugada ou distribuída por terceiros sem permissão preliminar.
* Para obter mais informações sobre nossos catálogos e livros por favor acesse **www.elsevier.com.br** ou ligue para **0800 026 53 40.**

Sistema CTcP,
impressão e acabamento
executados no parque gráfico da
Editora Santuário
www.editorasantuario.com.br - Aparecida-SP